Madhukar

Erwachen in Freiheit

Lüchow

Originalausgabe

Der Lüchow Verlag ist ein Unternehmen der Verlagsgruppe Dornier

Umschlaggestaltung: Nies-Lamott Design, Sternenfels
Umschlagfoto: Madhukar
Satz: de·te·pe, Aalen
Druck und Bindung: Clausen & Bosse, Leck
Printed in Germany

ISBN 3-363-03054-1

www.luechow-verlag.de

Inhalt

»Frieden.
Es möge Frieden, Liebe und Glück sein
unter allen Lebewesen im Universum.
Es möge Frieden sein. Es möge Frieden sein.
Om Shanti Shanti Shantihi.«

1

Einfach Sein!

Madhukar: Jeder möchte glücklich sein. Manche arbeiten hart dafür. Einige stehlen deswegen. Selbst ein Dieb strebt nach Glück. Er meint, er könne Glück durch Diebstahl erreichen, andere, indem sie ein »braver Junge« sind. Jeder möchte glücklich sein, und wenn ich euch anschaue, sehe ich das Potenzial für unbegrenztes Glück, für unermesslichen Frieden. Das ist *meine* Wahrnehmung. Ich kann sehen, dass ihr Friede und Liebe seid, doch die meisten von euch können das bei sich selbst nicht wahrnehmen. Auf meinen Reisen durch die ganze Welt habe ich herausgefunden, dass niemand wirklich glücklich ist. Ist das nicht seltsam? Jeder möchte glücklich sein, doch keiner ist es. Einige sagen, es ginge ihnen gut, doch kaum einer strahlt Glück aus und spricht darüber, besonders dann nicht, wenn er mir gegenüber sitzt. Hier ist es sehr schwer zu lügen. Irgendwie stoße ich nach ein oder zwei Sätzen doch auf die Wahrheit. Dein Freund findet sie nie heraus, aber ich benötige nur ein oder zwei Sätze. Dein Freund hat ein persönliches Interesse an dir. Er will etwas Bestimmtes von dir, er hat eine gewisse Vorstellung von dir, ich hingegen habe keinerlei persönliches Interesse.

Gerade in der heutigen Zeit, wo sich alle äußere Sicherheit als illusionär erweist, verlangt ihr nach Glück.

Niemals hat es auf diesem Planeten Sicherheit gegeben. Lange Zeit haben wir uns vor unserem TV verkrochen und meinten, wir seien sicher, doch niemand ist sicher. Ihr könnt euch nicht länger belügen. Ihr wisst ganz genau, ob ihr glücklich seid oder nicht.

Ich war ein sehr talentierter junger Mensch wie du und machte sehr schöne Erfahrungen, hatte eine Menge Spaß in meinem Leben, viel Ekstase, viel Sex, Drogen, viele Herausforderungen und – erfuhr jede Menge Leiden. Ich war nicht zufrieden mit diesem Auf und Ab des emotionalen Geistes, und so machte ich mich auf die Suche nach Wahrheit. Ich wollte wissen: »Was ist der Sinn des Lebens? Warum bin ich hier? Wer bin ich?« Wenn du genauer hinschaust, nehmen die Probleme zu, denn du kannst nur deinen Verstand zur Selbstergründung einsetzen. Und dieser Verstand ist vernebelt, durch die Vergangenheit programmiert, und diese Vergangenheit ist nicht real. Sie ist alt, vorbei, nicht das, was du bist. Sie ist das Programm deiner Kultur, deiner Eltern und Großeltern. Moderne Menschen wie du haben zeitgemäße Interessen; in deinem emotionalen Leben lebst du jedoch in ähnlichen Mustern wie deine Großeltern. Das kann dich nicht zufrieden stellen, denn nicht einmal diese waren vollkommen glücklich. Schon als Kind wusste ich, dass das, was die Welt, Schule oder Priester als Wahrheit verkaufen, nicht wirklich wahr ist. Was sie uns erzählen, kann nicht wahr sein; sie sprechen von Strafe: »Gott wird dich bestrafen.« Als kleines Kind mit einem empfindsamen Herzen spürst du, dass dies mit Liebe nichts zu tun haben kann.

Ich untersuchte, ich verlangte nach Freiheit, zunächst nach äußerer, dann nach innerer Freiheit. In der Jugend ist das ein bisschen leichter, da man noch so viele Zukunftserwartungen hat. Man studiert, man lebt Beziehungen und sagt sich: »Okay, ich arbeite jetzt, ich kämpfe, und in zwanzig Jahren werde ich glücklich sein. Dann sind meine Wünsche erfüllt: Ein großes Haus, ein schickes Auto, eine Yacht, ein sexy Partner und Kinder oder viele Liebhaber und keine Kids.« Das ist je nach Person verschieden. Wenn sie etwas älter werden, haben die meisten keine Illusionen mehr, denn diese Wünsche haben sich nicht erfüllt. Die Yacht schenkt ein wenig Befriedigung, aber kein vollkommenes Glück. Die Freundin, beziehungsweise die Frau, macht Freude, jedoch auch eine Menge Ärger. Das Haus verschafft dir ein wenig Freiheit, ein wenig Sicherheit, lädt aber auch eine Menge Pflichten auf. Was ist der Haken an der Geschichte? Das Problem ist, dass die Quelle des Glücks stets nach außen projiziert wird. Äußere Objekte sollten dir Glück bereiten, du übersiehst jedoch, wer du bist, was dein wahres Selbst ist.

Die meisten spirituellen Lehren fordern dich auf, etwas zu tun, zu üben, zu meditieren. Therapeuten weisen dich an, deine Persönlichkeit zu analysieren. All das hat jedoch nicht wirklich funktioniert. Nach fünf Jahrtausenden spiritueller Entwicklung müssen wir uns eingestehen, dass wir damit nicht wirklich weitergekommen sind. Ich sage euch, dass ihr überhaupt nichts tun müsst, denn das, was ihr seid, ist Frieden, ist Liebe, ist Wahrheit. Deswegen bin ich hier.

Irgendwelche Fragen?

Besucher: Wer bist du, wenn es dir schlecht geht?

Madhukar: Ein Sklave, ein Sklave der Umstände. Wer bist du?

B: Ich weiß es nicht.

M: Sehr gut. Du bist ein ehrlicher Mann. Das ist sehr selten, denn ein Mann deines Alters wagt das normalerweise nicht zuzugeben. Besonders für einen Mann ist es sehr schwer, sich das einzugestehen: »Ich weiß nicht.« Gewöhnlich täuscht er Wissen vor. Er denkt: »Ich bin ein starker Mann, ich hab's im Griff.« Das funktioniert, bis er einen Herzinfarkt hat oder seine Frau ihn verlässt. Es ist ein sehr guter Ansatz, wenn du sagst: »Ich weiß nicht«. Es muss da nämlich eine Art von Wissen geben, weil da ein Zeuge ist, der erkennt: »Ich weiß nicht.« Mit einfachen Worten: zu wissen »ich weiß nicht«, bedeutet Wissen.

Wissen hat etwas mit deinem Gehirn zu tun, mit vergangenen Erfahrungen. Es bedurfte Millionen von Jahren, dieses Gehirn aus einem einzigen zellulären Organismus herauszubilden; das schließt eine Menge Vergangenheit mit ein, eine Menge Erfahrungen. Ebenso hast du in deiner Lebensspanne, vom Moment der Empfängnis an, eine Menge Erfahrungen angesammelt, alles vergangenes, altes Wissen. Diese Erfahrungen haben dir jedoch nicht wirklich gezeigt, *wer* du bist.

Deswegen sagst du: »Ich weiß nicht«, was eine Negation von Wissen ist. Jetzt bleibt »Ich« übrig. Nun kannst du fragen: »*Wer* bin ich? *Wer* sieht dieses Ich?«

B: Dieser Körper und der Verstand.

M: Körper und Geist, ja, sehr gut. »Ich« bedeutet Körper-Geist. Offensichtlich ist dieser Körper hier, wir können ihn fühlen. Der Körper kam und er wird gehen, das ist eine Tatsache. Kennt jemand einen Körper, der nicht ging? Nein. Man mag über Geister fantasieren. Manche sehen Geister als mentale Projektion, der Körper jedoch ist eine Tatsache. Körper entstehen und vergehen, was bedeutet, dass der Körper nicht ewig währt. Er ist vergänglich. Tatsächlich war der Körper schon da, bevor du ihn bewusst wahrnahmst; du erinnerst dich kaum daran, wie du ein

Baby warst. Die Person gab es noch nicht. Es gab den Körper, der war sehr glücklich und lachte jeden unterschiedslos an. Etwas später galt dein Lächeln nur noch Menschen, die dir nahe standen. Du wurdest konditioniert, ausschließlich Nahestehende zu lieben, weil du von diesen für dein Lächeln etwas zurückbekamst. Glücklicherweise verlieren einige Kinder dieses bedingungslose Lächeln nicht. Wenn ich die Strasse entlanggehe, lächeln sie mich mehr an als ihre Eltern.

In der gesamten westlichen Philosophie ist dieses »Ich« übersehen worden. Die westliche Philosophie untersucht nicht Existenz an sich. Sie untersucht das Denken: »cogito ergo sum, ich denke, also bin ich.« Aber *wer* ist, weiß niemand. Was du siehst, ist Körper-Geist. Du kannst lediglich Gedanken sehen. Das bedeutet, dass die Person, für die du dich hältst, bloß ein Gedankenkonstrukt ist.

B: Sagtest du »Gedanken«?

M: Ja, Gedanken! Viele Gedanken, das bedeutet Verstand. Du sagtest Körper und Verstand. Der Verstand setzt sich aus vielen Gedanken zusammen und ist immer Vergangenheit. Alles alte Gedanken, alte Erfahrungen, niemals wirklich frisch. Es ist lustig: Wissenschaftler haben herausgefunden, dass dein Gedanke nicht im *Jetzt* stattfindet. Ein Gedanke ereignet sich in deinem Gehirn als eine biochemische Reaktion. Jedoch erst nach einiger Zeit, dem Bruchteil einer Sekunde, nimmst du diesen Gedanken wahr. In dem Moment, wo du denkst, ist der Gedanke in Wirklichkeit schon vergangen. Er ereignete sich in deinem Gehirn, schon bevor du ihn wahrgenommen hast. Da gibt es also eine zeitliche Verzögerung. Was du jetzt »denkst«, ist bereits vergangen. Deswegen sage ich dir, dass der Verstand nichts mit dem *Hier* und *Jetzt* zu tun hat.

Durch Selbstergründung: »Wer bin ich?« entdeckst du zunächst eine Person mit Namen, vergangenen Erfahrungen, sowie Hoffnungen und Wünschen im Hinblick auf die Zukunft. Entweder besteht diese Person aus Vergangenheit oder aus Zukunft. Das ist die Person, eine bloße Einbildung. Jetzt fragst du dich: »Wer sieht dieses Ich? Wer sieht den Körper? Wer sieht den Verstand?«. Das nenne ich Selbstergründung.

Du ergründest also deine wahre Natur. Bis jetzt hast du stets gesagt: »Ich bin dies, ich bin das, ich bin glücklich oder unglücklich, ich bin müde, ich bin voller Hoffnung, ich bin desillusioniert.« Doch wer dieses »Ich« ist, weißt du nicht. Du vermagst Gedanken, Wünsche, Ideen und Pflichten wahrzunehmen. Morgens wachst du auf, und sofort geht es los mit: »Ich bin spät dran, ich muss zur Arbeit, ich muss dies tun, ich muss das noch erledigen.« Oder du denkst: »Oh je, wieder nichts zu tun heute.« Auf welche Weise auch immer du morgens deinen Gedanken nachläufst, du übersiehst, *wer* du bist, weil du dich mit diesem Körper und diesem Geist identifiziert hast. Wenn alle Menschen damit glücklich wären, großartig! Wenn alle ihren Körper genießen würden, wunderbar! Wenn die Menschen mit Freuden ihr Gehirn, ihren Verstand nutzen würden, hervorragend! Ich bin nicht hier, um dich aufzufordern, dein Gehirn abzuschalten.

Leider sind die Menschen aber *nicht* glücklich. Der Geist hat sich ihrer bemächtigt. Die Menschen können mit dem Denken nicht aufhören. Sie werden von der permanenten Aktivität ihres Gehirns gequält, diesem dauernden inneren Dialog, diesen unablässigen inneren Urteilen, diesen litaneiartigen Konzepten, dem Hin und Her, von Diesem zu Jenem, von all dem Auf und Ab der Emotionen. Was für ein Chaos!

Ich empfehle dir, lediglich dein wahres Selbst zu erforschen, das, wer du wirklich bist, die Quelle, in der Körper und Verstand erscheinen und sofort bist du frei!

(Lange Stille)

Nächste Frage?

Besucher: Manchmal ist es so klar, wer ich bin, aber der Verstand kehrt so schnell zurück und dann bleibe ich hängen. Dann muss ich mich anstrengen, diese Klarheit zurückzugewinnen.

Madhukar: Du musst jetzt ein für alle Mal herausfinden, was Wahrheit ist, untersuchen, ob diese »Klarheit« tatsächlich Wahrheit ist oder dein Verstand. Erscheinungen des Geistes sind natürlich. Sie sind eine Funktion des Gehirns. Es vergleicht und ist ständig aktiv. Was natürlich ist, kann nicht schlecht sein. Aber wenn du dich darin verlierst, wenn du träumst, dann wirst du hypnotisiert. Du sagst, manchmal ist es klar und manchmal verlierst du dich wieder. Und wie ist es jetzt?

B: Beides ist da.

M: Beides kann nicht zur selben Zeit hier sein. Du musst zur Quelle gehen und schauen, worin Zeit sich ereignet. Zeit und Geist sind Geschwister, aber in *wem* findet Zeit statt? Zeit ist nicht so alt. Sie ist nur ungefähr zehntausend Jahre alt. Davor gab es auf diesem Planeten keine Zeit. Zeit ist sehr jung. Wissenschaftler behaupten, dass die Erde Milliarden Jahre alt sei. Es differiert, aber sagen wir, diese Zahl zwischen fünf und zweihundert Milliarden stimmt. Verglichen damit, sind zehntausend Jahre wie eine Sekunde. Zeit existiert seit einer Sekunde. Es ist meine Erfahrung und die der Meister, dass das gesamte Universum im Bruchteil einer Sekunde entsteht und in einem

Augenblick verschwindet. Es hört sich ein wenig seltsam an, nicht wahr?

(Stille)

Weil in meinen Meetings zu viel Stille ist, wird diese Art von Treffen wahrscheinlich nie im schwedischen Fernsehen ausgestrahlt. Jede Minute kostet da Hunderttausend Kronen, möglicherweise zur Zeit noch mehr. Niemand ist im Fernseh-Business gewillt, derartig viel Geld für eine Minute Stille zu investieren.

Besucher: Angenommen, diese Wahrheit stimmt nicht, angenommen, mein Leben gründet sich auf eine gewisse spirituelle Basis, die wie eine Seifenblase zerplatzt, was dann?

Madhukar: Du könntest dich glücklich schätzen, wenn dieser Irrtum auffliegen würde, denn viele Menschen vergeuden ihr Leben mit spirituellen Träumen, mit Religion. So viele Religionen hat es auf diesem Planeten gegeben, die sich auf Glaube, Hoffnungen und Konzepte gründeten. Deine Religion verspricht dir Belohnung erst im Himmel. Wenn du in diesem Leben ein braves Mädchen bist, wirst du nach dem Tod ins Paradies kommen. *Hier* wirst du jetzt belohnt. Du kannst sehr wohl untersuchen, was Wahrheit und was Unwahrheit ist.

Ich inspiriere dich, dies zu tun, denn ich habe dir spirituell nichts anzubieten. Ich vermittle dir keine spirituelle Lehre. Ich möchte nicht, dass du dich änderst. Wenn du gerne joggst, dann jogge. Tu, was immer du gerne tun möchtest.

B: Ich spreche nicht über Religion. Ich spreche über die Idee, dass wir alle im Zentrum unserer Existenz Frieden und Liebe sind, und dass es das ist, »was ist«, aber was, wenn diese »Wahrheit« nicht stimmt?

M: Du musst es untersuchen. Du musst es herausfinden. Du bist ein intelligentes Wesen, also kannst du selbst nachschauen. Vertraue keinem anderen. Ich komme nicht her, um dir eine Lehre überzustülpen. Wenn du gut zugehört hast, wirst du bemerkt haben, dass ich dich inspiriere, nachzuforschen, es für dich selbst herauszufinden. Das Gute an der Wahrheit ist, dass Wahrheit Wahrheit ist. Sie kann nicht durch Selbstergründung gestört, durch nichts beeinträchtigt werden, sie ist Hier und Jetzt. Sie war immer hier und hat auf dich gewartet, damit du zur Wahrheit ***erwachst.***

Normalerweise verwende ich nicht einmal das Wort »Wahrheit«, weil die Menschen dann sagen: »Gut, das ist deine Wahrheit und dies ist meine Wahrheit.« Nein, ich liebe das Wort »Frieden«, denn Frieden ist meine fundamentale Erfahrung. In den vedischen Schriften ist zu lesen von *Sat-Chit-Ananda:* Sein-Bewußtsein-Glückseligkeit. Meine Erfahrung ist, dass sogar Seligkeit immer noch eine Emotion ist, die dem Körper-Geist angehört. Ich habe entdeckt, dass der Kern, mein fundamentaler Seinsgrund Stille ist, dass alles Stille ist. Und diese Stille wird übersehen, weil jeder Geräuschen nachhängt.

Aus dieser Stille erhebt sich Bewegung, die Liebe ist. Liebe erschafft Myriaden von Formen, einige sind Liebe, andere sind es nicht. Aber am Anfang gibt es nur Stille. Die erste Regung ist Liebe. Wenn du wirklich nachforschst, wirst du dies herausfinden. Zuerst wirst du erkennen, dass diese Person, die du zu sein glaubst, eine reine Einbildung ist. Dann untersuchst du tiefer: »Wer sieht diese Imagination? Wer sieht Gedanken, wer sieht den Körper?«. Alle Religionen und spirituellen Lehren hast du an diesem Punkt hinter dir gelassen, denn sie schauen da nicht hin. Die meisten spirituellen Lehren sind an Phänomenen interessiert, an der Erzeugung eines besonderen Zustandes. Dies wurde auf unterschiedlichste Weise in vielen Büchern beschrie ben und wurde Tausende von Jahren gelehrt. Der Suchende ist dadurch vorprogrammiert. Und sogar, *wenn* er jemals den beschriebenen Zustand erreicht, was selten geschieht, so bleibt er doch beinahe immer darin gefangen. Mich hat das nicht zufrieden gestellt. Selbst die so genannte Erleuchtung habe ich erfahren, aber sie stellte mich nicht zufrieden, denn ich wollte wissen, wer diese Erleuchtung erfährt. Wer *ist*? Deshalb akzeptiere keinerlei Konzept, das besagt, dass du Liebe bist, dass du Licht bist. Nein, du musst es untersuchen, du musst erkennen, ob es wahr ist.

Was ist Wahrheit? Wahrheit ist das Ewige. Was kommt und geht, ist nicht ewig. Hier untersuchen wir Ewigkeit. Das Faszinierende an der Ewigkeit ist, dass sie gegenwärtig sein muss, sonst kann man nicht von Ewigkeit sprechen. Jede Art von spirituellem Zustand, der entsteht und vergeht, kann nicht Wahrheit sein. Das, worauf ich verweise, ist viel tiefer, viel stiller, viel existenzieller als jede spirituelle Erfahrung. Es ist hier und jetzt!

(Stille)

Jeder kann das verwirklichen. Jeder *ist* das. Ich habe ungebildete Menschen erlebt, sehr einfache Menschen, und sie haben das verwirklicht. Andererseits gab es auch sehr intelligente Menschen, die den Mut hatten, genau hinzuschauen, und sie erwachten. Die meisten jedoch haben kein wirkliches Interesse daran. Die meisten Menschen wollen etwas anderes. Du musst bei dir selbst schauen, was du willst. *(Stille)*

Die meisten Sucher sind nicht einmal in der Lage, einem spirituellen Leben nachzugehen, ihre Übungen, ihre Meditationen, ihre rituellen Gesänge oder dergleichen zu praktizieren. Meistens ist das Zeitverschwendung, doch mag das immerhin besser sein, als einfach in der üblichen kulturellen Illusion vor sich hinzuleben, dem alltäglichen Leben. Wenigstens fokussierst du dabei etwas; vom Standpunkt der letzten Wirklichkeit aus betrachtet, kommt dabei allerdings wenig heraus. Das Ergebnis ist in der Regel lediglich vorübergehend, und befristete Resultate können mich nicht zufrieden stellen. Ich kam hier auf diesen Planeten, um dir zu zeigen, dass es möglich ist, ein modernes, sehr einfaches Leben ohne spirituelle Praxis, ohne spirituelle Illusionen zu leben. Es *ist* möglich! Und tatsächlich: Es *ist*! Sobald jegliche Art spiritueller Praxis endet und bevor jegliche Art von Religion beginnt.

(Stille)

Deine Augen sprechen für dich. Ich bin sehr glücklich, dich hier zu sehen.
(Stille)

Sonst noch was zu klären? Heute Abend findet nämlich die Champions-League statt. Wenn es keine Fragen mehr gibt, kann ich früher gehen. Spielt irgend ein schwedisches Team – kein schwedisches Team? Okay, sonst noch was?

(lautes Lachen)

Besucher: Könntest du mehr über deine Erleuchtung erzählen? Ich fühlte, wie sich die Energie im Raum veränderte, als du darüber sprachst.

Madhukar: Ja, du siehst schon viel besser aus. *(Lachen)* Sei einfach! Hab nicht einmal diese Idee, einfach zu Sein, *sei* nur. Folge nicht deinen Gedanken und schau nicht in sie hinein. Sie haben dich lange genug an der Nase herumgeführt – zu lange. Wenn du dieses Bewusstsein nutzen willst, wenn du nicht einfach *sein* kannst, dann untersuche doch einfach den *Seher* und nicht das, was du siehst oder fühlst, weder Gut noch Schlecht. Nein, bleibe nur *Das*, der sieht, der ist. Das ist tiefer als Erleuchtung. Wie ich zuvor erwähnte, ist Erleuchtung sicherlich ein ungeheuer kraftvolles Happening, aber es ist immer noch eine Körper-Geist-Erfahrung. Selbst dieses Super-Bewusstsein ist lediglich eine Wahrnehmung. Der Friede, von dem ich spreche, ist die Quelle von *Allem*, in dem all das stattfindet: Alltagsleben, Freude, Leiden und Erleuchtung. Er ist tiefer, und wenn ich sage tiefer, meine ich nicht: weiter entfernt von dir. Nein, Frieden ist jetzt unmittelbar hier. Du *bist* diese Quelle! Freiheit ist deine Natur.

Du bist immer frei gewesen und du wirst immer frei sein. Du magst dich mit Konzepten, mit Emotionen, mit Körperempfindungen beschäftigt haben. Aber diese Konzepte sind nicht deine Konzepte. Es sind die Konzepte deines Vaters, deiner Mutter, deiner Lehrer, deiner Priester, deiner Präsidenten. Dies alles hat überhaupt nichts mit dir zu tun. Du wurdest lange genug missbraucht. Jetzt wach auf und *sei* einfach. Sein kann mit diesem alltäglichen Leben spielend umgehen. Du musst nicht einmal betrügen. Du kannst dein tägliches Leben einfach weiterführen. Du magst gewisse Dinge deiner Kultur. Dein Körper mag sie. Ich würde zum Beispiel keinen schwedischen Kaviar zum Frühstück essen. Es wäre für mich sehr ungewöhnlich, also zwinge ich mich nicht dazu. Als sie mir im Hotel das Frühstück brachten, habe ich mich nicht gezwungen, Kaviar zu essen. Nein, das ist nicht mein Geschmack. Ich werde es an einem anderen Morgen versuchen. Wenn du *frei* bist, wird dein Körper weiterhin seine Vorlieben und Abneigungen haben. Das ist kein Problem, wenn du weißt, wer du bist. Wenn du nicht weißt, wer du bist, wirst du immer Probleme haben und nie zufrieden sein. Hör auf damit. Du kannst dich nicht länger betrügen. Wenn du verheiratet bist, denkst du: »Wenn ich viele Liebhaber hätte, dann wäre ich glücklich.« Wenn du viele Liebhaber hast, denkst du: »Wenn ich eine feste Beziehung hätte, wäre ich glücklich.« Du willst immer irgendetwas anderes. Wenn du im Winter in Schweden bist, dann möchtest du in Hawaii sein. Wenn du in Hawaii bist, wirst du sehr schnell gelangweilt sein. Tagtäglich Sonnenschein ist zunächst großartig, aber dann beginnst du den grauen Himmel zu vermissen, die leeren Gesichter. *(Gelächter)*

Lasst es uns umdrehen. Anstatt zu sagen: »Sei einfach«, sagen wir »Einfach *Sein*.« Deine menschliche Natur ist *Sein*, nicht Tun. Du bist ein Wesen, das *ist*, also *sei* doch einfach. Es ist so leicht. Wenn du völlig leer bist, ist es einerlei, was du tust. Es ist lustig, einfach in einem bequemen Sessel zu sitzen, und die Menschen schauen dich an. Auch Gorillas im Zoo schaut man an und sie sind sehr entspannt dabei. *(Lachen)* Du sagtest, dass du eine Veränderung im Raum bemerkt hast. Die Veränderung, die du außen wahrnahmst, fand in deinem Inneren selbst statt, in *dir*. Das bist *du*. Du hast es nach außen projiziert. Nun folgst du zurück nach innen, wo dieses Sehen erscheint, dann bist du zu Hause. Es ist eine Herausforderung, das Wagnis einzugehen, wieder zu Hause zu sein. Du kannst dich nicht weiter betrügen. Folge einfach dieser Richtung zurück nach innen, und du wirst dein Zuhause sofort erreichen.

Besucherin: Du sagst also, dass alles, was ich draußen sehe und fühle, eine Projektion ist?

Madhukar: Die Buddhisten verkünden dasselbe seit Tausenden von Jahren: Es ist alles eine Projektion.

B: Aber mein Geist arbeitet wie eine Maschine, ständig in Betrieb, ohne Pausen. Soll ich immer wieder untersuchen, um den Kreislauf zu durchbrechen?

M: Wenn du so untersuchst, dann wird der Kreis mit Sicherheit durchbrochen, denn es gibt immer Unterbrechungen. Selbst beim Atmen gibt es eine Pause. Über das Atmen musst du nicht nachdenken. Es geschieht von selbst, genau wie dein Herzschlag. Du brauchst dich nicht daran erinnern, den Herzrhythmus in Gang zu halten. Es geschieht einfach. Dein Leben entstand von selbst und wird von selbst vergehen. Du brauchst dir überhaupt keine Probleme zu machen, denn es hängt nicht von dir ab. Einige Menschen haben das Bedürfnis ein sehr gesundes Leben zu führen. Sie rauchen nicht, sie trinken nicht, und doch sterben sie früh. Andere wiederum rauchen und trinken und leben lange. Statistisch gesehen ist es besser, das Rauchen und Trinken zu lassen und stattdessen Sport zu treiben, aber es gibt keine Garantie. Bis heute hast du dich dein ganzes Leben lang unablässig mit deinen Gedanken gestresst, indem du dich beurteilt hast, immer in Sorge, was andere Menschen wohl über dich denken. Unentwegt warst du besorgt, etwas Falsches zu tun, einen Fehler zu machen und als Verlierer dazustehen. Ich kenne deinen persönlichen Stress nicht. Er interessiert mich auch nicht, wir brauchen ihn nicht speziell zu analysieren. Es reicht, zu untersuchen, *wer* du bist. Deine Story ist ohne Belang. Dir mag sie eine Menge bedeuten, aber für mich ist sie völlig unerheblich. Falls es dein einziges Ziel ist, frei zu sein, spielt die Geschichte überhaupt keine Rolle. Du brauchst nur dieses eine klare Ziel im Auge zu behalten: »Ich will frei sein.« Du sagst, du hast immer wieder nachgeschaut und wahrgenommen, dass dein Verstand ununterbrochen aktiv ist, keine Pausen macht. Ist das richtig?

B: Gut, mag sein, dass ich übertreibe, vielleicht gibt es da manchmal Lücken, aber …

M: Warum übertreibst du? Warum schwindelst du mich an?

Was habe ich dir getan? Gibt es irgendeinen Grund? Wir haben überhaupt keine Beziehung miteinander. Du kamst her, du wirst wieder gehen, warum schwindelst du also?

B: Es fühlt sich eben immer so an.

M: Es »fühlt« sich so an, ja, aber Gefühle betrügen dich immer. Deine Gefühle haben dich früher schon so oft betrogen. Du sahst jemanden und verliebtest dich in ihn. Am nächsten Tag verliebtest du dich in einen anderen. Wie kannst du deinen Gefühlen trauen? Sie wechseln ständig, nicht wahr? Du musst sehr genau sein, sonst könnte es passieren, dass du dich betrügst. Es wäre sehr schade um dieses wundervolle Wesen, ihr Leben zu vergeuden. Bei erneuter Betrachtung also sagst du: »Es gibt da manchmal Lücken.« Das ist sehr gut, denn wenn das Denken wirklich pausenlos da wäre, wäre das eine heikle Sache. Jeder jedoch erfährt Lücken. Jeder hat mal als Kind Frieden erfahren. Jeder hat Gott gesehen; er sah nicht unbedingt so aus wie der Gott in der Kirche, aber es gab Freude, es gab Frieden. Jeder von euch erfährt jedoch Lücken, und wenn ihr untersucht, entdeckt ihr immer mehr Lücken. Untersuchen bedeutet nicht, dass du etwas »tun« musst. Es ist das genaue Gegenteil. Du erschaffst ununterbrochen Gedanken mit solcher Intensität, dass du es gar nicht mehr bemerkst. Deine Realität zu erzeugen, Gedanken, Gefühle, Ärger zu produzieren, ist so automatisch geworden, dass du daraus schließt: »Das bin ich. Das ist das Leben. So ist es eben.«

Nun untersuchst du: »Wer sieht das, wer fühlt das oder wer sagt das?«. Die Frage *wer* ist die richtige Richtung, weil sie auf dein Selbst verweist. Essenziell gibt es keine Trennung. Da ist Einheit, Einheit mit Gott, Einheit mit allem. Du nimmst Trennung wahr, doch in diesem Fall ist die Trennung von der Illusion gut, ist diese Trennung von deinem Geist sehr förderlich, weil du plötzlich wahrnimmst: »Ich sehe dies. Ich sehe Freude, ich sehe Probleme.« Da ist ein tieferer Zeuge, der den mentalen Prozess beobachtet. Dann schau einen Augenblick lang nicht auf diesen Film! Gib dir diesen einen Moment! Du hast so viele Jahre in die gleichen Geschichten hineingeschaut. Bist du nicht davon gelangweilt?

B: Ja!

M: Es ist sehr gut, dass du gelangweilt bist. Das ist eine großartige Gelegenheit. Buddha war auch gelangweilt. Er war gelangweilt von seinem Reichtum, seinen Geliebten, seinen Frauen, seinem Sohn, all den spirituellen Praktiken und Meditationen. Er hatte genug davon und wachte schließlich auf.

In deinem Fall hat das Leben diesen Druck erzeugt, indem es dir Probleme und Ärger bereitet hat. Es ist egal, ob das durch Glück oder Ärger ausgelöst wird. Beide erzeugen in dir einen Impuls, aufzuwachen. Folge diesmal nicht der gewöhnlichen Richtung: in Gefühle, in Gedanken hinein. Nein, diesmal drehst du dich um: »Wer sieht? Wer fühlt? Wer *ist*?«. Los! Jetzt!

B: Ich würde es »Raum« nennen.

M: Aha, du nennst es »Raum«. Du schaust schon viel besser aus. Vorher sahst du ganz schön miserabel aus, muss ich sagen.

(*Besucher lacht*)

Wirklich, du schienst mir sehr durcheinander. Nun sprichst du über Raum und dein Gesicht ist entspannt. Gut! Es scheint eine gute Richtung zu sein, aber sogar diese Wahrnehmung von »Raum« ist eine Idee, eine Bewertung. Deshalb musst du dich sogar bei der Wahrnehmung von Raum noch mehr dorthin, d.h. nach innen wenden, von wo aus diese Wahrnehmung beginnt. Zur Erklärung: Wenn ich über »innen« spreche, ist nicht das gemeint, was die Menschen gewöhnlich als »innen« bezeichnen, etwa eure Gefühle oder Gedanken. Das ist nicht innen für mich. Das ist außen, weit außerhalb von eurem wahren Selbst. Was ich »innen« nenne, liegt in der entgegengesetzten Richtung von Gedanken und Gefühlen. Und ich möchte dich wieder darauf verweisen, jetzt nicht zu denken, jetzt ohne Gedanken zu verweilen. Sollten Gedanken kommen, so ist nichts Schlechtes daran, wenn welche auftauchen. Du kannst in deinem Zentrum bleiben und die Wellen deines Geistes immer noch wahrnehmen. Kein Problem! Ich höre eben gerade ein Auto vorbeifahren. Wen kümmert's? Im Augenblick können wir den Wind wehen hören, aber wen stört's? Meine *Quelle* ist unberührt. Wenn du versuchst, herauszufinden, was für ein Typ von Wagen da gerade vorbeifährt, weil du Autos magst und diesen Traum hast, ein bestimmtes Auto zu besitzen, dann wird deine Aufmerksamkeit natürlich dem Auto nachhängen und du verfehlst deine Quelle. Immerhin wirst du das Bild deines Lieblingsautos sehen. Wenn dieser Gedanke dir noch so viel Spaß macht, dann mache ruhig weiter damit. Wenn du nicht mehr zufrieden bist, wenn du damit gelangweilt bist, dann erforsche dein wahres Selbst. Zuerst magst du nur einen kleinen Schimmer durch diese Lücken erwischen, weil da immer noch schwere Wolken hängen. Wenn du wirklich frei sein willst, wirst du dich an diesen kleinen Einblicken in die Wahrheit erfreuen. Es ist sehr entspannend, einen Moment lang, für die Dauer einer Sekunde, kein Problem zu haben. Ich sag's dir, es ist herrlich, einfach wunderschön.

Ich kann nicht voraussagen, was genau passieren wird. Möglicherweise wirst du eine Woche lang weinen. Mag sein, du erwachst und bist von da an glücklich. Mag sein, du brauchst ein Jahr, um zu untersuchen, das weiß ich nicht. Es ist für jeden anders, aber du wirst definitiv mit einer einfachen Wahrheit konfrontiert: Du musst klären, ob du in Wirklichkeit deine Sorgen, deine Probleme, deine Verwirrung liebst oder ob du frei sein willst. Diese Konfrontation ist unvermeidlich. Und wir haben herausgefunden, mein Meister hat es herausgefunden und dessen Meister ebenso, dass die meisten Menschen nicht frei sein wollen. Einige von euch werden nächstes Mal nicht wiederkommen, weil sie eine Lehre, eine Technik, irgendeinen Weg erwartet haben, dem sie folgen können. Sie ziehen es vor, ihr Leben so fortzuführen wie bisher. Das ist unsere Erfahrung.

Nur selten kommt es vor, dass jemand, ein kostbares Wesen, wirklich frei sein will.

Lund, Schweden, 10. Oktober 2001

2

Ohne Selbsterkenntnis kannst du Niemandem dienen

Besucherin: Um den täglichen Lebensstress zu bewältigen, meditiere ich, um mich zu entspannen und in einem Zustand von Frieden und Stille zu sein. Ist dies der gleiche Zustand, auf den du verweist?

Madhukar: Ich kam her, um dich darauf hinzuweisen, dass du jenseits von jeglichem Zustand bist. Du bist weitaus größer als irgendein Zustand: du bist unbegrenzt. In dieser Grenzenlosigkeit gibt es dich überhaupt nicht. Das ist der höchste Friede. Wenn du erkennst, dass dein Stress Vorstellung ist und dem Verstand entspringt, kannst du dein wahres Selbst entdecken. Und dieses Selbst kann nie mit dem von dir angesprochenen Zustand der Meditation verglichen werden. Es ist so unbeschreiblich schön.

B: Also einfach einen Schritt zurücktreten?

M: Ja, warum nicht, bislang bist du immer Schritte nach außen gegangen; tatsächlich warst du hinter den Ideen der Vergangenheit her. Selbst wenn du unaufhörlich rennst, wirst du sie nie erreichen. Dein ganzes Gerenne ist nutzlos und absolut überflüssig. Wenn du jetzt also die Analogie von »ein Schritt zurück« benutzt, sage ich dir, es bedarf nicht einmal eines einzigen Schrittes, weil es nichts mit Raum und Zeit zu tun hat. Dreh dich einfach um, denn das, was du erreichen möchtest, war immer schon *hier*. Du bist bereits vollkommen, du bist frei. Glück ist hier und jetzt. Wenn der Geist aktiv ist, wenn der Verstand über mehrere Jahre hinweg damit beschäftigt ist, Tausende von Gedanken und Emotionen zu kreieren, dann ist der Geist erschöpft und entbehrt der Erfahrung von Frieden. Sogar das bereitet aber kein Problem, weil du *nicht* der Geist bist.

B: Einfach.

M: Es ist sehr einfach und sehr leicht zu verstehen, aber es reicht nicht, dies intellektuell zu verstehen, weil du dann wieder bestimmte spirituelle Zustände programmierst: Deine Idee von Frieden, dein Konzept, wie Freiheit ausschaut, deine Vorstellung, wie Erleuchtung sich manifestieren soll. Diese Ideen rühren aus der Vergangenheit, entstammen Büchern, leiten sich von Lehrern her. Der beste Lehrer programmiert dich nicht, er inspiriert dich lediglich, er weckt dich auf und fordert dich heraus, nachzuschauen, wer du bist, wer du immer gewesen bist, wer du stets sein wirst. Ist dies einmal entdeckt, brauchst du dir nie wieder etwas vorzustellen. Du brauchst nichts mehr zu glauben, du brauchst hinter nichts mehr herzulaufen, und du brauchst nicht länger irgend etwas zu üben. Wenn du dich jetzt umdrehst – was fehlt?

B: Nichts.

M: Nichts fehlt, siehst du? Und wer ist hier?

B: Ich bin. Ich bin derjenige, die spricht.

M: Nicht zu schnell. Du kannst kein Konzept aus der Vergangenheit benutzen. Ich benutze keine alten Konzepte. Wenn ich morgens aufwache, wende ich nichts von dem an, was ich am Tag zuvor gesprochen habe, sonst würde ich mich betrügen. Bleib jeden Moment frisch, jeden Moment wiedergeboren, dann strömt Flair unmittelbar durch dein Leben. Alles um dich herum ist von Duft und Schönheit durchstrahlt. Wenn du jedoch nicht frisch bist, gibt es nur Hässlichkeit, Müdigkeit, Langeweile, Stress, Enttäuschung, Desillusionierung usw.

B: Meine Antwort war lediglich ein Reflex; ich kann gar nicht sagen, wer hier ist.

M: Du kannst es nicht in Worte fassen. Das Selbst spricht. Es hat keine Begrenzungen, kann diesen Körper mit Leichtigkeit benutzen. Gewiss kannst du sprechen. Lediglich das Interesse, dich zu quälen, dir Probleme zu machen, dich zu langweilen, ist nicht ganz weg. Es ist sehr einfach: Welchen Impuls du auch immer spürst, dreh dich um und falle einfach in Das, *wer ist*. Das ist alles. Diese Wahrheit wartet seit Millionen von Jahren, um dich zu umarmen.

(*Stille*)

M: Der Nächste bitte.

B: Hast du irgendwelche Vorschläge, wie man sich mit dem inneren Meister verbindet?

M: Woher hast du die Idee, dass du von deinem inneren Meister getrennt bist?

B: Ich weiß nicht, doch ich fühle mich getrennt. Ich fühle Gott getrennt von mir, deswegen ist alles außen.

M: Ja, Gott ist getrennt, weil Gott deine eigene Projektion ist, eine Einbildung. Du bist das Subjekt und Gott ist ein Objekt für dich geworden, also gibt es offensichtlich diese Trennung zwischen Subjekt und Objekt.

B: Ich bin mir dessen bewusst, aber ich weiß nicht, wie ich die Verbindung herstellen soll und wie ich alles das leben soll, und das fühlt sich frustrierend an.

M: Du hast dich auf Objekte ausgerichtet; sie sollten dir zu Glück verhelfen und sie sollten dir Wissen vermitteln; sie sollten dir Frieden schenken. Doch zum Schluss stehst du frustriert da. Alles, was außerhalb von dir existiert, kann dir lediglich vorübergehendes Glück vermitteln, weder wahres Wissen noch Frieden. Jedes Objekt gehört Raum und Zeit an und ist begrenzt. Es kommt und geht, daher kann es nicht ewig sein. Wenn du jetzt meinen Ratschlag befolgst und dich umdrehst, wirst du entdecken, dass Subjekt und Objekt, dass du und Gott eins seid. Dann gibt es keine Notwendigkeit, nach irgend etwas Ausschau zu halten, weil Trennung überhaupt nicht existiert. Einzig der Verstand trennt. Deine Gedanken und Gefühle, die nichts anderes als Verstand sind, gaukeln Trennung vor. Du musst herausfinden, wer das Subjekt ist. Deswegen rate ich dir, das »Ich« zu erforschen, weil diese Frage »wer?« dich von deiner Vorstellung, von deinen Wünschen, von deinen Konzepten wegführen wird, zurück zu der Person, die Konzepte, Wünsche und ein Gefühl von Trennung hegt. Mit der Frage: »wer bin ich?« kehrst du zu diesem »Ich« zurück, nicht wahr? Es ist sehr wichtig, dieses »Ich« zu entdecken, denn ohne Kenntnis deiner Selbst ist alles andere nutzlos. Alles andere bleibt Spekulation, Einbildung,

Konzept, »Wissen«, aber »wer« weiß, bleibt unentdeckt. Zuerst musst du herausfinden: »Wer bin ich?« Dann wirst du sehr schnell entdecken, dass diese Person bloße Einbildung ist. Sie besteht aus »Ich bin dies, ich bin das, ich war jenes, ich werde das sein, ich bin getrennt, ich bin ängstlich, ich bin glücklich, ich bin eine Tochter, ich bin eine Freundin, ich bin Schwedin, ich bin …«

Wie heißt du?

Besucherin: Åsa.

Madhukar: Åsa, sehr schön, ich bin Åsa. Als du geboren wurdest, hattest du keinen Namen. Dann bekamst du einen Namen. Du kanntest diesen Namen nicht; du warst sehr glücklich ohne Namen. Nach einiger Zeit hast du dich mit diesem Namen identifiziert. Wer du bist, ist völlig namenlos. Die Person trägt einen Namen, die Person begehrt und die Person leidet. Durch Selbstergründung wirst du herausfinden, dass diese Person sich aus einem bloßen Bündel von Gedanken und Gefühlen zusammensetzt, die allesamt der Vergangenheit angehören. Es wird dir dämmern: »Wer ist diese Person? Wer bin ich wirklich?«. Diese Form von Trennung ist gesund. Zum ersten Mal ist Trennung heilsam, denn es ist die Trennung vom Verstand, von der Vorstellung, von der Vergangenheit. Alles, was du denkst, ist vergangen, ist nicht neu, ist nicht *DU*. Also untersuchst du erneut: »Wer bin ich?«. Jetzt bist du aus dem Gefühl der Trennung herausgetreten; Du bist bei der Person angelangt und nun ergründest du diese. Du entdeckst, *wer* die Person sieht, *wer* ist deinem Herzen näher, näher deiner Quelle, naher deinem wahren Selbst als der Person, die sich aus Körper und Geist, Gedanken und Gefühlen zusammensetzt. Doch wer bist *du*? Wenn du *davon* fasziniert bist, hast du keine Zeit mehr für Gefühle der Trennung. Du hast keine Zeit mehr für deine Probleme, weil du ein neues Interesse hast, das Wahrheit ist: »Ich möchte ein für alle Mal herausfinden, wer ich bin, wer ich wirklich bin!«. Dies ist eine eindeutige, fokussierte Selbstuntersuchung, und diese Erforschung zielt nicht in die Zukunft, weil sie keiner Übung bedarf; du brauchst nichts zu projizieren, du brauchst nichts herbeizuwünschen. Geh bitte nicht in diese Richtung nach außen. Es wird sich als nutzlos erweisen; du wirst dich selbst betrügen. Selbstergründung verweist auf das Hier und Jetzt, denn wenn Gott und du eins seid, wenn Wahrheit existiert, wenn Frieden existiert, müssen sie *hier und jetzt* sein. Ewigkeit muss berührbar sein, nicht in sieben Jahren, *jetzt*. Was du nach sieben Jahren Meditation erreichen möchtest, in Gebeten an Gott, muss schon hier vorhanden sein. Das macht Sinn, gell?

B: Ja.

M: Also schaust du jetzt: »*wer* ist. Wer bin ich?«.

B: Diese Frage hat mich schon immer begleitet.

M: Das ist sehr gut.

B: Das ist ein Thema, an dem ich arbeite.

M: Genau, jetzt hör mit der Arbeit auf, denn Arbeit hat dir nicht geholfen. Es war gut, dass du gearbeitet hast, doch lass es jetzt dabei bewenden. Ich sage: beende die Arbeit! Schau *jetzt!*

(*Stille*)

Sprich! Geh nicht in die Vergangenheit. Sprich aus dem *Jetzt*!

B: Also, wer bin ich? Ich bin nichts.

M: Das ist ein Konzept. Das kann ich nicht akzeptieren. Dieses Konzept hilft dir nicht weiter. Es ist ein nihilistisches Konzept; es bringt dir nichts. Vielleicht endest du so als ein frustrierter Nihilist: »Ich bin nichts.« Das kann ich nicht akzeptieren, denn du sprichst nicht die Wahrheit, du sprichst nicht aus dem *Jetzt.* Würdest du aus dem Jetzt sprechen, würde ich es akzeptieren, wenn du jedoch aus Büchern, aus alten Lehren sprichst, kann ich's nicht akzeptieren. Ich will dich nicht hinters Licht führen. Du bist oft genug betrogen worden, doch nicht hier.

B: Ich fühle mich blockiert. Ich fühle mich sehr ruhig, aber blockiert.

M: Ja, du nimmst Blockaden wahr, wieder betrachtest du Empfindungen, physische und emotionale Empfindungen. Du nimmst sie wahr, und das ist okay, wenn dein Körper gerne dicht macht, lass es einfach zu. Es ist nicht dein Problem, es ist die Sache des Körpers. Es fühlt sich blockiert an und dein Verstand fühlt sich vernagelt. *Du* nimmst das wahr, also forsche weiter: »Wer ist es, der das wahrnimmt, *wer*?«. Jetzt!

B: Tut mir leid. Ich weiß keine Antwort darauf.

M: Um zu antworten, brauchst du nichts zu wissen. Dies ist keine Schulklasse, wo du die richtige Antwort parat haben musst und dafür belohnt wirst oder für die falsche Antwort bestraft wirst. Es geht um etwas viel Wichtigeres: es dreht sich um deinen ewigen Frieden, es geht um Freiheit, Erwachen. Das ist sehr kostbar, viel wichtiger als in einem TV-Quiz zu sein angesichts einer Frage, deren Beantwortung acht Millionen schwedische Kronen einbringen kann. Richtige Antwort: Acht Millionen; falsche Antwort: Nichts. Nein, es ist viel gravierender als das, es hat eine ganz andere Tragweite. Was immer dein Körper fühlt, selbst wenn es Stress ist, ist dir von Nutzen. Mach dir nichts daraus, *sei* einfach und nutze diesen Moment.

B: Ich habe mir im letzten Frühling in der Kirche einen neuen Namen gegeben.

M: Warum erzählst du mir das? Wozu soll das gut sein? Wenn ich durstig bin, wenn mein Mund trocken ist, was für ein Nutzen liegt dann darin, wenn ich dir sage, was ich Ostern getrunken habe? Wozu sollte mir das dienen? Das bringt überhaupt nichts, deswegen ist es von Nutzen, *dies* in meinen Mund zu stecken. (*Madhukar nimmt eine Erdbeere und steckt sie sich in den Mund)* Wenn ich dir von meinem Osteressen erzähle, wird mein Leiden zunehmen. Entdecke also einfach: *Wer* schaut, *wer* ist, *wer* sieht, *wer* denkt diesen aufsteigenden Gedanken, diesen Impuls, mir diese Geschichte zu erzählen. Die Story ist einerlei, aber »*wer*« ist entscheidend. Sei keine Prostituierte deiner Gedanken. Du springst auf jeden beliebigen Gedanken auf, der kommt. Lass die Gedanken kommen und gehen. Du erforschst einfach, *wer* du bist, deine Essenz. Das war eigentlich deine Frage, eine sehr wichtige Frage: »Wie kann ich *sein*?«. Anfänglich fragtest du mich, wie man die Verbindung herstellt, bei mir jedoch geht es nicht um Verbindungen. Einige Lehrer begannen Satsang zu geben, und jetzt sind sie bei Beziehungskisten angelangt. Ich rede nicht über Beziehungen. Du brauchst keinerlei Beziehung, weil du Freiheit *bist*, Liebe *bist*, Gott *bist*. Wenn hier jemand religiös ist, sollte er sich nicht angegriffen fühlen, denn der Gott, von dem ich spreche, hat nichts mit dem Gott zu tun, von dem sie in der Kirche predigen. Ein Christ sollte sich nicht gekränkt fühlen, wenn ich sage: »Du bist Gott.« Du kannst Christ sein und gleichzeitig erkennen, wer du bist, denn der »erste Christ« erkannte das auch, als er sagte: »Ich bin, der ich bin.« Jesus Christus erkannte. Er wusste, wer er *ist*. Er sagte nicht: »Ich bin Jesus, zwei vor Christus in Nazareth geboren.« Er sagte: »Ich BIN, der ich BIN.« Verstehst du?

B: Ja.

M: Gut, dann schiebe diese Entdeckung nicht auf. Betrüge dich nicht selbst.

B: Danke.

M: Varsagod. (*Hier benutzt Madhukar das schwedische Wort für »du bist willkommen«, was man auch deuten kann als: »also sei Gott!«)*

(Stille)

Mensch zu sein und den Wunsch nach Freiheit zu haben, diesen Vorteil, mit mir *hier und jetzt* zu sein, ist ausreichend, um ein für alle Mal frei zu sein. Jesus Christus hat selbst noch am Kreuz einem Mörder diese ewige Freiheit angeboten. Es gibt keinen Bericht darüber, ob dieser neben ihm gekreuzigte Schächer davon Gebrauch gemacht hat. Noch im letzten Moment seines Lebens bot er diese Freiheit an. Schon als Kind unterwies er die Menschen in Wahrheit, doch niemand wollte ihm zuhören. Selbst seine Jünger waren nicht wirklich interessiert. Sie waren ängstlich, verwirrt und beschäftigt. Sie mussten arbeiten, und einige von ihnen hatten politische Interessen. Als er in Gethsemane betete, schliefen sie ein und er bat sie: »Könnt ihr denn nicht eine Stunde mit mir wachen?«. Doch sie fielen immer wieder in Schlaf. Für euch ist es viel leichter, weil ihr ein sehr sicheres Leben und nicht die Probleme dieser Menschen damals in Palästina habt. Sie hatten nicht so viel zu essen wie ihr. Jeden Moment konnte jemand kommen und sie töten, die Römer oder irgendeine Mörderbande im Auftrag orthodoxer Priester aus dem Tempel. Sie lebten nicht in solch gesicherten Verhältnissen wie ihr. Sie hatten echte Gründe, gestresst zu sein, doch ihr seid sicher und beschützt, alles steht zu eurer Verfügung um aufzuwachen. Einige von euch denken jetzt vielleicht: »Das wollte ich nicht, deswegen bin ich nicht hergekommen. Ich wollte mich ein bisschen entspannen. Ich wollte schauen, ob Madhukar wirklich so ist, wie sie sagen.«

Aber tatsächlich seid ihr nur um eurer selbst willen hier, wegen eures wahren *Selbst*.

(*Stille*)

Jesus forderte wesentlich mehr als ich, denn er sprach zu den Leuten: »Verkauft alles, was ihr habt und folgt mir nach.« Heutzutage haben wir daraus gelernt, dass dies ziemlich schockierend für die Menschen ist. Deswegen verlangen wir das nicht mehr. Betrüger fordern dazu auf, und noch immer sind Menschen bereit, dem Folge zu leisten. Ich bitte lediglich um einen einzigen Moment. Wer ist willens, einen einzigen Augenblick ohne Gedanken, ohne Konzept, ohne Ideen, ohne Wunsch, ohne Vergangenheit, ohne Zukunft zu geben? Das ist nicht zuviel verlangt, oder?

B: Ich dachte über die Fragen der Menschen hier nach, und dass ich dieselben Fragen hatte. Ich versuche, die Essenz meiner Fragen herauszukriegen, um das Problem auszumachen. Die von dir gegebene Antwort lautet immer: Untersuche »wer bin ich?«. Vielleicht sollte ich aufhören zu fragen: »Was ist das Problem?«. Doch wenn ich mir selbst diese Frage stelle, passiert es immer noch, dass die »Vergangenheit« zurückkehrt und das »Jetzt« überlagert. Ich bin anscheinend nicht in der Lage im »Hier und Jetzt« zu verweilen. Vielleicht wende ich die Frage: »Wer bin ich?« als eine Disziplin an, denn ich finde mich nicht ständig damit beschäftigt, diese Frage zu stellen. Oft, wenn sie in meinem Geist auftaucht, sage ich mir: »Ich kann die Frage später stellen, jetzt möchte ich dies oder das.« Eigentlich will ich nicht, dass dies geschieht, doch mein Körper, mein eingefleischtes Verhalten, behaupten sich einfach. Wie kann ich also mehr im »Hier und Jetzt« verankert bleiben und fragen »Wer bin ich?« und das sein? Wie kann ich das verstärken?

M: Meiner Erfahrung nach einzig durch Selbstergründung, allein durch Selbstentdeckung, direkte Untersuchung. Alles andere wird scheinbar deine Verhaltensmuster ändern, doch letztlich versagen, weil du nicht herausgefunden hast, wer du wirklich bist. Vielleicht lernt die Person, vielleicht ändert sie sich, verwandelt sich ein bisschen, doch ich habe im Hinblick auf die Wahrheit bis heute keinerlei Ergebnis wahrnehmen können bei Menschen, die Praktiken, Therapien, Lehren usw. folgen. Deswegen kann ich nicht dazu raten. Deshalb kann ich nur zur Selbstergründung raten oder zur totalen Hingabe an dein inneres wahres *Selbst*, das Göttliche. Es mag Hingabe an Gott oder einen Meister sein. Wenn du dich hingeben kannst, wird sich augenblicklich Segen über dich ergießen, und du wirst schnell nach Hause kommen. Allerdings habe ich in Tausenden von Fällen imaginäre, gespielte Hingabe beobachtet. Das hat natürlich nicht geklappt. Dann habe ich jedoch einige Fälle von Hingabe erlebt, in denen der Segen sofort zuteil wurde; durch Devotion gelangten sie ans Ziel. Doch ist dies auf die westliche Persönlichkeit nicht so recht zugeschnitten; deswegen ziehe ich es vor, Selbstergründung anzuraten. Es ist so vollkommen einfach. Du brauchst keine Disziplin. Ständig hast du in einem Zustand von Disziplin gelebt und ein Universum nach deinem Verstand erschaffen, zusammengesetzt aus Vergangenheit. Das beruht auf den Ideen deiner Eltern und Großeltern und geht sogar noch weiter zurück; einiges auf die Wikinger, zum größten Teil auf die Ideen der Christen, die später hierher kamen. Sie erzählten dir, wie du zu leben und zu denken hast, und selbst nachts in deinen Träumen setzen sich diese Programme fort. *Dies* ist deine Disziplin. Ich sage dir jetzt: »Sei! Sei ohne jegliche Disziplin! Finde heraus, in wem diese Disziplin stattfindet.« Dann wird sich diese Spannung, diese Disziplin auf natürlichem Weg auflösen, weil du Essenz, Ewigkeit erforschst. Und Ewigkeit ist *jetzt*, siehst du? Sie kann erreicht werden durch Rückkehr zu deinem wahren *Selbst*. Auch wenn da die Gewohnheit deines Körpers, deines Verstandes existiert, ständig von deinem wahren *Selbst* in Wünsche, Erfahrung und Machertum, diesem obsessiven Aktionismus, abzuirren, kehrst du doch immer wieder kompromisslos zurück. Erschöpfe dich nicht, ruhe zwischendurch, schlafe, tanze, trinke, sieh fern, schau Fußball. Wenn du verstehst, was diese Selbstergründung bedeutet, kannst du tun, wozu dir gerade zu Mute ist. Es spielt keine Rolle. Du untersuchst einfach: »Wer *ist*?«.

Hier zu sein hat weder Platz noch Zeit noch Raum für Disziplin. In deinen Träumen, im Nebel existieren Raum und Zeit. *Hier* gibt es weder Zeit noch Raum. Das musst du für dich selbst herausfinden. Natürlich kann ich dir den Himmel versprechen, aber du musst schon selbst die Augen öffnen: Jetzt! Andernfalls würdest du mir etwas Altes abkaufen. Du solltest selber herausfinden, wer du wirklich bist. So funktioniert's. Es ist wunderschön, sehr inspirierend.

Konzentriere dich also nicht auf deine Vorstellungen, auf deine Schwächen. Genau dieser Impuls, genau diese Lebenskraft reicht für deine Untersuchung aus, herauszufinden: »Wer ist dieses Ich?«. Unvermeidlich wirst du im *Hier* ankommen. Zweifellos wirst du den inneren Junkie entdecken, in Liebe mit seiner überkommenen Disziplin, mit Schwächen, Ideen, Konzepten und Faulheit. Sehr schnell wirst du dich der Frage stellen müssen, ob dieser Wunsch, frei zu sein, wahrhaftig ist oder nicht. Konfrontation wird unausweichlich sein, denn du kannst dich nicht länger betrügen. Es mag für manche Sinn machen, andere Menschen zu betrügen, ihre Partner, die Gesellschaft. Das macht einen gewissen Sinn. Doch warum solltest du dich selbst betrügen? Du bist nicht blöd. Wer du bist, ist perfekt. Du wirst herausfinden, was dir am Herzen liegt.

Angenommen, wir sitzen den ganzen Tag hier drin. Draußen findet ein fantastischer Sonnenuntergang statt, und ich lade dich ein, das wundervolle Schauspiel für einige Minuten draußen mit anzuschauen. Statt dessen ziehst du es vor, dir einen Film anzugucken, in dem Menschen andere Menschen quälen, oder du schaust CNN, einen Bericht über die letzten Bomben-Attentate, und es fasziniert dich. Ich versuche, dich zum *Schauen* anzuregen. Draußen weht ein frischer Wind, Vögel singen, die Sonne geht unter. Solch eine Schönheit! Doch du ziehst dein Folter-Programm vor. Was soll ich machen? Ich kann dich nur inspirieren. Wäre ich dein Guru, würde ich vielleicht einen Trick anwenden. Ich würde sagen: »Lass uns auf ein Bierchen rausgehen!« – vielleicht würdest du dann mitkommen. Doch du bist völlig frei, zu tun, was du willst. Es hat nichts mit mir zu tun. Ich erwarte dieselbe Freiheit von deiner Seite, nämlich dass du mich verschonst mit deinen Forderungen und Konzepten. Einige Menschen glauben, sie hätten Kontrolle darüber, wie ich mich verhalten solle, was ich zu tun und zu lassen habe. Tut mir leid, ich muss sie enttäuschen. Ich kann mich nicht nach deren schläfrigem Kopf richten. Du hast völlige Freiheit, zu tun, was dir gefällt, doch ergründe! Diese Selbstergründung ist essenziell; entweder Tod oder ewiges Leben. Dann wird dein Leben sinnvoll gewesen sein. Dann wirst du diese Inkarnation genutzt haben. Ansonsten hättest du eine andere Lebensform annehmen können, ein Tier, einen Vogel, kein großer Unterschied. Aber du bist Mensch, du bist, und ein menschliches Wesen ist in der Lage, *Sein* zu entdecken.

Stockholm, Schweden, 11. Oktober 2001

3

Ich Bin, der Ich Bin

Madhukar:

Friede

Es möge Friede sein unter allen Lebewesen im Universum,
es möge Friede sein mit dir hier,
es möge Friede sein
Willkommen!

(*Stille*)

Friede, das erste Wort. Nachdem dies ausgesprochen ist, solltet ihr nicht mehr in euren alten Müll der Vergangenheit schauen. Eine Zeit lang solltet ihr aus Respekt mir und meinen Meistern Papaji und Ramana gegenüber nicht in der Vergangenheit verweilen. Das wäre eine Beleidigung großer Heiliger, Ramana Maharshi und mein Guru. Die Menschen nannten ihn »Bhagavan« (der Erhabene), was »Gott« bedeutet, und Papaji bedeutet »Ehrwürdiger Vater«. Ramana bedeutet »Der Süße«. Nur wenn eure Gedanken süß sind, (selbst wenn sie süßes Gift sind) dürft ihr sie anschauen, doch schaut nicht in euren Müll, eure Vergangenheit. Wir begegnen uns in Wahrheit, und dieser Müll, den ihr betrachtet, ist nicht Wahrheit. Wenn ihr wirklich an eurer

Vergangenheit interessiert seid, dann betrachtet sie außerhalb dieses Saals. In eurer Freizeit könnt ihr euch eure Depressionen, eure Probleme anschauen, all die Pflichten und all eure Unfähigkeit usw., aber bitte nicht hier; das ist sehr wichtig. Ihr seid alle erwachsene, intelligente Menschen, also könnt ihr eine kleine Weile entspannt bleiben. Wann immer dergleichen aufsteigt, könnt ihr euch selbst beim Kragen packen: »Aha! Ich verliere mich wieder in Gedanken,« dann lasst ihr los, indem ihr euch sagt: »Diesen Augenblick genieße ich Frieden.« Denn was ihr bislang nicht lösen konntet, werdet ihr genauso wenig in diesen nächsten eineinhalb Stunden lösen; also lasst es jetzt ruhen und erfreut euch einfach an diesem Frieden hier. Das ist sehr wichtig, sonst könnte ich mich missbraucht fühlen, und ich möchte von keinem missbraucht werden. Ich bin nicht geneigt, meine Zeit hier zu verschwenden; ich brauche euer eindeutiges Interesse an Frieden und Wahrheit. Ihr braucht dafür nichts zu tun. Entspannt euch einfach und wacht immer wieder im *Jetzt* auf. Es ist sehr leicht, besonders wenn ihr vor Ramana und Papaji sitzt. Da die Süße von Ramana euch nicht gereicht hat, auch nicht die Klarheit und Kraft von Poonjaji, müsst ihr es jetzt mit mir aufnehmen, deshalb habt ihr es jetzt mit mir zu tun. Ramanas Körper ging 1950 und Papajis 1997, nicht lange her. Beide sind immer noch hier.

Was bedeutet also FRIEDEN? (im Original: PEACE)

P verweist auf dich, meint »persönlich«, und E bedeutet »erforschen«. Was bringt persönliche Erforschung?

Personal-Enquiry-Answers-Crisis- Essentially…Effectively.

Persönliche Erforschung ist die wesentliche und wirksame Antwort auf Krisen.

Das bedeutet Frieden, deine Essenz zurückzugewinnen, dich von Phänomenen, von der manifesten Welt nicht in die Irre führen zu lassen. Das ist euch versprochen, und es ist sehr leicht zu erreichen, insbesondere, wenn ihr daran interessiert seid, frei zu sein. Meinem Verständnis nach ist das die einzige Praxis, Lehre, Methode (eigentlich gibt es keinen richtigen Ausdruck dafür, sodass ich es gar nicht benennen kann), das Einzige, was wirkt. Er muss es wissen (*verweist auf den Besitzer des Retreat-Centers*), denn er hat viele Menschen hierher kommen sehen, die Gruppen veranstaltet haben, und diese haben alle nicht funktioniert. Anschließend trifft er die Menschen wieder im selben depressiven Zustand, mit den gleichen Problemen, sogar diejenigen, die unterrichten. Es muss sehr frustrierend sein, andere zu unterweisen und selber nicht frei zu sein. Das vergrößert jedermanns Probleme und ist eine Beleidigung für das Universum.

Unglaubliche Schönheit und kreative Energie stehen ständig zu eurer Verfügung.

Ich bin sehr glücklich, es ist sehr gut, dass wir hier sind, dass jeder einzelne von uns hier ist. Und ich bin froh, dass die Menschen, die andere Interessen haben als Freiheit, nicht länger hierher kommen. Ich bin sehr glücklich, dass ihr wegen eures wahren *Selbst* hierher kommt. Hat jemand andere Interessen, wird sich das nach einer Weile herausstellen und er wird diesen Interessen nachgehen. Ihr jedoch müsst euch auf euer *Selbst* ausrichten. Mit mir ist das sehr einfach, denn ich lasse euch so, wie ihr seid. Ihr könnt leben und handeln, wie es euch beliebt; das hat nichts mit der Wahrheit zu tun. Hört einfach mit dem Selbstbetrug auf.

Einige von euch mögen es bei unserem Meeting an diesem Wochenende vorziehen, die Zeit in Stille zu verbringen. Andere wiederum mögen am Dialog interessiert sein; für solche, für sie, für ihn, ist es besser, zu reden und zu fragen und Antworten zu bekommen oder Erläuterungen zu hören. Wir sollten tolerant und respektvoll sein; Menschen sind verschieden. Dann können wir uns gegenseitig unterstützen, und ich kann euch wirksam dienen. Es ist sehr wichtig, diese Erkenntnis, dieses Wissen um Frieden in unserem täglichen Leben anzuwenden. Deswegen läuft dieses Wochenende unter dem Thema: »Aus der Krise zum Frieden.«

Einige von euch haben überhaupt keine Krise. Seid nicht entmutigt, geht nicht gleich fort. Ihr seid wichtig, um hier wie Bodhisattvas zu sitzen. Bodhisattvas tragen die Verantwortung in diesem Leben, hier auf der Erde zu sitzen, Frieden zu *sein*, Frieden auszustrahlen, das Leiden anderer Menschen zu erleichtern. Nicht wie Mutter Theresa, indem sie heilen und Menschen ernähren, nein, einfach indem sie dasitzen, in einer Höhle oder in einer Kneipe oder in einem Fussballstadion; wo immer sie sich aufhalten, *sind* sie Frieden. Auf diese Weise verbreitet sich Frieden. Ich weiß, dass ohne diese Bodhisattvas die gesamte Welt schon längst im Chaos versunken wäre. Seit Zehntausenden von Jahren hat es immer einige Männer, einige Frauen gegeben, die Frieden *sind*, und diese halten die ganze Sache mühelos zusammen. Vollkommen ohne Stress, genau das Gegenteil.

Wenn ihr also schon Frieden seid, was eure wahre Natur ist, könnt ihr euch trotzdem daran erfreuen, dieses Wochenende mit mir gemeinsam zu verbringen. Singt und tanzt, selbst die Fliegen singen und tanzen herum. Es ist lustig, dass es ihnen Spaß macht, ihre Nasen an die Fensterscheiben zu stoßen. Ebenso stoßen sich Menschen den Kopf an. Einige boxen für eine Menge Geld, aber viele Boxer tun es nicht einmal für Kohle. Sie haben einfach Spaß daran, sich gegenseitig den Schädel wegzudreschen. Insofern besteht in Wirklichkeit kein großer Unterschied zwischen einer Fliege und einem Menschen. Ich kenne Menschen, die sich ihren Kopf immer an denselben Gedanken, an denselben Problemen, an den gleichen Strukturen stoßen. Erstaunlich ist, dass die Menschen das selbst nicht sehen; dieselbe Geschichte wiederholt sich immer wieder. Anscheinend liegt darin eine gewisse Faszination; es muss der Schlag sein, den sie lieben, denn wenn sie sich richtig stoßen, vergessen sie sich selbst in diesem Augenblick. Sie sind vollkommen davon überzeugt, dass es an der dummen Wand liegt. Ihr ärgert euch über die Wand, ihr ärgert euch über das Fenster, ihr seid ärgerlich auf den Spiegel, ihr seid über den anderen verärgert. Gewöhnlich ist es immer der andere, nicht wahr? Stets gibt es jemand anderen, der verantwortlich ist, und das macht es sehr bequem für euch. Es mag deine frühere Freundin sein, die Freundin, die du jetzt hast, der Umstand, dass du keine Freundin hast, was auch immer. Es ist immer jemand anderes.

Ramana Maharshi, der Süße, sagte im Grunde genommen zwei Dinge. Das erste ist: »Sei still.« Nun könntet ihr sagen: »Gut, Madhukar, dann halte bitte deinen Mund!« Er hielt den Mund; ich weiß, dass er einmal sieben Jahre lang schwieg. Dass ihr nicht sprechen solltet, hat er allerdings damit nicht gemeint. Wenn es eurem Leben bestimmt ist, dass ihr aufhören sollt zu sprechen, wird sich das von selbst ergeben; ihr braucht das nicht zu planen. Wenn es geschieht, fein. Nein, er wies auf das hin, was ich sage: »Verschwendet euch nicht an Unsinn, an Gedanken, Körper, Gefühle, Emotionen, Schmerzen usw. Verweilt im *Hier,* bei dem *Seher.*« Er wurde der »Große Seher« genannt, denn »Maha« bedeutet groß, herausragend, und »Rishi« bedeutet Seher. Er hatte entdeckt, dass seine Essenz, meine Essenz, eure Essenz Stille *ist.* Es existiert keinerlei Bewegung.

Meine neue Website beginnt dementsprechend mit einer Botschaft an jeden: »Deine Quelle ist Stille, erste Regung ist

Liebe.« Diese wahre Liebe wird dann von der Person bewertet und in gut und schlecht getrennt. Was Menschen gewöhnlich als »Liebe« ansehen, ist nicht das, worüber ich spreche, obwohl wir dasselbe Wort benutzen. Ramana Maharshi verweist auf diese Stille als eure grundlegende Natur, diese weite Leere, in der alles stattfindet, eine stille Ausdehnung – euer wahres *Selbst*. Wenn du in deine Gedanken, deine Gefühle, in die Welt der Erscheinungen hineinschaust, verfehlst du das. Zweitens sagte Ramana genau wie Jesus Christus: »Ich Bin, der Ich Bin.« Das enthält die gesamte Wahrheit. Und ich weiß, dass Jesus Christus, wenn er mit seinen Jüngern zusammenkam, die Übertragung dieser Erkenntnis lebte. Später sprachen seine Jünger in der Bibel über das Herz und die Liebe (einige Evangelien wurden Jahrhunderte nach seinem Tod niedergeschrieben). Doch zu dem Zeitpunkt war diese machtvolle Erkenntnis schon zu einer Religion für den gewöhnlichen Menschen verkommen, denn dieser kann es nicht verstehen, wenn man sagt: »Ich bin Das.« Er denkt: »Hast du 'ne kleine Meise? Bist du von allen guten Geistern verlassen?« oder so ähnlich.

Ich bin Das, was ich bin. Obwohl das Gehirn über ein enormes Potenzial, eine enorme Anzahl Zellen verfügt, nutzt der normale Mensch nur einen sehr kleinen Prozentsatz davon. Gewöhnlich geschieht das auf begrenzte Weise, beschränkt auf vergangene Erfahrungen. Das Gehirn sieht nur sich selbst; es wurde so programmiert und sieht nur sein eigenes Programm. Deswegen versteht es nicht unbedingt, wer *ist*. Es sieht eine Person, gestrickt aus Millionen von Erfahrungen; es zieht noch nicht einmal in Betracht, so stark konditioniert zu sein, identifiziert mit Name, Form und Körper; eine Identifikation, die zu Scherereien führt. Und obwohl die meisten erfahren mussten, dass dies zu Problemen geführt hat, untersuchen die Menschen dennoch nicht tiefer. Wenn sie überhaupt ein Interesse an all dem haben, wollen sie etwas über die Person herausfinden: »Warum gibt es ein Problem? Was ist mit mir passiert? Wie kann ich eine bessere Zukunft erschaffen?«. Du kannst jedoch keine bessere Zukunft gestalten, solange du nicht *weißt*, wer du bist. Rein äußerlich kannst du sicherlich eine bessere finanzielle Situation, bessere Lebensumstände kreieren, aber nichts ist sicher. Man kann sich vieles vorstellen, aber es gibt keine Garantie für Glück, weil du nicht weißt, *wer* du bist. Darum gibt Ramana den Rat, genau zu untersuchen. Du möchtest herausfinden, *wer* du bist. Das nennt man Selbstergründung. Du hast zuvor schon von Selbstergründung gehört, wie ich annehme, aber ich will dich zu noch tieferer Untersuchung inspirieren. Es ist interessant, dass Teilnehmer an unseren Meetings nach Jahren fragen, wie sie untersuchen sollen. So sind wir eben, wir träumen. Ich hörte meinen Meister darüber sprechen, immer wieder, doch ich hörte nicht wirklich zu. Meine Essenz war überschattet von allen möglichen anderen Interessen: Ego, Arroganz, Langeweile, Wichtigtuerei, Faulheit und mentale Sucht. Das waren meine Hindernisse. Euch, die ihr frei von diesen Lastern seid, muss es doch dann ganz leicht fallen. Ihr habt nicht die Probleme, die ich hatte. Aber so wie ihr hatte ich ein gutes Herz, und mein Meister muss das gesehen haben.

Wenn ihr wirklich wünscht, in Wahrheit zu sein, offenbart sich Gnade sofort; das ist eine sehr schöne Entdeckung, wahrzunehmen, dass Gnade immer gegenwärtig ist, dass Gnade dich nie verlassen hat. Alles, was du bekommen hast, war in Wirklichkeit Gnade, jedes Missgeschick im Leben war Gnade, um aufzuwachen. Wenn du erwachst, wirst du von tiefer Dankbarkeit ergriffen. Entweder ist da Ergebung und Hingabe aus unermesslicher Gnade oder Selbstergründung. Ramana empfiehlt Selbstergründung. Ohne Selbstergründung, in der Sklaverei deines Geistes gefangen, verloren im Labyrinth sinnlicher und intellektueller

Wahrnehmung, ist letzte Freiheit nicht möglich. Um den Verstand zu entwurzeln, ist Selbstergründung notwendig. Andernfalls magst du hier und da an Kursen und Sitzungen teilnehmen und deine Persönlichkeit zurecht trimmen; dabei magst du vielleicht eine Art spiritueller Bonsai werden (ein kultivierter japanischer Topf-Baum), und so erscheinen, wie einige New-Age-Gurus dich gerne hätten. Aber das funktioniert nicht bei Freiheit; du musst die Wurzel durchtrennen, du musst untersuchen. Ramana und Papaji waren wesentlich entschlossener als die meisten sich vorstellen. Einige Menschen sitzen jetzt einfach so da und … (*Madhukar schließt seine Augen und mimt den Ausdruck eines sehr friedlichen Zustandes).* Vielleicht kommt das sehr gut rüber. Möglicherweise wäre es sogar noch besser vor einer Kuh zu meditieren, als mit Lehrern zu sitzen, die solche Zustände gutheißen, und effektiver! Versuch's einfach, setz dich vor eine Kuh auf die Wiese. Du wirst zum selben Ergebnis kommen, doch du wirst nicht *frei* sein. Wenn du zusammen mit Kühen und Lehrern in spirituellen Himmeln geweilt hast, wirst du mit etwas Glück vielleicht ein wenig Zufriedenheit gefunden haben, aber mit Sicherheit *nicht* Frieden. Ramana war in dieser Sache äußerst klar; um die Wahrheit zu entdecken, braucht es Ausrichtung, ja Bemühung, auf die eine oder andere Weise. Und er empfiehlt Selbstergründung. Sei ausdauernd darin.

Besucher: Du sagtest, wir hätten alle schon zuvor davon gehört, doch das gilt nicht für mich, denn ich bin dir vorher noch nicht begegnet, daher weiß ich nicht, was du normalerweise lehrst oder ob du überhaupt lehrst. Wenn du sagst: »Du bist Das,« habe ich den Eindruck, dass Das, worauf wir den Blick richten, dasselbe ist wie die berühmte Lehre vom Tat-Tvam-Asi. Wenn ich mich selbst frage »Wer bin ich?« könnte ich vielleicht denken, ich habe die Antwort, oder könnte vielleicht meinen, ich sei jetzt und hier in der Wahrheit; doch mit Sicherheit weiß ich das nicht, wie kann ich das wissen? Ich habe das Gefühl, du würdest mir nicht mitteilen: »Du bist dort!«.

Madhukar: Gewiss werde ich das tun! Wir werden eins darin sein, und es wird absolut klar sein, ohne einen Zweifel. Denn dort wird es keine wie auch immer geartete Wahrnehmung, keinerlei Schwingung geben. Kümmere dich nicht darum, wie es übertragen, in welcher Form es bestätigt werden wird. Es könnte ein Wort sein, ein Blick vielleicht, möglicherweise eine Berührung. Ich ging zu meinem Meister, um das zu klären, diesen Daseinsgrund, dieses *Sein*, *wer* ich bin. Übertragung, Bestätigung, Wiederbestätigung, Führung und Gnade von Beginn an. Seit Tausenden von Jahren gibt es Führung von meinem Meister; immer schon sind wir hier gewesen, um dich zu führen.

Du stellst sehr gute Fragen; ich schätze das, mach bitte weiter. Natürlich ist dieses Tat-Tvam-Asi gemeint, allerdings nicht in Form einer Lehre. Wenn du darüber in Büchern liest, handelt es sich um die Tat-Tvam-Asi-Lehre, und das funktioniert nicht. Es kann als eine gewisse Vorbereitung dienen, als ein bestimmtes intellektuelles Verständnis, eine Klärung, eine Orientierung, niemand jedoch wacht durch Lektüre eines Buches auf. Das *hier* ist also keine Tat-Tvam-Asi-Lehre, weil keine Lehre nötig ist und es weder einen Lehrer noch einen Schüler gibt. Personen sind hier anwesend, Personen nehmen Personen wahr, so können wir also einander dienen, uns Achtung schenken und einander austauschen. Unsere Begegnung findet in einer anderen Form statt, da wir im dritten Jahrtausend leben. Heute teilten mir einige Menschen mit: »Wir möchten dich nicht als Meister sehen, wir möchten nicht am Boden vor dir sitzen.« Ich gab zur Antwort: »Kein Problem, ihr könnt hoch über mir sitzen, wenn ihr mögt.«

Ich brauche von niemandem Meister genannt zu werden, macht lediglich guten Gebrauch von unserem Meeting.

Wenn du aufwachst, wirst du realisieren: »Ich bin schon immer frei gewesen, niemand jedoch hat es mir bestätigt, niemand hat es mir gesagt.« Für dich ist es einfach eine Wahrnehmung, eine Stimmung wie Millionen anderer Ereignisse in deinem Leben. Einige davon hast du als störend, negativ, hässlich beurteilt, andere wiederum als inspirierend, einladend und schön. Du weißt nicht, was *Wahrheit* ist. In der Begegnung mit dem Meister wird dies natürlich geklärt. Ansonsten wäre unser Treffen ziemlich nutzlos. Ich weiß, du bist ein viel beschäftigter Mann. Ich auch. In verschiedene Länder werde ich eingeladen. Ich respektiere, dass du ein beschäftigter Mann bist. Du kamst nicht hierher, um deine Zeit zu vergeuden. Dieses »Du bist Das« weist auf Das, was niemals eine Lehre nötig hatte. Eine Lehre vermag in diese Richtung zu weisen, doch *du* bist hier. Du musst untersuchen: »Was habe ich übersehen? Ich bin schon immer frei gewesen, meine Vorstellung davon war jedoch anders. Wer stellt sich etwas vor? Wer ist es, der den Wunsch nach Freiheit hegt?«.

B: Ich versuche, alle Wahrnehmungen loszuwerden, und ich möchte dich gerne fragen, ob dies ein erneutes Konzept ist? Oder ist es richtig, wenn ich mitunter frage »Wer bin ich?« und darauf schaue: »Ich bin Das.« Ich meine, die Antwort ist, dass wir alle eins sind und meine Persönlichkeit eine bloße Erscheinung ist, jedem anderen Wesen gleichwertig, und dass wir tatsächlich alle ein und dasselbe sind. Ist dies auch nur eine Idee, ein bloßes Konzept? Dies ist eine der vielen weit verbreiteten Theorien.

Oder sollte ich entdecken …

M: Gewiss, dein ganzes Reden steckt voller Konzepte. Du musst das vermeiden. Die Untersuchung, von der du sprichst, ist ein Konzept und schon vorprogrammiert. Was soll sich manifestieren? Dein Ergebnis ist schon vorausgeplant: Ich bin Das.

Und natürlich kann dies nicht die *Wahrheit* sein. Deine Nachforschung enthält schon den Staub von alten Büchern, alten Lehren, und die Antwort ist verschmutzt, sie stinkt. Der Staub abgelegter Schriften ist sehr ungesund, voller kleiner Lebewesen, die deine Lungen, dein ganzes System schädigen können. Infektion und Tod werden das Ergebnis sein. Das muss vermieden werden. Diese Selbstergründung muss stets frisch und gänzlich neu sein. Deine alten Konzepte haben dir bei der Ausrichtung deines Geistes geholfen, doch von nun an musst du mit Frische neu starten. Eben sagtest du: »Ich versuche, alle Wahrnehmung loszuwerden.« Das ist unmöglich, denn solange du in diesem Körper weilst, wird es Wahrnehmung geben. Du musst herausfinden, *wer* wahrnimmt. Dann wird dir Wahrnehmung keine Probleme mehr machen.

(*Madhukar schaut aus dem Fenster*)

Vorher konnte ich über den See schauen. Nun ist das Licht verblasst, und ich vermag nur noch blaue und schwarze Schatten zu sehen. Auf der Grundlage meiner Erinnerung kann ich sagen: »Dies ist der See«, aber es ist eine Einbildung. Jetzt, auf der Suche nach deinem *Selbst*, musst du verstehen, dass das, wonach du Ausschau hältst, nicht in der Ferne liegt. Dreh dich einfach zu deinem wahren Selbst um. Da gibt es keinen Abstand, Abhängigkeit von Licht, Zeit, Raum kann da nicht existieren. Diese Untersuchung zielt nicht auf irgendein Ereignis, irgendeine Erscheinung, irgendein Ergebnis. Sie verweist auf dein wahres *Selbst*. Das wird oft missverstanden, weil die Menschen nach einem bestimmten Zustand verlangen. Bedingt durch ihr Leiden, ihre Einsamkeit, ihre Dummheit, wünschen sie sich einen Zustand, welcher angenehm sein sollte. Deswegen sprechen sie über ihre Einbildung und ihren Wunsch nach einem bestimmten Zustand, wenn sie über Frieden und Wahrheit reden. Was für ein Unsinn. Es dreht sich um keinerlei Zustand; es geht um dein wahres *Selbst*. Du kümmerst dich überhaupt nicht darum, welche Art von Zuständen in deinem wahren *Selbst* stattfinden; und gerade weil du dich nicht darum kümmerst, bist du gesegnet und gesegnet, gesegnet mit Schönheit, mit Wahrheit, mit Glück, mit Freiheit, mit Freude! Du verlangst nicht danach, es kommt zu dir, weil das gesamte Universum DIR zu dienen hat. DU bist der Eroberer des Universums! Sei absolut wunschlos.

Es steht dir jedoch nicht frei, zu denken: »Wenn ich Selbstergründung betreibe, dann werde ich Freiheit haben, schön sein, Geld machen, Anerkennung bekommen, Sex haben..« Nein, so läuft das nicht. Das sollte nicht dein Motiv sein. Ein einziges Interesse muss dich leiten: »Ich möchte frei von all dem sein, selbst von meinem Wunsch nach Freiheit.«

B: Wenn man das Selbst gefunden hat, kann man es auch wieder verlieren? Wird man durch die Wirklichkeit geprüft? Ist es permanent da, von Anfang an? Ich meine, wenn ich nach Hause ginge und meine Kinder anschreien würde, könnte ich es dann wieder verlieren?

M: Warum solltest du es verlieren, wenn du deine Kinder mal anschreist?

B: Nein, ich meine … Wenn du es gefunden hast, wirst du dann darauf hin geprüft, ob du weiterhin in alten Mustern gefangen bist?

M: Wer sollte dich prüfen?

B: Ich mich selbst.

M: Ja, du prüfst dich selbst, genauso ist es, wer denn sonst?

B: Niemand. Ich prüfe mich selbst, um klarzukommen. Doch wenn man sich selbst findet, wenn man dort ankommt, ist es dann dauerhaft?

M: Du bist immer hier. Ihr seid alle immer hier. Ihr seid immer frei. Manchmal mögt ihr diese Freiheit wahrnehmen, manchmal nicht. Dann büßt ihr sie wieder ein zugunsten anderer mentaler Zustände, anderer Stimmungen usw. Euer wahres *Selbst* hingegen ist jenseits jeglicher Wahrnehmung; es ist *hier.* Wenn ihr in die Quelle zurücksinkt, seid ihr frei. Einigen widerfährt es, in *Das* zu fallen und sie bleiben ewig hier. Andere wiederum bewegen sich eine Zeit lang vor und zurück. Mach dir nichts daraus, wenn du deine Kinder ab und zu anschnauzt, denn sie spüren sehr wohl, dass du authentisch bist und dein Herz sie liebt. Ich war gerade in Amerika, und zumindest in jener hübschen Gegend, wo ich mich aufhielt, schreien Eltern ihre Kinder nie an, und doch sind die Kids verstört. Menschen lächeln sich an, sind freundlich zueinander, und doch ist die ganze Gesellschaft neurotisch. Das gilt auch für den Satsang dort. Wenn man den Menschen ein bisschen zu nahe kommt, bricht Panik aus, neurotische Reaktionen.

Ab und zu sind Eltern gestresst, und Kinder bemerken sehr wohl, ob Liebe vorhanden ist. Du kannst dich in dieser Hinsicht völlig entspannen. Vielleicht solltest du hier auch ab und zu schreien, das wäre prima! Wie geht's dir jetzt?

B: Prima.

M: Ja, du schaust jetzt sehr gut aus. So geht das; einfach hier ankommen, nichts muss getan werden. Du kannst dich entspan-

nen, sei in Frieden mit dir, und du bist zu Hause. So siehst du schön aus. Jeder mag es, wenn du entspannt bist, auch du selbst.
Sehr gut.

Skeppsudden, Schweden, 12. Oktober 2001

4

Deine Quelle ist Stille, Liebe die erste Regung

Madhukar: Freiheit ist möglich, hier und jetzt, unabhängig von euren persönlichen Umständen, eurem kulturellen Hintergrund, eurer Rasse, eurem Geschlecht oder eurem Alter. Alle Meister sagten: »Wacht auf aus diesem Traum, den man Leben nennt, wacht auf zu eurem wahren Selbst.« Sie haben Frieden verheißen, Glück und Freiheit. Heutzutage sagen wir: »Es ist nicht nötig, in den Himalaya zu gehen, ihr braucht nicht in einer Höhle zu leben oder euch in den Wäldern Nord-Schwedens zu verstecken. Es ist sowieso unmöglich, sich zu verstecken, da die Moskitos euch ohnehin finden werden, und euer Verstand wird euch ebenso finden, da gibt es kein Entkommen. Wenn ihr also sowieso nicht entkommen könnt, ist es doch das Beste, zu erwachen. Wenn jemand sagt: »Wacht auf!« dann geschieht das, weil ihr eingeschlafen seid und möglicherweise am Träumen seid. Dann wacht ihr auf, kehrt zurück in den Wachzustand und fallt nach einem Tag wieder in den Schlafzustand, dem der Traumzustand folgt. Wenn jedoch der Meister sagt: »Wacht auf!« spricht er nicht von Zuständen, worauf er hinweist, ist aufzuwachen zu dieser letzten Realität, die euer wahres Selbst, eure wahre Natur ist. Viele Menschen haben sich immer schon zum Licht hingezogen gefühlt, genau wie diese Moskitos (*einige Moskitos fliegen* *im Schwarm am Fenster herum).* Sie fliegen in Richtung Licht und stoßen mit dem Kopf gegen das Fenster, weil sie im Glas kein Hindernis sehen. Sie können nicht direkt in die Freiheit fliegen. Wenn also niemand gnädigst das Fenster für euch öffnet, könntet ihr euch bis zum Tode den Schädel anstoßen. Diese Moskitos sind instinktgesteuert; nachdem sie den Raum verlassen haben, bemerken sie, dass ein schwedischer Herbsttag sehr kalt ist; sie drehen um und schlagen sich, im Wunsch, wieder drinnen zu sein, erneut den Kopf an, denn das Fenster ist schon wieder geschlossen. Sie haben eine gewisse Sucht, sich ihren Kopf anzuschlagen. Menschliche Wesen haben die gleichen Tendenzen. Es mag so erscheinen, als verstreiche mehr Zeit zwischen den Stößen, die ein menschliches Wesen aushalten muss, aber ein Moskito lebt nur eine kurze Zeit, dadurch ist für es die Zeit zwischen zwei Stößen sehr lang. Zwischen der Lebenskraft einer Mücke und eurer gibt es keinen Unterschied. Sie sind Gott, ihr seid Gott. Nur habt ihr ein riesiges Herz und ein größeres Gehirn, das ihr für gute Beziehungen mit eurem wahren Selbst und mit anderen Menschen nutzen könnt, um eure materiellen Bedürfnisse zu stillen und, als Krönung von allem, immerwährenden Frieden zu finden. Nur dann wird euer Leben sinnvoll gewesen sein. Wenn ihr lediglich eure materiellen Bedürfnisse erfüllt, ist Glück nicht garantiert. Wir müssen von den Beispielen lernen, die uns seit Tausenden von Jahren zur Verfügung stehen. Wir müssen aus der Geschichte, von anderen Menschen lernen. Dann nutzen wir das Angebot dieses Lebens und könnten möglicherweise erkennen, warum wir hier auf diesem Planeten weilen. Eure Vorlieben im Leben kümmern mich nicht, es ist mir egal, ob ihr einer glänzenden Karriere nachjagt oder nicht, ob ihr in Beziehungen steckt oder nicht. Es macht nichts, es hat nichts mit eurer inneren Freiheit zu tun.

(Stille)

Irgendwelche Fragen? Ja, Linda bitte.

Besucherin: Ich habe keinerlei Fragen.

Madhukar: Hast du irgendwelche Antworten?

B: Nein, gerade …

M: Gerade? Gut, dann sprich über »gerade«. »Gerade« eignet sich sehr gut, um darüber zu sprechen.

B: Okay.

M: Bitte sprich darüber. Dein Name ist Linda. Er bedeutet schön, nicht wahr?

B: Ja.

M: Darum solltest du wissen …

B: Es ist gerade, dass …

M: Ja, es ist gerade … *(jeder lacht darüber, wie Linda dieses Wort gebraucht, ohne die Bedeutung zu realisieren).* Es ist sehr gut *(Lachen),* aber dies beweist nicht … Ich bitte dich, über »gerade« zu sprechen, und du sagst: »Es ist gerade …« Wir brauchen mehr Beweise.

B: Es sind keine Worte da.

M: Ja, *da* gibt es keine Worte, aber vielleicht gibt es *hier* ein paar Worte, *hier*. *(Stille)*

M: Ist das wirklich wahr? Du sagst: »Da existieren keine Worte«, doch die ganze westliche Philosophie gründet sich auf Worte. Schon in der Bibel steht geschrieben: »Am Anfang war das Wort.« Das ist es, was die gesamte christliche Tradition aussagt. Das ist die Grundlage der gesamten verstandesorientierten Gesellschaft: »Am Anfang war das Wort, und das Wort war Gott.« Und du sagst: »Es gibt da keine Worte.«

B: Ja, so ist es.

M: Du musst das untersuchen, denn entweder hat der Bischof von Stockholm Unrecht – wer verkörpert die höchste religiöse Autorität in diesem Land, wie heißt sie? *(keine Antwort)* Also, einer muss die Kirche führen, welches ist der höchste Rang?

Ein anderer Besucher: Ich glaube, es ist der Erzbischof von Uppsala …

Madhukar: Uppsala? Ich kann's mir vorstellen. *(Lachen)* Letztes Jahr war ich da, und es war sehr Uppsala!

Okay … Er sagt: »Am Anfang war das Wort.« Und du sagst. »Es gibt da keine Worte.« Also muss einer von euch im Unrecht sein, richtig? Also werde ich ihn nächstes Jahr, wenn ich ihn wiedersehe, fragen: »Lieber Herr Erzbischof, sie lügen, denn Linda aus Uddevalla hat gesagt, dass am Anfang keine Worte existieren.« Tatsächlich gibt es da überhaupt keine Worte. Vermutlich ist er ein sehr modern eingestellter Mann, also wird er entgegnen: »Das ist interessant! Ich bin ein Mann mit offenem Geist, wir wollen das untersuchen und herausfinden, was die Wahrheit ist!« Wahrscheinlich wird er sich dann in seiner nächsten Sonntagspredigt über eine neue Offenbarung auslassen, über ein neues und wirklich tiefes Verständnis des wahren Christus-Bewusstseins, jenseits der Worte, jenseits der Konzepte, jenseits überlieferter Bücher.

(*Stille*)

Noch jemand?

Besucher: Ich habe dich schon früher getroffen, und ich fühle mich sehr privilegiert, hier zu sein. Mir kam der Gedanke, dass ich diese Gelegenheit nutzen sollte. Selbstergründung kann ich betreiben, wann immer ...

Madhukar: Ja, das ist wahr.

B: Dies ist eine besondere Gelegenheit. Aber was ...?

M: Beachte doch mal deine Grammatik. Wenn du fragst: »Aber was ...?«, so kann ich darauf nichts antworten.

B: Aber was ... soll ich tun?

M: Das ist ein besserer Satz »Was soll ich tun?« Das verweist auf das Tun! Siehst du das? Ich statt dessen verweise immer auf das Sein! Du fragst danach, etwas zu tun, und ich weise auf dein Sein hin. Sein findet in dir statt, also verweise ich auf dich. Erinnerst du dich an deinen Zustand als Kind, als du nur um des Spielens willen gespielt hast, dich freutest um der Freude willen? Damals hast du weder Worte wie Frieden, Liebe und Glück benutzt, noch Worte wie Unglück und Trennung. Du warst einfach. Du bist und du bist immer noch. Aber du wurdest auf »Tun« programmiert, Informationen aufzunehmen, jemand zu sein, Liebe zu bekommen. Und seitdem hast du immer wieder getan und getan und getan, und warst ein guter Junge, lerntest ein bestimmtes Verhalten in Einklang mit deiner Familie, deiner Klasse, deiner Gesellschaft. Außerdem lerntest du, dich zu arrangieren mit deinem persönlichen Aufbegehren gegen diese Welten. Gegen einige rebelliertest du, mit einigen warst du diplomatisch und andere unterdrücktest du. In einem sehr frühen Alter wurdest du ein Politiker und lerntest mit all diesem »Tun« umzugehen. Dann gingst du deinen beruflichen Pflichten nach, Pflichten als Hausmann, Ehemann und Vater. All dieses Tun führte zu gewissen Ergebnissen, zu einer gewissen Befriedigung. Es verlieh dir eine gewisse finanzielle Grundlage, doch gibt es darin überhaupt keine Sicherheit. Das Geld kann morgen schon wieder fort sein; das liegt nicht in deinen Händen. Einige Unternehmen gehen vielleicht den Bach runter, und die ganze Volkswirtschaft bricht auseinander. Dein Geld wird verloren sein. Jemand füllt vielleicht Gift in die Trinkwasserversorgung deiner Stadt, und du oder deine Familie werden krank oder gehen daran zugrunde. Sicherheit gibt es überhaupt nicht. Dir bleibt nichts übrig, als zu vertrauen. Gestern Abend vertrautest du dem Leben. Du gingst zu Bett und sagtest dir: »Ich hab genug getan für heute«. Du entspanntest dich einfach. Du ließest alle Pflichten hinter dir, einschließlich der Selbstergründung, die du vielleicht für deine spirituelle Pflicht hältst. Zu guter Letzt hast du alles zurückgewiesen, selbst deinen Partner und – diesen Körper. Der Körper kommt ganz gut ohne dich aus. Das nennt man Sein. Der Körper sorgt für sich selbst. Hast du jemals deinem Körper Befehle erteilt? Hast du jemals gesagt: »Bitte verdaue diese Nahrungsmenge, die sich noch in meinem Magen befindet, und zwar vor morgen früh. Herz, bitte schlage nur viertausend mal pro Stunde, bis ich aufwache. Lunge, bitte atme aus und ein. Hirnströme, bitte entspannt mich, damit ich einschlafen kann«?

Nein, du legtest dich einfach hin, und das System ignorierte jegliche Art von willentlicher Handlung, jegliche Art von Beziehung, und du wechseltest einfach in einen anderen Zustand über, in den Ruhezustand, in den Schlafzustand. Du verschwandest. Das zeigt, wie sehr du vertraust. Du vertraust dem Leben, du vertraust Gott, du vertraust der Natur, und dann entsteht dieser Ruhezustand. Dann begannst du zu träumen. Innerhalb dieses Traumzustandes geschieht wieder Handlung, wieder wird ein Universum geschaffen, werden alle Arten von Formen erzeugt. Du kannst Menschen sehen, schöne, fremde Dinge, Tiere, Geschichten, du kannst ein ganzes Leben im Traum verbringen, viele Leben. Du kannst jeden beliebigen Umstand kreieren. Du magst dich als Lawrence von Arabien sehen, als Gefängniswärter, als Sklave, in Ketten geschlagen, oder im nächsten Traum bist du vielleicht ein König, der Sklaven die Freiheit schenkt, und das alles im Traum. Am Morgen wachst du dann auf, erinnerst dich an den Traum und sagst: »Mein Gott, was für eine Erleichterung, wach zu sein, das war ein entsetzlicher Traum« oder »Es war so schön, ein König zu sein, ich habe Sklaven freigesprochen, ich ging in meinen Harem und wählte die Rothaarige«. Erinnerst du dich an die Rothaarige, die du wähltest und mit der du dich vergnügtest? Als du aufwachtest, drehtest du dich um und strecktest die Hand nach ihr aus, aber da war die Rothaarige schon wieder verschwunden. Vielleicht triffst du morgen deine Frau im Traum und wachst gleich auf. (*Lachen*) Das Gehirn kann sich also alles Mögliche vorstellen. Gehirnaktivität findet unablässig statt. Ständig geschieht Handlung. Alte Informationen werden benutzt und verglichen, und die so genannte Wirklichkeit wird erschaffen, was man »Ich«, Leben, Welt, Universum nennt. Du hast in deinem Leben schon genug getan, genug studiert, genug gearbeitet, warst ein guter Mensch und hast deine Pflichten erfüllt. Und als Höhepunkt hältst du Ausschau nach Freiheit. Deswegen hast du alle möglichen spirituellen Praktiken ausgeübt, vielleicht hast du eine Zeit lang gebetet oder versucht, deine Persönlichkeit zu ändern, um ein besserer Mensch zu werden, oder du hast spirituelle Texte studiert, hast meditiert oder warst am Lieder chanten. Ich weiß nicht, was du nicht alles getan hast, doch ich weiß, was ich sage:

»Du brauchst nichts zu tun, um frei zu sein.« Das ist die ultimative Erleichterung, die völlige Entspannung. Du kommst hierher und brauchst nichts zu tun. Ab und zu prüfe ich dich. Dann kannst du mir Bericht erstatten, und ich kann erkennen, ob du im Nicht-Tun oder im Tun verweilst. Wenn du also hier sitzt und dich in allen möglichen Träumen verlierst, so nenne ich das sicher nicht Nicht-Tun, ich nenne das Gefangenschaft, Illusion, Tun. Viele Jahre bist du möglicherweise Philosophien gefolgt, spirituellen Lehren, den Regeln deiner Kultur, der Ethik der westlichen Gesellschaft usw., hast in Einklang damit gelebt und hast das als deine eigene Wirklichkeit bezeichnet. Hier schauen wir auf die Quelle des Seins selbst. Die wechselnden Formen der so genannten Wirklichkeit haben niemanden glücklich gemacht, und du kamst her, um glücklich zu sein. Heutzutage gibt es viele Kurse, in denen Glück angeboten wird, und das Ergebnis ist vielleicht für eine kleine Weile befriedigend. Ich erwähnte zuvor, dass wir gewisse Übungen mit unmittelbarem Ergebnis praktizieren könnten: Ein bisschen Anregung, ein bisschen Gewinn in Form von Wissen, eine gewisse Zufriedenheit. Dein Gehirn, dein Verstand würde sich ausrichten auf Ansammlung und Verdauung von Informationen. Dieses Bemühen, zu verstehen, zu erkennen, würde deinen Verstand eine Zeit lang beglücken, denn ein beschäftigter Verstand schaut nicht länger auf Probleme, auf Trennung, auf Traurigkeit, auf Enttäuschung oder alle möglichen Pläne. Eine Zeit lang wäre der Hirn-Verstand sehr zufrieden. Weil ich euch jedoch nicht betrügen möchte, biete ich euch nichts dergleichen an. Ich vermag euch nichts zu geben, das lediglich von zeitlichem Nutzen ist. Bei diesem Meeting verweise ich geradewegs auf euer wahres

Selbst, eure wahre Natur, euer wahres Sein, absolute Wahrheit, absoluten Frieden, absolutes Glück. Deswegen machen wie hier keine Übungen, denn ich habe außergewöhnliche Ergebnisse durch die Erforschung der Wirklichkeit erlebt. Viel kostbarer ist es für mich, wenn einer von euch erwacht, als wenn sich viele Menschen ein paar Wochen lang ein bisschen glücklicher fühlen. Ich verweise direkt auf euer wahres Selbst, das Frieden ist, und wenn ihr das verwirklicht, ist meine Mission auf diesem Planeten erfüllt und ich kann wieder gehen.

Ihr fragt: »Was kann ich tun?«. Ergründet einfach dieses »Ich«, das tun möchte. Erforscht dieses »Ich«, welches erfährt, welches wünscht, denkt und fühlt. Dann werdet ihr verstehen, dass alles Denken und Fühlen Tun ist. Wenn es da Tun gibt, muss es auch eine Quelle geben, muss es einen Hintergrund geben, vor dem dieses Tun sich ereignet. Wenn wir entdeckt haben, dass dieses Tun lediglich graduelles, temporäres Glück verleiht, sollten wir auch die Quelle herausfinden. Möglicherweise ist hier das Glück zu finden, vielleicht liegt hier wahrer Friede begründet.

Tun bringt dich immer vom *Hier und Jetzt* weg in die Zukunft, die auf Vergangenheit basiert. Friede hat weder Zukunft noch Vergangenheit nötig. Top-Manager kommen zu mir und fragen mich: »Wie kann man das *Jetzt* erreichen? Wie kann man glücklich sein?« Sie verdienen 20 Millionen Kronen im Jahr und stecken doch voller Probleme und Angst. Die intelligentesten unter ihnen geben das zu. Die weniger Intelligenten verbergen es. In ähnlicher Weise sind Bettler auf der Straße in ihren Träumen gefangen. Ich sage zu jedem, der zu mir kommt: »Freiheit ist *jetzt und hier*.« Gewiss müsst ihr den Geist benutzen, denn er ist auf Tun programmiert. Euch zu sagen: »Tut nicht!«, ist nicht wirklich hilfreich, denn ihr habt diesen aktiven Verstand, der nach Tun verlangt. Was dem Anschein nach ein äußerster Widerspruch ist, werdet ihr nun zulassen, ja umarmen können. Zuallererst beschäftigt ihr den Geist mit der Suche nach eurem wahren Selbst. Das ist sehr gut. Der Geist, der zuvor mit allem möglichen anderen Stoff beschäftigt war, richtet sich nun in aller Klarheit auf Freiheit aus. Und diese Freiheit liegt nicht in der Zukunft, nicht irgendwo anders. Wenn du dich mit einer Übung beschäftigst, wird das Ergebnis immer in der Zukunft liegen. Wende dich zur Freiheit hin, ins *Hier. Jetzt.* Auf diese Weise wird sich dir die Freiheit unvermeidlich offenbaren, und das wird *jetzt* passieren.

Besucher: Du sprichst über das wahre Selbst. Ist das in Worten auszudrücken? Was ist das wahre Selbst? Sind Frieden und Stille Worte?

Madhukar: Nein, dafür gibt es keine Worte. Lediglich …

B: Du sagst: »Erwacht zum wahren Selbst.« Was ist das wahre Selbst?

M: Dafür gibt es keine Worte. Einzig, wenn jemand fragt, versuchen wir es zu erklären, um einen Geschmack davon zu vermitteln.

B: Und der Geschmack ist Friede und Stille?

M: Ja, der Geschmack ist Friede, ist Stille. Wenn du fragst: »Was ist das wahre Selbst,« bewegst du dich sofort in Richtung Gehirn, Verstand, Vergangenheit. Das ist der Bereich von Worten, Erfahrungen und Urteilen. Deswegen sage ich zu dir: »Wer? Wer fragt dies? Wer bist du?«

B: Darauf antworte ich: »Ich weiß es nicht.«

M: Das ist okay.

B: Es ist leer.

M: Nein, das ist nicht wahr in deinem Fall; ein anderer könnte vielleicht sagen: »es ist leer«, doch in deinem Fall ist es nicht leer, denn wenn da Leere wäre, dann gäbe es da Leichtigkeit, Glück, Entspannung und Natürlichkeit. Das entdecke ich nicht in deinem Gesicht, es ist nicht leer. Zu allererst musst du sehr aufrichtig mit dir selber sein; wenn du »leer« sagst, dann sollte da auch Leere sein. Leer ist leer. Man mag vielleicht Leere mögen, andererseits mag man sie langweilig finden.

B: Das kommt drauf an.

M: Ja, aber vielleicht magst du sie. Zunächst musst du wirklich in die Leere eintreten. Dann kannst du darüber sprechen und weitergehen. Doch wenn du Leere vortäuschst, können wir nicht weitergehen, weil es von einer Lüge blockiert wird. Dein »leer« akzeptiere ich deswegen nicht. Lass uns noch einmal zurückkehren zu dem, was du vorher sagtest. Du sagtest: »Ich weiß nicht«. Das kann ich akzeptieren.

B: Stille und Frieden sind für mich mehr wie ein Zustand, Liebe und Glück sind mehr wie ein Gefühl. Nimmst du das anders wahr als ich? Was ist Liebe für dich? Liebe und Glück sind Gefühle aus dem Herzen oder sind sie Gedanken?

M: Frieden und Stille sind für dich eine gedankliche Wahrnehmung. Herz, Liebe, Glück sind Wahrnehmungen deiner Emotionen. Beides sind mentale Wahrnehmungen. Beide haben dich nicht wirklich glücklich gemacht, nicht gänzlich befriedigt. Ergründe jetzt, was tiefer als Gedanken, tiefer als Gefühle ist;

denn selbst wenn du sagst: »Ich weiß nicht«, weist das auf Wissen hin, denn wenn kein Wissen vorhanden wäre, könntest du nicht sagen: »Ich weiß nicht«.

B: Es ist ein bisschen langweilig. Ich befinde mich in einem Zustand des »Aufgebens«. Ich gebe Leben, Absicht, alles auf.

M: Vielleicht wäre das sehr gut, aber du sagtest dasselbe schon letztes Jahr, und du hast überhaupt nicht aufgegeben. Nein, in diesem Jahr hast du dir aufs Neue Probleme gemacht. Du warst mit Plänen beschäftigt, mit Handlungen und hast dich dabei ganz schön gestresst. Und nun sagst du wieder dasselbe: »Ich gebe auf«, doch du hast keineswegs aufgegeben. Im Reden einfach nur so spirituell herum zu fantasieren ist wenig hilfreich. Ich sage dir nicht, du sollst aufgeben. Das sind *deine* Worte. Und da du das selber nicht befolgst, betrügst du dich. Ich sage dir nicht, dass du loslassen musst. Ich sage: »Untersuche! Finde heraus, wer du bist!« Wer du bist, ist sicher nicht der geschäftige Bauherr, der sich mit der Pünktlichkeit seiner Handwerker herumschlägt, mit der Funktion von Toiletten. Wer du bist, ist Freiheit selbst. Vielleicht ist Freiheit nur ein Wort für dich, für mich ist es eine Tatsache!

Du bist desillusioniert, deswegen solltest du sagen: »Ich hatte Erwartungen, und sie erwiesen sich als Illusionen, sie haben sich als nicht wirklich substanziell, als tragend oder befriedigend herausgestellt«. Redlich wäre, wenn du in der Art sprächest, doch wenn du sagst: »Ich habe aufgegeben«, so ist das einfach nicht wahr. Wieder einmal lügst du, und deine Lügen setzen dir zu. Mir machen sie nichts aus. *Dich* bedrängen deine Lügen. Die ganze Welt ist voller Lügen. Jeder weiß das. Jeder spricht in Worten der Liebe, ohne es ehrlich zu meinen. Dieses Konzept der Liebe entbehrt im Grunde der Wahrheit, doch überall wird es proklamiert. Ich ziehe es vor, nicht darüber zu sprechen, denn dieses »*Ich bin*« bleibt ein unerklärliches Wunder. Bei jedem, mit dem ich zusammen war, bei jedem Wesen, bei jeder Frau, der ich je begegnet bin, ist diese Liebe ihrem Wesen nach immer dieselbe gewesen, stets war es dieselbe Liebe, die hier in meinem *Herzen* wohnt.

B: Also wohnt die Liebe in deinem Herzen?

M: Wenn ich von Herz spreche, so unterscheidet sich das ganz und gar von diesem romantischen Konzept von Herz, das unsere westliche Kultur seit dem elften Jahrhundert bestimmt, als Troubadoure, einige mittelalterliche Dichter, diese eigentliche Idee der romantischen Liebe begründeten. Das *Herz*, von dem ich spreche, ist die *Quelle* des *Seins*, es ist unermessliche Stille, es ist die Leere, innerhalb derer alles stattfindet: Du, deine Gedanken, deine Worte, deine Emotionen, deine Vorstellung von Herz, deine Lügen, die Welt, das Universum. Dies nenne ich *Herz*, die eigentliche *Quelle* des *Seins*. Die Menschen verbinden unterschiedliche Vorstellungen mit Herz und Liebe. Ich verwende das Wort »Liebe« eher selten. Jahre lang habe ich mich sogar geweigert, es zu benutzen, denn Liebe ist ein misshandeltes, ein vergewaltigtes, ein missbrauchtes Wort. Einige Menschen verließen den Satsang und sagten: »Madhukar hat das Wort ›Liebe‹ kein einziges Mal benutzt, also kann seine Botschaft nicht wahr sein.« Neuerdings verwende ich die Worte »Liebe und lieben« durchaus, doch ich erkläre, wie ich sie verstehe. Diese *Liebe*, von der ich spreche, hat überhaupt nichts mit der emotionalen Liebe zu tun.

B: Die Quelle des Seins?

M: Ja, wie ich sagte, die Quelle des Seins ist Stille, und die erste Regung ist Liebe. Dies ist meine Erfahrung. Als mein Meister diese Worte aussprach, verstand ich das gewöhnlich nicht, weil ich diese Stille nicht realisiert hatte. Deswegen ist es keineswegs hilfreich, es dir als Konzept anzubieten. Ich kann dich statt dessen lediglich inspirieren, den Blick darauf zu richten, *wer* du bist, jenseits aller Wechselfälle deines Lebens. Diese Wahrheit des *Selbst* muss *hier* sein. Existiert sie nicht *hier*, wird sie sich nie offenbaren. Ich weiß, dass *Du* diese Wahrheit bist. Diese eigentliche *Quelle* ist *Wahrheit*, ist *Liebe*, ist *Stille*. Und drum herum existieren Lebenserfahrung, Millionen von Gedanken, viele Ideen und Programme, Emotionen, Hoffnung, Wunsch, Angst und Desillusionierung. Was immer du auch erfährst, welcher Situation auch immer du dich zu stellen hast, das alles birgt kein Problem. Du bist augenblicklich frei, wenn du es wagst, deinen Blick dem Ewigen zuzuwenden, dem, was immer schon existiert. Dann brauchst du keine Worte mehr wie Liebe, Frieden, Stille. Dann brauchst du nicht diese Art von Erlösung. Wahre Erlösung besteht darin, zu erschauen, *wer* du bist. Nenne dies »Fühlen«, wenn du magst. Das spielt keine Rolle, denn du wirst Schauen und Fühlen auf dem Pfad zu deinem innersten *Herzen* verlieren. Und wie weit entfernt von *Dir* kann dies denn sein? Es ist sehr nah, direkt, augenblicklich.

Doch wie vermag es spontan in Erscheinung zu treten, wenn du mit vollen Händen dastehst? Du trägst eine Armee-Uniform mit 98 Taschen; diese sind mit allen möglichen Waffen vollgestopft, die dich für die nächst beste Situation wappnen: Ein Messer, eine Bombe, eine Granate und eine Anti-Lach-Rakete. Das alles trägst du mit dir herum; alles Mittel, um anderen Menschen zu begegnen und ihnen die Stirn zu bieten. Man hat dich zu einem streitbaren Kämpfer ausgebildet, einem gesetzlich anerkannten Terroristen, der mit falschen Zungen spricht und seine Gesichtszüge nach außen hin maskiert, um andere hinters Licht zu führen. All das hast du gelernt und hast es benutzt. Du bist in der Lage, Gefangene zu machen und andere Menschen zu töten. Von all dem machst du in diesem Leben Gebrauch, bis du zugibst: »Das hat mich nicht weitergebracht, das war ein Fehler, ich habe viele Jahre meines Lebens auf diese Weise verbracht, und ich bin dessen überdrüssig.« Dann legst du diese ganze Verkleidung ab. Dann entledigst du dich deiner Hosen mit den 43 Taschen und der Jacke und des Hemdes mit den anderen 45 Taschen, vollgestopft mit allen möglichen Anweisungen, Handbüchern und Waffen. Jede einzelne von diesen ist eine Kette, die dich gefesselt hat. Wenn du bereit bist, all das abzustreifen, dann können wir von Loslassen sprechen, und dann können wir von dem »ich weiß nicht« sprechen. Aus diesem »ich weiß nicht« wird Wissen unmittelbar entstehen. Wissen, das du nicht benutzen musst. Du *bist* dies! Du bist frei, so mächtig! Woraus besteht diese Macht? Sie bedeutet *nichts zu haben und nichts zu wünschen, einfach zu sein.* Also, lass dich nicht von Worten, Gedanken und Emotionen in die Irre führen. Finde einfach heraus, *wer* du bist.

Spirituelle Lehrer sind oft schlicht Instruktoren, die dich an bestimmte Techniken binden: Zu töten, deiner Einsamkeit zu entfliehen oder deiner Verzweiflung davonzulaufen, dein Leben zu vertun. Ich hoffe, dass sie es aus Ignoranz tun, unklar darüber, dass sie unwissend sind. Ich hoffe, dass sie aus einem guten Herzen heraus lehren und dir nichts vormachen. All diese Lehren mögen dir vielleicht eine Zeit lang geholfen haben, doch jetzt hast du die Nase voll davon.

Selbst wenn du jetzt gerade träumst und deine alten Gedanken weiterdenkst, musst du dich fragen: »*Wer* denkt, *wer* träumt?«. Das ist eine große Herausforderung. Auf diese Weise kehrst du zu dir zurück. Die Erscheinungswelt mag vielleicht immer noch da sein, doch das wird kein Problem sein. Die Bäume sind immer noch hier. Deine Gedanken sind möglicherweise immer noch vorhanden, deine Emotionen sind vielleicht immer noch da, aber du bist nicht länger ihr Sklave. Ich bin kein Sklave dieses Baumes. Wir sind Partner. Ich atme Kohlendioxid aus und er absorbiert das gern. Er schenkt mir Sauerstoff, dieser Körper mag Sauerstoff, wir sind also physische Partner. Meine Quelle ist absolut unabhängig von diesem Baum. Im Zustand der Ermüdung oder der Erregung sagt der Verstand: »Ich mag diese Eichenbäume nicht, mir missfällt ihre Form und ich mag ihre Bewegung im Wind nicht, ich würde gerne etwas anderes zu Gesicht bekommen, ich hasse diese Bäume.« Doch wenn du dich ihnen zuwendest, erfreust du dich an der Bewegung ihrer Äste. Es ist wie ein Tanz, ein wunderschönes Ballett. An allem wirst du Freude empfinden, alles ist voller Schönheit.

Skeppsudden, Schweden, 13. Oktober 2001

5

Wirf es vor die Säue!

Besucher: Während der letzten Wochen bin ich durch den schmerzlichen Prozess der Trennung von meinem Liebhaber gegangen, und jetzt fühle ich mich so allein. Ich sehne mich nach dem, was ich verloren habe, und dennoch weiß ich, dass es gut für mich ist, hier mit dir zu sein und in dieses Alleinsein einzutauchen.

Madhukar: Ja, es ist notwendig, vollkommen allein zu sein, doch das sollte nicht missverstanden werden. Das heißt nicht, dass es dir nicht erlaubt ist, einen Lover zu haben. Du kannst einen Lover haben und dich mit ihm erfreuen, deine Energien mit deinem Partner teilen, die Nacht mit ihm verbringen. Hier, bei diesem Meeting jedoch, musst du allein sein, denn nur im Zustand vollkommenen Alleinseins kann die Einheit wiedergewonnen werden. Das ist enthalten in dem Wort »allein«: *All-ein.* Möglicherweise ist es nicht gut für dich, ständig mit einem Lover zusammen zu sein; es ist definitiv unklug, an alten destruktiven Gewohnheiten zu hängen, der Gewohnheit, sich unwert zu fühlen, sich glücklos vorzukommen, sich vorzustellen, nicht wertvoll genug zu sein, nicht stark genug, nicht machtvoll genug. Es ist eine Gewohnheit, immer noch an dem zu hängen, was deine Mutter, dein Vater, deine Lehrer dir vermittelt haben. Vor Jahren mag das eventuell einen gewissen Wert gehabt haben. Damals machte es gewissermaßen Sinn, doch jetzt ist es überlebt. Halte nicht an deinen alten Beziehungen fest, deiner alten Abhängigkeit. Du projiziert dieses kostbare *»Jetzt«* auf jemand anderen. Vergeude deine kostbare Zeit nicht damit.

(Stille)

Ich bin mir ziemlich sicher, dass jeder von euch eine Frage hat. Wir hatten bisher zahlreiche Meetings in Stille, auch heute viel Stille, deshalb wär's mir recht, wenn ihr alle sprecht, jeder einzelne von euch. Wer möchte anfangen? Bitte, sprecht!

Karuna: Im Moment bin ich gerade in Glückseligkeit und werde an die jüngste Vergangenheit erinnert. Ich spüre mich mehr und mehr in einen »Raum« sinken, worin sich »Bliss« und »Nicht-Bliss« ereignen. Es ist für mich nicht mehr so wichtig, Bliss zu erfahren. Lange Zeit über glaubte ich nur an diesen Bliss. Dann wurde mir, als ich dich in Budapest beim Satsang traf ein Einblick hinter diesen Bliss zuteil, und das war ein wichtiger Schlüssel für mich.

M: Du sitzt hinter Budapest, deswegen … *(Madhukar verweist auf Szilard, seinen ungarischen Assisienten, der vor Karuna sitzt)*

K: (Lachen) Ja, richtig.

M: Deswegen erinnerst du dich an Budapest.

K: Dies ist der Ort, wo ich mich jetzt zu Hause fühle, und ich gehe stets dorthin, wann immer mir etwas passiert. Dieser Platz ist mir einfach wichtiger als dieser Bliss, auch wenn Bliss noch da ist. Es ist etwas, das sich ausweitet in mir, etwas, auf das ich mich besinne, wenn ich mich stark zum Körper hingezogen fühle, zur Persönlichkeit. Es ist einfach gut, zu fühlen, dass ich mich selbst von diesen Körperempfindungen frei fühle, frei davon, Seligkeit zu erfahren oder nicht.

M: Die Richtung und der Raum, von dem du sprichst, ist sehr gut, und ich bin versucht, dir das nicht wegzunehmen, denn es verleiht dir Sicherheit, ein Gefühl, zu Hause zu sein. Doch letztendlich müsste ich dich darauf hinweisen, kein Konzept von zu Hause zu konstruieren. Sein braucht keine Beschreibung. Doch indem ich es dir und anderen vermittle, werden auch Worte benötigt, und diese Worte können wie Konzepte klingen. Schaffe dir kein einziges Konzept, folge einfach der Richtung. Klammere dich an kein Konzept, an keine Philosophie, denn all diese Konzepte sind nicht *Wahrheit.*

Okay, bitte! *(Madhukar blickt auf seinen schweigenden Assistenten)* Heute machen wir eine Ausnahme. Deine Stille stellt mich nicht zufrieden, was natürlich verrückt ist, und ich verlange ein paar Worte. (*Etwas fällt von oben herab*) So wie dieses hier, das vom Himmel fällt. Es ist ein Flügel, der Flügel eines Insekts, wie schön. Entweder sagst du etwas oder du singst ein Lied auf ungarisch. Was ziehst du vor?

Szilard: Ich sage etwas (Lachen)

M: Aus Mitgefühl mit den anderen wahrscheinlich.

S: Einfach: ICH WILL FREI SEIN !

M: Was ist das Hindernis? Erblickst du irgendeine verschlossene Tür? Siehst du irgendeine Gefängnistür? Ich kann keine verschlossene Tür entdecken. Wenn du sagst, selbst wenn du rufst: »Ich will frei sein,« so muss es einen Grund dafür geben. Ist es deine Vorstellung, gefangen zu sein, oder eine Tatsache?

Du musst es untersuchen: »Wer will frei sein? Wer stellt sich Gefangenschaft vor? Wer erfährt diese Person, die frei zu sein verlangt?« Das ist die zentrale Frage, die wir uns hier stellen: »Wer bin ich?«

(*Stille*)

Madhukar: Uwe, Uns Uwe. (*Lachen unter den Deutschen, weil ›Uns Uwe‹ sich auf ein bekanntes Fußball-Idol bezieht)*

Uwe: Ja, ich möchte gerne wissen, was es ist, das ich will. Viele Zweifel kommen hoch. Irgendwie wage ich es nicht so recht, mich festzulegen. Was anscheinend fehlt, ist diese Radikalität, von der du sprichst.

M: Schön, wenn du nicht radikal bist, dann gibt es keinen Grund, das zu forcieren, so zu tun, als wärst du's. Was willst du wirklich? Einen BMW, einen Porsche, eine Villa in Gernsbach, eine schöne Frau, anerkannt sein, wohlgeachtet in deinem Dorf, jemand Wichtiges in der spirituellen Szene sein, Bewunderung von Freunden und Eltern bekommen? Oder willst du Freiheit? Ich könnte auch sagen … und Freiheit. Warum nicht? Freiheit hat kein Problem mit einem Sportwagen oder einer umwerfenden Frau.

U: Irgendwie passiert es mir immer, dass ich vor lauter Angst überhaupt nicht entscheiden kann.

M: Selbst wenn du entscheiden könntest, gäbe es keine Garantie, dass du dein Ziel erreichen würdest, dass deine Entscheidung zum gewünschten Ergebnis führen würde. Entscheidungen können nur aus dem Verstand kommen. Unabhängig von deinem Verstand, der dir zeitweilig Lust, zeitweilig Schmerz bereitet, richtest du dich auf Freiheit aus. Sonst wärst du nicht hier; sonst wärst du nicht seit einem Jahr in Indien, hauptsächlich mit Begegnungen in der Wahrheit, mit Satsang beschäftigt. So wie es mir widerfuhr, ist dein Geist auf geheimnisvolle Weise von dem Wunsch, frei zu sein, infiziert. Und was immer du auch tun magst, es wird dich nie wieder loslassen. Deswegen brauchst du dich nicht damit abzuquälen, Entscheidungen zu treffen. Wann immer du dich in einem Kampf, in einem Konflikt wiederfindest, »ich sollte eine Entscheidung fällen«, erforsche im selben Moment: »Wer ist?«. Das ist alles. Alles andere geschieht von selbst. Erzwinge keine Entscheidung. Entscheide einfach oder lass eine Zeit lang los, und es geschieht von selbst. Letztendlich macht es keinen wesentlichen Unterschied, ob du dich nach links oder nach rechts wendest, denn du bist immer im *Selbst*.

Madhukar: Shanti, bitte berichte mir in Einzelheiten von deinem letzten Jahr, berichte mir über deinen Fortschritt. (*Lachen)* Viele lachen, also werde ich mir später genau die drannehmen, die jetzt lachen.

Shanti: Ich weiß nicht, wo ich beginnen und wo ich aufhören soll. So vieles geschah im vergangenen Jahr. Eigentlich bin ich am letzten Jahr nicht so interessiert.

M: Woran hast du Interesse?

S: Am Jetzt.

M: So sprich über *jetzt*.

S: Im Augenblick fühle ich mich dahintreiben.

M: Dahintreiben?

S: Dahintreiben in einem Ozean von Frieden. Heute morgen fühlte ich, als würde ich ertrinken. Ich kämpfte und versuchte, an der Oberfläche zu bleiben. Viele Konzepte, Ideen und Gedanken tauchten auf, die nach mir zu greifen versuchten.

M: So was machst du morgens, mit Konzepten kämpfen, mit Ideen?

S: Das geschieht einfach.

M: Hast du Obstsalat zum Frühstück gegessen?

S: Ja.

M: Am Morgen Obstsalat essen, ist sinnvoll, doch Ideen, Konzepte haben …

S: Ich hatte sie nicht, sie tauchten einfach auf, ohne mein Interesse. Ich versuchte, sie zu ignorieren.

M: Ja, sie tauchten einfach auf. Hast du sie etwa bestellt? Wenn du sie nicht bestellt hast, dann weise sie einfach zurück. Alles, was du bestellst, musst du natürlich akzeptieren. Das versteht sich von selbst. Wenn du einen Obstsalat bestellst, muss er dir wunschgemäß serviert werden. Wenn du jedoch eine Vorstellung nicht bestellt hast, weist du sie einfach zurück. Das ist sehr simpel. Einige Menschen bestellen sich allen möglichen Unsinn und anschließend beschweren sie sich. Sie beklagen sich bei mir über ihr Leben, und so muss ich ihnen sagen: »Nun, ihr habt die Speise bestellt!« Für die meisten Menschen ist das schockierend, weil sie nicht wahrnehmen, dass sie diejenigen waren, die das Gericht an erster Stelle bestellt haben.

S: Ja, ich weiß, vergangene Tage lief ein innerer Kampf ab mit dieser alten Gewohnheit, mich an gewisse Dinge, Konzepte, Gedanken zu hängen.

M: Gewöhnlich hängen Jungs an ihren alten Freundinnen, doch du hängst an alten Gedanken. Ist das genauso problematisch?

S: Ich weiß nicht. Ich hänge nie an alten Freundinnen. (Lachen)

M: Das ist sehr weise. Dann hast du Zeit, dich wesentlichen, mehr verfeinerten Schwingungen, wie zum Beispiel Gedanken, zuzuwenden. Eine Freundin ist eine sehr grobe Erscheinung, sehr physisch. Ein Gedanke ist viel feiner.

S: Ich erfahre einen Mangel an Interesse, an …

M: … Frauen? *(Lachen)*

S: Nein, dieses Interesse ist immer noch da, doch ich bemerke einen Mangel an Interesse an Konzepten, an Ideen, daran, wer ich bin, wer ich sein sollte, wer ich sein will. Selbst wenn du fragst: »Willst du frei sein?« so kann ich nicht wirklich sagen, dass dies der Fall ist. Ich kann nicht sagen, dass ich frei sein will, denn das würde bedeuten, dass da jemand ist, der etwas wünscht, aber da ist einfach überhaupt kein Interesse. Im Moment kann ich lediglich sagen, dass ich mir genug bin mit dem, was ich jetzt bin.

M: Das ist sehr gut. Das ist der Grund, warum ich *dich* nie gefragt habe: »Willst du frei sein?« Natürlich wirst auch du mich das sagen hören, wenn ich zu den Menschen spreche, die hier in dieser Sangha versammelt sind; doch eigentlich wende ich mich an Menschen, die sich vorstellen, gefangen zu sein. Wenn statt dessen Fülle herrscht, wie du sagst: »Ich bin mir genug«, dann besteht keine Notwendigkeit für den Wunsch, frei zu sein. Sicherlich, wenn Fülle wirklich vorhanden ist, brauchst du sie nicht zu erschüttern, du brauchst diese Fülle nicht zu beunruhigen. Doch du hast bemerkt, dass selbst in dieser Fülle der Geist früh morgens, ohne einen Befehl von deiner Seite, immer noch Ideen und Konzepte produziert. Man möchte gerne glauben, dass man morgens gut ausgeruht und frisch ist, der Geist jedoch hat andere Formen im Traum durchlebt, und am Morgen tauchen dann alle möglichen Ideen auf. Es ist ratsam, morgens klar und rein zu bleiben. Wahrscheinlich stehen deswegen weise Menschen sehr früh morgens auf; um vier Uhr ist es noch sehr still draußen, und so bleiben sie absolut unbehelligt von allem, was auftaucht. Deswegen sitze ich morgens am Strand und bin gerne allein. Ein oder zwei Stunden lang sollte niemand mich aufsuchen. Ich habe kein Interesse an irgendwelcher Freundlichkeit. Ich habe nicht dieses Bedürfnis, das sich als Freundlichkeit tarnt. Ich habe einfach kein Interesse, lasse alle Wellen kommen und gehen und bleibe fest verwurzelt in der *Quelle.*

(Stille)

Ja bitte, Sita!

Sita: Da gibt es etwas, dem ich ganz und gar nicht vertraue.

M: Aha! Mir, nicht wahr? (*Lachen)* Bin ich's? Ich kann es nicht sein, denn du kennst mein Leben sehr genau. Es ist klar, sehr offen, also gibt es da keine Notwendigkeit, zu vertrauen, denn es ist offensichtlich.

S: Ja.

M: Also, was ist es, dem du misstraust?

S: Ich vertraue mir selbst nicht. Ohne Anstrengung leben – ist das genug?

M: Genug wofür?

S: (lachend) Um zu leben.

M: Probier's einfach! Überprüfe es einfach! Wenn du nicht vertraust, musst du es testen. Also versuchst du's, und wenn du dabei stirbst, dann weißt du, es war nicht genug. Wenn du nichts tust, nicht denkst, nicht fühlst und tot umfällst, dann weißt du, es war nicht genug. Und wenn du immer noch atmest, dein Herz immer noch schlägt, dann weißt du, es ist genug. Das ist ein einfacher Test. Wenn du also nicht vertraust, dann mache diesen kleinen Test.

S: Aber wenn ich nicht vertraue, wage ich das nicht.

M: Deswegen fragst du mich jetzt, und ich gebe dir diesen Ratschlag. Und mit diesem Ratschlag wirst du es wagen. Noch was, Darling?

S: Yeah, es ist alles bloß in meinem Kopf, mein Verstand kommt immer mit irgendetwas dazwischen.

M: Nicht immer.

S: Ziemlich oft.

M: Oft, okay. Du hast einen sehr kreativen Verstand, was machen wir also damit? Dein Verstand kommt oft mit einer Menge Kram daher, und dann entdeckst du den, der den Verstand wahrnimmt und dabei unbeeindruckt bleibt von den Angeboten des Verstandes. Lange genug hast du dich von den Geschichten des Verstandes beeindrucken lassen, und das hat dich nicht völlig glücklich gemacht. Außerdem hast du dabei dein Vertrauen in das Leben eingebüßt. Jetzt untersuchst du also: »Wer nimmt diesen Verstand wahr? Wer ist tiefer als der Geist?« Auf diese Weise gewinnst du deine *Quelle* zurück, die vom Verstand nicht befleckt ist. Wenn du also öfters ein Opfer deines Verstandes bist, kannst du genau an diesem Punkt, und zwar sofort, mit der Selbstergründung beginnen. Und aus diesem »einmal« heraus wird ein »oft« werden, und aus diesem »oft« wird ein »immer« entstehen.

S: Dann denke ich, ist das alles, was ich jetzt tun kann, dass ich mich damit dauernd beschäftigen werde?

M: Das hebst du dir für später auf. Fang jetzt einfach an, verwirre dich nicht mit Programmen, »wie es sein sollte«. Untersuche jetzt, das ist alles, eine sehr einfache Aufgabe: *Jetzt.* Das ist sehr wichtig. Du verrichtest täglich eine Menge Arbeit. Du hilfst und gibst Unterstützung; seit deiner Ankunft hast du dir keinen einzigen Tag Ruhe gegönnt, dein Wirken haben unsere Gäste hier im Satsang jeden Tag genossen. Du richtest den Raum her für all diese Menschen hier, deswegen sind sie dir alle sehr zu Dank verpflichtet, aber du solltest die Selbstergründung darüber nicht vergessen, dann beziehst du nicht nur aus dem Dienen Nutzen. Selbstergründung ist wichtig um deines eigenen Friedens willen, denn das Ergebnis tritt unmittelbar, sofort ein. Indem ihr einem Meister dient, entwickelt sich das Ergebnis langsam, nach und nach. Bringe dich nicht um den unmittelbaren Segen der Selbstergründung. Und wenn Hingabe und Selbstergründung zusammen kommen, dann ist dies das Stärkste.

Okay, Werner, *jetzt*! Hast du dir die ganze Zeit überlegt, was du sagen sollst? Du kannst das alles vergessen, es war alles Müll, Unsinn. Wirf es vor die Säue! Sei neu, von ganzem Herzen.

Werner: Seit gestern fühle ich mich gut, es ist Fülle da.

Madhukar: Fülle? Was hast du gegessen? Thai Curry? Goan Curry? Oder meinst du eine andere Art von Fülle?

(Stille)

Sehr gut! Eva, bitte.

Eva: Gestern sagtest du, das ganze Universum sei nur für uns da. Ich mache diese Erfahrung nun seit einiger Zeit. Es ist so offensichtlich. Es berührte mich wirklich, als du das sagtest, denn es ist einfach wahr. Alles geschieht von selbst.

Madhukar: Alles geschieht von selbst.

E: Das zeigt sich in großen wie in kleinen Dingen. Zum Beispiel, wenn ein Taxi mitten in der Nacht, nach unserer Begegnung mit dir auf uns wartet, wann und wo wir es gerade brauchen. Diese Dinge bereiten mir riesige Freude, weil es so einfach ist. Manch mal ist es unglaublich. Da ist diese Fülle und die Liebe.

M: Alles manifestiert sich durch sich selbst, aus dem *Selbst*, von *Selbst* zu *Selbst*.

E: Das berührt mich so sehr. Früher erschien es mir so mysteriös, so weit weg, so schwer zu glauben, so unglaublich. Jetzt kann ich wahrnehmen, wie einfach und natürlich es ist. Es ist nur nicht da, wenn ich es nicht glaube.

M: Ausgezeichnet, sehr gut! Ein sehr schöner Bericht!

(Stille)

Chris, bitte. Was geschieht, wenn du so mit geschlossenen Augen dasitzt?

Christian: Da sind Gefühle.

Madhukar: Was für Gefühle?

C: Schmerz.

M: Schmerz? Und du sitzt da so ruhig mit deinem Schmerz?

C: Ich versuche einfach, nicht gegen den Schmerz anzugehen.

M: Schmerz ist da. Wo ist der Schmerz?

C: Es wechselt. Im Moment habe ich Schmerzen in der Brust.

M: Und dann?

C: Nach einer Weile verschwinden sie.

M: Das bedeutet, sie sind nicht wirklich. Alles, was kommt und geht, kann nicht wirklich sein. Finde deswegen heraus, wer fühlt, wer erfährt diesen Schmerz, wer nimmt wahr, wer bist du? Wer ist dieses Gewahrsein? Wer ist sich des schmerzlichen Bewusstseins gewahr? Verschmelze einfach mit dem.

(Stille)

Ahimsa, bitte!

Ahimsa: Was ist wirklich?

Madhukar: Was ist wirklich?

A: Alles kommt und geht. Nichts ist wirklich, also bleibt nichts.

M: Wenn nichts bleibt, wie kannst du dann sprechen? Wie kannst du dann hier sein, wenn nichts bleibt?

A: Dieser Moment ist real.

M: Der Augenblick, von dem du sprichst, hängt von dir ab. Wenn du diesen Augenblick wahrnehmen kannst, dann ist er schon nicht mehr real, denn das, was du siehst, was du wahrnimmst, ist schon vorbei. Es braucht nur den Bruchteil einer Sekunde; das wahrgenommene Objekt tritt durch deine Augen ein, wird, sobald du es wahrnimmst und darüber reflektierst, sozusagen bearbeitet, und der Augenblick ist schon vorüber. Du existiertest in jenem Augenblick und du existierst jetzt. Deswegen ist es am besten, wenn du dich auf dein wahres *Selbst* konzentrierst, das jenseits von Raum und Zeit ist.

A: Aber der Verstand hängt sich immer so gern an Dinge.

M: An was für Dinge hängst du dich immer?

A: Ideen, Gedanken, Ängste. Sie kehren immer wieder.

M: Deswegen trägst du dieses Ganesha-T-Shirt. Er (der populäre indische Gott mit dem Elefantenkopf) ist der Überwinder aller Hindernisse. Es könnte hilfreich sein, das zu tragen. Diese

Ideen und Ängste sind Hindernisse, wahrzunehmen, wer du bist. *(in der Nähe krächzen ein paar Krähen)* Wenn du dir diese Krähen anschaust, wie sie gegeneinander kämpfen, in dem Wunsch, das zu bekommen, was andere haben, dann siehst du ein gieriges Geschöpf. Vögel sind nicht ängstlich. Ein kleiner Singvogel ist verletzlicher als eine Krähe. Er hat viele Feinde, doch vertraut er dem göttlichen Sein. Trotzdem ist er nicht naiv, seine Augen sind wachsam gegenüber realer Gefahr. Wenn nötig, wird er schnell davonfliegen. Ansonsten sitzt er einfach da und singt schön. Es ist gefährlich, »immer« zu sagen, denn dann hast du diesen Moment der Selbstergründung verpasst, hast dich um das wirkliche *Jetzt* gebracht, um zu erwachen. *Wach auf!*

Zarah: Mich berührt gerade die Schönheit, die hier im Raum ist.

Madhukar: Von der Schönheit hier berührt, wunderschön!

Z: Heute Morgen kam eine Frage in mir hoch: »Was ist Liebe?« In der Vergangenheit ist Schicht um Schicht von bestimmten Ideen darüber, was Liebe ist, abgeblättert. Ich versank immer tiefer in Traurigkeit, weil ich bemerkte, dass ich nicht weiß, was Liebe ist. Ich steckte an dieser Stelle zuvor schon viele Male fest und wurde dabei immer verzweifelter. Heute Morgen fragte ich einfach: »Wer sieht das? Wer ist?« Und da stieg eine unglaubliche Stärke, eine ungeheure Kraft auf. Ich kann immer noch nicht die Frage beantworten: »Was ist Liebe?« Es ist einfach jetzt.

Jetzt fühle ich solche Dankbarkeit dir gegenüber, dass du mich über diesen Punkt hinausgeführt hast, an dem ich bislang immer hängen geblieben war. Ich war störrisch wie ein Esel, ich weiß das. Danke, dass du mich nicht aufgegeben hast.

M: Du bist wirklich diese *Liebe*, die nicht korrumpiert werden kann von Konzepten, Erfahrungen und abgestandenen Ideen.

Es ist diese *Wahrheit,* dein wahres *Selbst.* Du bist *Das.* Das Konzept von Liebe ist es nicht. Du bist *Das,* in dem alles geschieht. Es ist wahr, dass dies überaus mächtig ist. In dieser Stille ruht alles Potenzial. Du kannst dieser Liebe nur dadurch danken, dass du in ihr verbleibst. Wenn du nicht in dieser Liebe bist, musst du ergründen. Wenn du in deinen Ideen, deinen Träumen, deinem Leiden verharrst, dienst du keinem; dir nicht, der Welt nicht, der Vergangenheit nicht, und nicht der Zukunft. Darüber hinaus wird dann die Gegenwart problematisch. Du hast kein Recht dazu. Es gibt auf diesem Planeten so viel Verwirrung, weil so viele Menschen diese Verwirrung teilen. Einmal verstanden, haben wir kein Recht, **nicht** in *Liebe,* nicht in *Wahrheit* zu sein.

Goa, Indien, 13. Dezember 2001

6

Total Krähe

Besucher: Als du gestern mit mir sprachst, konnte ich bemerken, dass ich etwas benutze, das mir eine Zeit lang als Konzept gedient hat, kleine Schmerzen zu vermeiden oder zu verhindern, aus einem glücklichen Zustand herauszufallen. Es war da ein Raum, den ich betreten konnte, um Schmerz zu vermeiden. Als ich das gestern bemerkte, kehrte ich zum »Nicht-Wissen« zurück. Und dieses »Nicht-Wissen«, und nicht vollkommen frei zu sein, ist der größere Schmerz, irgendwie der einzige Schmerz. Gestern entdeckte ich dann, dass ich mich um diesen Schmerz gern herumdrücken will, deswegen wollte ich dich bitten: Nimm mir bitte jedes falsche Gefühl, jede Illusion, zu Hause zu sein. Ich bin nicht bloß hergekommen, um einen netten Urlaub zu haben.

Madhukar: So oder so kannst du hier einen netten Urlaub verbringen. Es ist ein tief verwurzeltes spirituelles Programm, nach Freiheit und Wahrheit Ausschau zu halten, bedeute Leiden, Mühen und Beschwernis. Sei ernsthaft! Nicht jedoch im Sinne von Schwere. Du wirst gut geleitet. Ich überließ es dir, denn ich wollte diesen sicheren Ort, von dem du sprachst, nicht zerstören. Möglicherweise solltest du dich eine Zeit lang ausruhen. Es mag notwendig sein, nach Hause zurückzukehren, wenn dir die Hektik der Straßen oder die Hitze des Tages zu stark zusetzen. Du kannst dich dann eine Zeit lang in deinen Raum zurückziehen und die Stille und die Kühle genießen. Letztlich aber wirst du tiefer sinken müssen als an irgendeinen »Ort«. Und Ferien sind dafür die beste Zeit, denn anschließend kannst du ewige Ferien *(holidays)* haben, heilige Tage *(»holy days«)*. Heilig bedeutet ganz, völlig, vollkommen, *hier* und *jetzt*. Das schließt auch diesen sicheren Ort mit ein, von dem du sprachst. Der sichere Raum *und* deine Irrungen und Wirrungen ereignen sich in *dem*, was du bist.

B: Es fühlt sich an wie ein freier Fall, wie getragen von diesem Fallen. Es fühlt sich jetzt an wie zu Hause sein.

M: Gut! Die ganze Menschheit strebt danach, zu Hause zu sein, und *du* hast es gefunden.

(Stille)

Besucher: Ich würde gern eine Erfahrung teilen, die ich gestern gemacht habe, als ich das »Wer bin ich?« untersuchte. Als ich anfing, zu hinterfragen, ereignete sich ein Licht-Phänomen. Ich habe dergleichen nie zuvor erfahren. Heute entstand dann der Impuls, hinter dieses Phänomen zu gehen, und ich änderte die Frage ab in: »Wer sieht das Licht?« Da sank ich tiefer und jetzt fühlt es sich so an, als wäre der Hafen zu begrenzt, um diese Kraft aufzunehmen, die aufsteigt.

Madhukar: Es gibt keinen Hafen ohne Ozean, und der Ozean ist definitiv nicht zu klein.

B: Also wieder eine neue Vorstellung.

M: Die Idee, dass du zu klein sein könntest, ist eine Vorstellung. Offensichtlich kannst du nie und nimmer zu klein sein, denn du *bist* schon dabei, diese ungeheure Kraft zu erfahren.

B: Ja, ich kann das erkennen. Es ist bloß eine Vorstellung, die mich klein halten soll.

M: In unserer Meisterlinie nehmen wir Phänomene lediglich zur Kenntnis. Zum Beispiel Hellhörigkeit oder Lichterfahrungen, genauso wie die alltäglichen Erscheinungen. Wir nehmen sie einfach zur Kenntnis. Nutze jegliche Erscheinung, um zum Selbst zurückzukehren, denn wo eine Erscheinung von Licht ist, muss es auch eine Quelle geben. Gewiss können verschiedene mystische Phänomene sehr faszinierend sein. Man kann sie als Segen wahrnehmen, als Wegzeichen, aber sie können genauso gut zum Hindernis werden, wenn man sich von ihnen faszinieren und davontragen lässt, denn man könnte dabei die Entschlossenheit einbüßen, zur Quelle zurückzukehren. Sicherlich ist da eine ungeheure Kraft, wenn du dich deiner Quelle zuwendest, denn all diese Energie, die zuvor für Gedanken, für Träume, für das Drama, für alle Erscheinungen verausgabt wurde, ist jetzt im Überfluss verfügbar. *Wer du bist*, ist tiefer als Licht, tiefer als Energie.

(lange Stille)

Hab keine Angst. Selbst wenn du erwachst, können wir uns weiter auf der körperlichen Ebene begegnen. Danach sind wir ohnehin in Ewigkeit verbunden.

(Stille)

(Baulärm ist in der Nähe zu hören)

Anscheinend haben wir ein lustiges Karma mit fleißigen Nachbarn. Wann immer wir im Intensive oder Retreat sind, ist irgendein Nachbar schwer bei der Arbeit. Vergangenes Jahr haben sie in Mahabaleshwar das ganze Retreat über gearbeitet, doch ihr wisst, dass ihr überhaupt nicht mehr zu arbeiten braucht. Andere Menschen arbeiten, ihr könnt euch entspannen. Selbst wenn ihr etwas tut, ist es sehr entspannend.

(Stille)

Ich bin mir ganz sicher, dass Gott dieses Meeting hier arrangiert, damit wir uns genau unter diesen Umständen begegnen, uns austauschen, angstfrei miteinander umgehen, uns miteinander verbinden können, alles klären können, was der Klärung bedarf.

(lange Stille)

Ich hörte von einigen lieben Menschen, die diese Meetings hier transkribieren, dass die Antwort selbst dann sehr gut ist, wenn die Frage sehr dämlich ist oder gerade dann, wenn sie sehr dämlich ist. *(Lachen)* Ist die Frage gut, ist die Antwort gut. Ist die Frage dumm, so ist die Antwort sehr gut. Zögert also nicht, zu fragen, wenn ihr eine dumme Frage auf Lager habt.

(Stille)

Besucher: Gestern erfuhr ich ein starkes Gefühl von Fülle. Es war so stark, ich fühlte mich auf so intensive Art lebendig. Doch bald danach verblasste es wieder. Es verging genauso schnell, wie es gekommen war. Es war da, und nun ist es fort.

Madhukar: Und nun lebst du nicht mehr so intensiv?

B: Es ist nicht völlig weg, aber es fühlt sich nicht mehr so intensiv an.

M: Gestern hast du intensiv Fülle gelebt, und jetzt?

B: Nein, nicht »gelebt«. Das Leben selbst fühlte sich sehr intensiv an. Sein, einfach zu sein hat sich so intensiv angefühlt, und das ist nun verblasst. Ich weiß, dass ich dann eigentlich tiefer in mich hineinforschen sollte, aber ich habe irgendwie das Gefühl, dass diese Selbstergründung nicht so richtig klappt. Ich weiß nicht so recht, ob ich mich dabei selbst blockiere oder die Selbstergründung nicht richtig betreibe. Du hast schon so oft zu diesem Thema gesprochen, aber ...

M: Kein Problem. Ich wiederhole dasselbe wieder und wieder. Seit Tausenden von Jahren wiederholen wir ununterbrochen genau diese Botschaft; die Person, die zuhört, ist stets eine andere. Dein wahres *Selbst* ist immer dasselbe; die Person jedoch erscheint anders, deshalb hörst du unterschiedlich, nimmst du unterschiedlich wahr. Tausendmal kannst du dieselbe Wahrheit vernehmen und sie irgendwie immer noch nicht begreifen. *(Madhukar weist gen Himmel)* Klangwellen erreichen deine Ohren, wandern über dieses kleine Trommelfell in dein Hirn, aber du hörst sie nicht. In ähnlicher Weise blickten die meisten von euch, als ich nach oben wies, auf meinen Finger und nicht dorthin, wohin ich zeigte. Im Augenblick hört ihr Vögel singen, für die meisten von euch jedoch steht das in keiner Resonanz mit *Dem*, was ihr seid. Gestern also hast du Fülle erfahren, in dieser Fülle war das Leben intensiv und du warst davon ergriffen. Das ist Motivation genug, wieder zu schauen und weiterzugehen. Im Moment ist es nicht mehr so intensiv. Du wanderst vom Berggipfel ins Tal, vom Tal zurück auf den Berg und so weiter. Du magst die Berge, weil du ein Wandertyp bist, der das Tal ablehnt, weil es dort Leiden gibt. Du bewegst dich auf und ab, hoch und runter, wie auf einer Achterbahn. Das wird nach einigen Jahren sehr frustrierend. Von Zeit zu Zeit erfährst du die Intensität des Lebens; wenn du eine neue Frau hast, zum Beispiel, oder einen neuen Freund, ein Baby, oder wenn du an einem neuen Projekt arbeitest. Nach einiger Zeit jedoch nutzt sich das ab und Frustration entsteht. Besteht Intensität, ist Erkenntnis vorhanden, ist *Sein* als Erfahrung gegenwärtig, von der Person ungetrübt, dann ist Selbstergründung überflüssig, weil du *Das* bist, *Der* bist, *der du bist*. Wenn du also nicht sicher bist, wie stellst du dann die Selbstergründung an? Worauf zielt deine Frage?

B: »Wer sieht? Wer sieht?«

M: Okay. »Wer sieht wirklich?« Und wen fragst du, den Burschen vom Chai-Shop am Strand?

B: Nein, in mich hinein.

M: Nach Innen. Und was geschieht?

B: Manchmal herrscht mehr Frieden, weil ich mich von der Person wegbewege, weil ich mich weniger auf die Person konzentriere.

M: Ja, du bewegst deine Konzentration von der Person weg, nach innen, ist es so? Und was ist innen?

B: Es ist ein Fallen ins Leere, in Nichts oder in Etwas, das einfach nicht benannt werden kann.

M: Okay, das Innere kann nicht benannt werden. Was geschah dann mit der Person? Wenn du in das Nichts fällst, verschwindet die Person. Gewahrsein jedoch bleibt. Gewahrsein bleibt und wird gleich darauf vom Verstand wieder als Person wiederbelebt, obwohl du schon Nichts warst, Bewusstsein. Sofort erhebt sich wieder die Person, also musst du an diesem Punkt nachfragen: Ist die Person wirklich oder ist Bewusstsein wirklich oder ist nichts davon real? Ist nichts von alldem real oder nur eines von beiden? Dahingehend forschst du. *(Madhukar tut so, als werfe er etwas in Richtung Garten)* Die Krähe weiß es, siehst du? Sie bleibt auf dem Ast sitzen, weil sie weiß, dass in meiner Hand nichts zum Werfen ist. Woher weiß sie das? Sie hat meine leere Hand nicht gesehen, und doch weiß sie es, weil sie total ist, total Krähe ist. Sei du also total das *Selbst*. Wenn du sagst, dass dies jetzt nicht so total wie gestern ist, was fehlt dann? Fühlst du dich jetzt schlechter als gestern?

B: Nein, ich fühle mich nicht schlechter, einfach weniger energievoll. Wie ich sagte, ich fühlte Fülle, eine Vitalität, die ich normalerweise in meinem Leben nicht wahrnehme.

M: Ja, »nicht wahr-nehme«, richtig! Doch, sie ist verfügbar, sie ist *hier*. Du bist *Das*. Vielleicht vermag deine Person es nicht jederzeit wahrzunehmen, weil ihre Wahrnehmung begrenzt ist; diese Vitalität jedoch, die du gestern erfahren hast, bist *du*. Und du hast lediglich einen sehr kleinen Teil von dem erfahren, was du wirklich bist, nur etwas mehr davon, und die begrenzte Person wäre überhaupt nicht in der Lage damit umzugehen. Natürlich bist du daran interessiert, dich lebendiger zu fühlen, verglichen mit der geringen Vitalität deines Alltags. Viel wichtiger jedoch ist es, sich auf dieses *Bewusstsein* zu konzentrieren, das die Lebenskraft wahrnimmt; unabhängig davon, wie viel davon im jeweiligen Moment für dich verfügbar ist. Solange wir Dinge als »mehr« oder »weniger« bewerten, beziehen wir uns auf die Person; dieses *Bewusstsein* jedoch, das *sieht*, das Gewahrsein, welches *ist*, ist nicht persönlich, es ist ewig. Du *wirst* eine Zeit erfahren, in der es dir wirklich egal sein wird, wie viel Lebensenergie durch dich hindurchfließt. Selbst dann, wenn diese Lebenskraft zur Neige geht, wirst du immer noch sagen können: »Ich bin großartiger Stimmung heute. Der Körper geht, ich sterbe, es ist genug.« Warum? Weil du *Das* verwirklicht hast, was du wirklich bist, was sogar jenseits dieser Lebenskraft liegt. Dann wird deine Selbstergründung von der Realisation gekrönt sein, dass *Du* unabhängig von dieser Person bist. Sorge dich nicht um die Person. Alles, was dir Sorgen bereitet, ist nicht *Wahrheit*. Es ist eine Verschwendung von Lebenskraft, wenn du dir Sorgen machst. Oft wenden wir Selbstergründung an, weil wir ein bestimmtes Ziel haben, weißt du? Lass uns doch mal ehrlich sein, wir wollen diese Person gar nicht loswerden. Nein, wir möchten uns gut fühlen. Wir möchten uns besser fühlen, nicht wahr? Das ist eine Begleiterscheinung der Selbstergründung, doch sicherlich nicht das Ziel; denn sich auf eine bestimmte Weise zu fühlen, ist lediglich ein Zustand, ein Zustand von Zufriedenheit, jedoch nicht *Frieden*. Dieser Zustand der Zufriedenheit unterliegt ständiger Wandlung und wird sich auch weiterhin verändern, solange es eine Person und einen Körper gibt. Dieser *Frieden* jedoch, der du bist, ist unveränderlich. Nur durch Selbstergründung kannst du das verstehen und nicht, indem du mir bloß zuhörst. Und nur, wenn du das Selbst untersuchst, kannst du verstehen, wovon ich spreche. Dann werden sich mein Sprechen und dein Zuhören begegnen. Genauso habe ich wieder und wieder meinem Meister zugehört, und auf geheimnisvolle Weise fand Erkenntnis statt, geschah Offenbarung und Orientierung in Richtung *Frieden* und Bestätigung von *Dem, der ich bin*. Alles kommt zusammen: Zuhören, Schauen und Selbstergründung in *Frieden, Liebe* und *Wahrheit*.

Sehr gut, ausgezeichnet, eine sehr gute Frage. Es ist ein solch ungeheures Leiden, nicht zufrieden zu sein, nicht frei zu sein. Eigentlich ist es nicht fair, dass ein freier Mensch dieses Leiden vergisst. Dieses unglaubliche Leiden, das ich selbst erfahren habe, so viel Schmerz, so viel verheerende Stimmungslagen, solche Verrücktheit, derartige Verwirrung, solche Hilflosigkeit. Es ist vergessen, so wie du den Schmerz vergessen hast, den du als Kind spürtest, nachdem du hingefallen warst und dir die Knie aufgeschlagen hattest. Das war ein starker Schmerz für ein kleines Kind und sehr ängstigend, sehr schockierend, aber das ist seit langem vergessen. Andere Wunden traten an die Stelle dieser wunden Knie. Deine Kindheitswunden heilten mit der Zeit, diese anderen Wunden jedoch schwären immer noch. Sie können augenblicklich geheilt werden, wenn du den Blick dorthin zu richten wagst, *wer du bist*. Also schaue nicht zurück in das, was gestern passierte. Du musst jetzt schauen, *wer jetzt ist*.

Goa, Indien, 14. Dezember 2001

7

Freiheit von Geliebten, Eltern und anderen Problemen

Besucher: Manchmal habe ich das Gefühl während meiner Selbstergründung, als müsste ich dieses »Wer bin ich?« wie ein Mantra anwenden, weil mein Geist dermaßen stark ist, dass ich es ständig wiederholen muss. Ist das okay, oder sollte ich die Selbstergründung nicht so betreiben?

Madhukar: Es ist sicher okay, doch es dient dir nur eine Zeit lang. Anschließend gleitest du in die bloße Wiederholung eines Mantras, wie es einige Gurus sogar anraten. Sie geben ihren Schülern ein Mantra zur ständigen Wiederholung. Auf diese Weise kann ein bestimmter mentaler Zustand erzeugt werden, eine gewisse Harmonie; dieser Zustand ist jedoch nicht dein wahres Selbst. Es ist lediglich ein Zustand, der kommt und wieder gehen wird. Wenn du also in einem Zustand einschläfst, verfehlst du *Wahrheit* und du kommst doch zum Satsang um der *Wahrheit* willen. Angenommen, du verweiltest Jahre lang in einem bestimmten Zustand, so geht dir am Ende vielleicht doch auf: »Ich weiß immer noch nicht, wer ich wirklich bin, ich weiß immer noch nicht, wer *ist*«; dann hättest du Jahre vergeudet. Die Selbstergründung: »Wer bin ich?« bedeutet nicht, unangenehme Gedanken zu verdrängen. Es ist eine Untersuchung, eine

Frage. Wird daraus ein Gesang, der wohltuend und harmonisierend wirkt, fein! Doch dann ist es keine Frage. Man stellt eine Frage um einer Antwort willen, stimmt's? Also, um dein wahres Selbst zu entdecken, musst du dich selbst fragen: »Wer bin ich? Wer nimmt diese sorgenbehafteten mentalen Zustände wahr? Wer ist überhaupt in der Lage, diese Frage wie ein Mantra zu wiederholen? Wer *ist*?« Mit dem Beginn der Selbstergründung wirst du glasklar erkennen, dass der Geist – und das bedeutet mentale Aktivität, Gedanken – ständig kommt und geht. In gewisser Weise zieht dir der Geist die Aufmerksamkeit von dieser Selbstergründung ab, und du verfängst dich wieder in allen möglichen Stories. Das sind alte Geschichten, die Vergangenes wiederspiegeln und Künftiges herbeiwünschen; doch in jenem Moment bist du, der *ist*, übergangen und verloren. Und indem du diesen Moment preisgibst, verhedderst du dich in einem Labyrinth intellektueller und sinnlicher Erfahrungen. Einige haben dir behagt, einige haben dich interessiert, einige haben dich erregt, doch ehrlicherweise musst du zugeben: »Sie haben mir keine vollständige Zufriedenheit vermittelt, ich bin nicht vollkommen erfüllt, ich bin nicht Frieden an sich.« In sehr seltenen Fällen erwacht jemand von allein. Die traditionelle Ansicht ist, dass dich einzig ein Guru aus diesem Labyrinth herausführen kann. Nun, dieser residiert in deinem *Herzen*. Wer hat das schon realisiert? Wenn du diese Erkenntnis in dir nicht verwirklicht hast, jedoch voll Eifer und aufrichtig nach Freiheit strebst, wird sich ein Guru außen manifestieren. Und wenn ich sage, dass dieser Guru innen wohnt, so meine ich damit nicht, dass er in deinem Verstand hockt. Wenn also dieser Moment verloren ist, ist auch der Friede verloren. Dann verkommt das gesamte Universum, dessen Sinn darin besteht, dich zu erfreuen, dir zu dienen, zum Folterinstrument. Das ist schade! Doch jetzt kannst du gleich jubeln, denn hier lautet die Botschaft :«Du bist Freiheit an sich.« Selbst wenn dir deine Einbildung also Probleme erschafft, wie Leiden, Gefühle von Verlorenheit und Einsamkeit, alle möglichen negativen emotionalen Zustände, akzeptiere, dass diese bloße Einbildung sind. Du bist vollkommene Freiheit. Schau, und augenblicklich wird es dir offenbar. Wenn du eine Persönlichkeit hast, wie ich sie hatte, einen sehr ausgeprägten Verstand, stark verwickelt in mentale Aktivität – dann könnte es nötig sein, immer wieder nachzuforschen. In meinem Fall war das nötig. Erleuchtung geschah von selbst, doch der Mind kehrte zurück, und ohne die *Gnade* meines Meisters wäre ich nicht frei. Das war mein großes Glück, reine *Gnade*.

Besucher: Angenommen, du bist in einer Situation, von der du fühlst, dass sie dich immer wieder quälen wird, denkst du, es wäre besser, aus dieser Situation herauszutreten oder darin zu verharren, gerade um zu sehen, was hochkommt, um es dann zu verbrennen?

Madhukar: *Wer* verbrennt es?

B: Nun, wenn man durch Dinge durchgehen kann, kann man sich von ihnen befreien.

M: Seit wie vielen Jahren bist du schon durch Dinge hindurchgegangen? In diesem Leben gingst du schon so viele Jahre durch deine »Dinge«, dass du schon selbst zum »Ding« geworden bist. Wer du jedoch bist, weißt du nicht. Nein, es ist *nicht* mein Ratschlag, durch Dinge hindurchzugehen. Mein Rat ist, zu erforschen, wer du bist, hier und jetzt. Wende dich deiner wahren Quelle zu, erfahre, dass es da überhaupt kein Problem gibt, und wenn von da an irgendein Problem auftaucht, wirst du wissen: »Ich bin das nicht.« *Dies* ist mein Ratschlag. Es mögen zwar immer noch gemäß deinem Karma, deinen Vasanas, latente Tendenzen deiner Vergangenheit, was du »Dinge« nennst, hochkommen, aber du wirst wissen, *wer du bist.* Dann verbrennt alles sehr schnell, weil du nicht mehr länger ständig das Feuer mit deinen Süchten, mit deinen Emotionen löschst. Du kannst nicht mit der einen Hand die Flamme entfachen und mit der anderen Hand weiterhin Wasser darauf schütten. Andernfalls wirst du wieder das ganze Leben beschäftigt sein, wie du zuvor schon so viele Leben beschäftigt warst. Seit Tausenden von Leben sagst du dir selbst: »Ich will's verbrennen, ich will in diese Dinge hineinschauen.« Du hast schon in Ashrams gesessen, du hast alle möglichen Übungen, Meditationen gemacht, Mantras wiederholt. Du hast Schulen von Philosophen besucht, du hast schon Toiletten und Schuhe geputzt, du hast schon alle möglichen Dinge gemacht. Jetzt ist es Zeit, diese Chance zur Freiheit zu ergreifen. Du musst dir selbst sagen: »In diesem Leben, *jetzt* muss ich sie erlangen.« Andernfalls wirst du dich wieder und wieder und wieder betrügen. Dein wahres Selbst, die Quelle, zu verwirklichen, für mich die wahre Essenz aller Religionen, Philosophien und Psychotherapien, ist äußerst kostbar. Es ist eine ganz besondere seltene Chance. Ramana sagte niemals: »Du musst in deine Dinge hineinschauen« auch Papaji tat dies nicht; lediglich die mittelmäßigen Lehrer, die keine *Erkenntnis* besitzen, tun dies. Sie wollen dich offensichtlich beschäftigt halten, weil dies die einzige Weise ist, dich festzuhalten. Einige von euch lieben es, beschäftigt zu sein. Nur ein zweitklassiger Lehrer bindet dich an Praktiken, bindet dich an alle möglichen Arten von Aktivität, wie Yoga, Meditation, was auch immer, weil ihm keine Übertragung von Freiheit, die sofort realisiert werden kann, zur Verfügung steht.

Freiheit ist euer Geburtsrecht!

Besucher: Nun, da ich mit dir täglich zusammen sein kann, ist es für mich so leicht, wieder und wieder das: »Wer bin ich?« zu erforschen. Ich lebe derzeit in solcher Freiheit, wie ich es nie zuvor erlebt habe. Ich ertappe mich dabei, Dinge zu tun, die ich zuvor nie gewagt habe. Was jedoch immer wieder hochkommt in Gegenwart starker Emotionen, beim Nachforschen: »Wer bin ich?«, ist die Erfahrung, dass ich dermaßen viel Aufmerksamkeit und Kraft einsetzen muss. Dadurch habe ich das Gefühl, auf die emotionale Ebene heruntergezogen zu werden. Ich übe zu viel Druck auf mich aus; zwischen diesen beiden »Seiten« liegt dieser Bereich von Verzweiflung, mit der ich in diesen vergangenen Monaten so viel zu tun hatte.

Könntest du mir bitte darüber etwas erzählen?

Madhukar: Zunächst ist da eine ungeheure Kraft. Auch wenn du denkst, *du* musst sie anwenden, du müsstest die Kraft erzeugen, ist die Frage: »Woher kommt denn diese Kraft überhaupt?«. Es ist deine wahre *Quelle*, also existiert eine unerschöpfliche Kraft.

B: Aber es kehrt sich immer ins Gegenteil.

M: Ja, so funktioniert diese Gewohnheit. Sie ist tatsächlich eine Einbahnstraße von der *Quelle* in sinnliche und emotionale Erfahrung hinein, hinaus ins Universum. Einfach umzudrehen erfordert keine Anstrengung.

B: Warum ist es dann so schwierig *(difficult)*?

M: Weil du diesem Kult schon so viele Leben gehuldigt hast, dem »Diffi-Cult«. *(Lachen)*

Es ist sehr leicht; mag sein, dass manchmal eine Bemühung erforderlich ist und manchmal du dich ganz von selbst in diesem Bereich befindest, mal auf dieser, mal auf jener Seite. Das sind lediglich Phänomene. Du musst herausfinden, *wer* ist. Wir identifizieren uns stets mit der äußeren Form von Erscheinungen, oder einem inneren emotionalen Zustand wie wir uns fühlen: gut oder schlecht, glücklich, unglücklich oder verwirrt. Und immer wieder sage ich dir: »Finde heraus, wer *ist*, absolut unabhängig von deinem emotionalen Zustand.« Gewiss wünsche ich dir Glück, auf jener Seite zu weilen, wo alles leicht und erfreulich ist, wo du genug Mut hast, zu akzeptieren, was diese Welt dir jeden Moment bietet. Doch letztendlich musst du herausfinden, *wer ist*, und genau dieses Ende ist *hier.* Das ist das Ende aller Bemühungen. Du hast Glück; du kommst her, um mit mir zu sein. Das ist hilfreich für dich. Tagtäglich kannst du zu diesem Meeting, zum Satsang kommen, auf diese Weise hat dein Tag einen sehr guten Beginn. »Kommet her zu mir alle, die ihr mühselig und beladen seid, ich will euch erquicken«, sprach Jesus.

Auch in seiner Gegenwart fanden die Menschen Frieden, so viel Frieden, dass sie ihn schließlich kreuzigten. Nun dient es dir, zu mir zu kommen und mit mir zu sein. Wenn du das verstehst, wirst auch du diese sorgenbehaftete Person in dein wahres Selbst einladen, indem du sagst: »Komm her, ruhe dich bei mir aus, denn ich bin *Wahrheit*, ich bin *Liebe*, ich bin *Frieden.*« Das geschieht mühelos, das ist eine Einladung. Du solltest sehr liebevoll mit all diesen Anteilen in dir umgehen, die sich sorgen, denn sie sind bloße Einbildung.

Natürlich besteht das grundlegende Verständnis darin, dass es überhaupt keine Teile gibt. Es gibt nur *Sein,* nur *Bewusstsein.* Es schaut auf alle möglichen Erscheinungen, alle möglichen Zustände, wenn es sich nach außen, auf die Gedanken, die Emotionen, den Körper richtet. Das ist alles »außen«. Was ist also »innen«? *Wer* ist hier?

Besucher: Könntest du über den Seher sprechen, der von etwas anderem gesehen wird; denn während eines viertägigen ›Who is in?-Retreats‹ gelangte ich an jenen Punkt, und es verwirrte mich ein wenig, ich kam nicht dahinter.

Madhukar: Was hast du also herausgefunden nach vier Tagen des Fragens: »Wer ist innen?«

B: Stille. Doch da war immer noch etwas, das diese Stille wahrnahm.

M: Genau. Es ist schon sehr außergewöhnlich, dass du Stille findest, indem du fragst: »Wer ist innen?« Das ist ein guter Bericht, denn bislang haben mir Menschen lediglich berichtet, dass sie unterschiedliche Persönlichkeiten entdeckten: Das »Innere Kind«, die »Weise Frau«, was auch immer …, die »Heilige Hure.« *(Lachen)* Wirklich! Ich hab sie nie gefunden, aber ich bekomme dergleichen berichtet. Ganze Ashrams stützen sich heutzutage darauf. So etwas ist mir erzählt worden, man kann's kaum glauben. Du fandest also Stille. Das ist sehr gut, aber dann sahst du etwas, weil du intelligent bist, das diese Stille wahrnimmt. Dahinein musst du forschen, weil die Stille, die du fandest, genauso gut immer noch ein bloßes Phänomen sein könnte. Gewiss ist es sehr wohltuend, wenn wirkliche Stille existiert. Jetzt musst du herausfinden *wer* sieht, wer Stille erfährt.

Es gibt zwei Möglichkeiten. Entweder ist es der Mind, ist es diese Person, dieser Körper-Geist-Komplex, der Stille wahrnimmt – das wird dich unmittelbar zum Verstand zurückbringen oder es ist ein Mysterium, stiller als Stille, tiefer noch als dieser tiefe Ozean der Stille. *Dem* folgst du.

Ich bin sehr glücklich, dass du einen positiven Bericht geliefert hast zu dieser Frage »Who is in ?«, denn bislang habe ich einfach nur dummes Zeug gehört, nichts Positives. Bis heute dachte ich, es ist einfach eine nutzlose billige Kopie von Ramanas Selbstergründung. Er nannte es nicht »Who is in?« Er fragte: »Wer bin ich?« Das ist sehr einfach, weil es auf dich verweist, auf das, was hier ist (*Madhukar verweist auf den Fragenden)*, dieses *Du*. Es ist sehr einfach, aber sehr tief. Vier Tage hast du damit verbracht, zu untersuchen »Wer ist innen?« Auf dieser Grundlage also vergingen vier Tage damit, das Bewusstsein zu untersuchen, das Stille wahrnahm. Folge dem in die Tiefe. Großartig an Selbstergründung ist, dass du nicht den Faden verlieren kannst, weil du nicht in Phänomene, in Erfahrung fehlgeleitet wirst. Du wirst immer ganz nah, ganz knapp am Selbst geleitet. Es ist immer mit dir. Und dieses *Selbst*, das du entdecken wirst, ist das Tiefste, das Innerste, bist *Du*.

Gedanken, die aufsteigen und verschwinden, mögen dich vielleicht ablenken, sie sind jedoch nicht von Dauer. Sie kommen und gehen. Gedanke ist nicht absolute Wahrheit. Bei deiner intensiven Selbstergründung musst du entdeckt haben, dass die Person mit ihren Gedanken und Gefühlen lediglich Verstand ist, Imagination, gegründet auf vergangene Erfahrung, vergangene Ereignisse, frühere Erziehung, Lehren, moralische Regeln u.s.w. Dabei kannst du weiterhin dein ganzes Leben genießen, ganz nach deinen Vorlieben und Abneigungen, im Sinne deiner Kultur. Das schafft kein Problem. Das kann dein *wahres Selbst* nicht stören.

Besucherin aus Holland: Ich habe auch an diesem Retreat teilgenommen und kam zum gleichen Resultat. Ich nenne es Frieden, aber ich fand heraus, dass es da noch jemanden gibt, der mehr in das Drama und die Unterhaltung verliebt ist, als in Wahrheit.

Madhukar: Wirklich?

B: Ja! (Lachen)

M: Bitte erzähl mir ein bisschen vom Drama, mich interessiert's.

Wenn es so schön ist, interessanter für dich als Frieden, dann würde ich es gerne kennen lernen. Vielleicht bin ich auch daran interessiert. (*Lachen)*

Wir warten alle gespannt (*noch mehr Lachen)*

Plötzlich wachten alle hier bei diesem Meeting auf, indem sie aufhörten, ihren eigenen Träumen zu folgen; du bietest ein Drama an und … (*Lachen)* … Jeder mag es, weißt du? Das ist der Grund, warum wir fernsehen, ins Kino gehen, ins Theater, weil es so fantastisch ist, sich anderer Menschen Drama anzusehen.

B: All diese Teenager-Fantasien …

M: Das klingt gut! Erzähl mir mehr! (*Lachen)*

B: Es hört sich lächerlich an, dem zu folgen, aber es fühlt sich so an, besonders mit Beziehungen, Männern und Liebhabern. Es ist irgendwie so ein nettes Drama, und ich werde vollkommen von der Wahrheit abgelenkt. Ich weiß, sie ist da, irgendwo drunter, Ich bringe jedoch nicht die Disziplin auf, in solchen Momenten zu fragen: »Wer ist innen?« oder »Wer bin ich?«. Irgendwie will ich es, andererseits auch wieder nicht.

M: Das Drama oder den Frieden?

B: Den Frieden.

M: Du willst keinen Frieden?

B: Ich denke ja.

M: Das ist sehr ehrlich. Du bist fähig, das zu sehen. Tatsächlich ziehen die meisten Menschen das Drama dem Frieden vor, doch sie können nicht erkennen, dass sie selbst diese Wahl treffen. Sie sagen: »Ich bin einfach davon überwältigt, ich bin ein Opfer, ich kann nichts tun, es ist so, wie es ist. Sie sehen nicht, dass sie irgendwie wählen. Du bist sehr jung, siehst, wie andere Menschen, viel älter als du, immer noch fasziniert von derselben Art Drama, immer noch vollkommen süchtig nach ihren Teenager-Fantasien sind. Siehst du das? Als du mit deiner Barbie-Puppe gespielt hast …, hattest du eine Barbie-Puppe?

B: Nein, ich durfte keine Barbie-Puppe haben. (Lachen)

M: Das ist natürlich ein größeres Drama, (*Lachen)* so musst du es jetzt um so mehr ausleben. Das ist tatsächlich ein sehr schweres Karma, (*Lachen)* nicht die Erlaubnis gehabt zu haben, mit einer Barbie-Puppe zu spielen. Also hältst du dann immer noch Ausschau nach Ken? (*Gelächter)* Ken ist der Freund von Barbie, stimmt's? Also ist dies der Kampf zwischen »Ken« und »Kennis« (*holländisch: Wissen)*, welchen ziehst du vor? Wenn du Ken triffst, wirst du vielleicht einige Jahre glücklich sein, in sehr außergewöhnlichen Fällen mag dies vielleicht ein ganzes Leben währen, aber selbst dann wird Drama darin enthalten sein, Eifersucht, Leiden, Machtkampf, Schmerz usw.

B: Aber warum wähle ich nicht wirklich die Wahrheit?

M: Zunächst sind da die Gene, dein Körper. Er möchte sich vereinigen und fortpflanzen. Das ist das genetische Programm. Dann hast du ein mentales Programm, das von diesem Barbie-Mythos und den erzählten Märchen erzeugt wurde. Also ist es das Beste, »Kenntnis«, *Wissen,* zu erlangen. Erkenntnis, zu wissen, wer du bist. Dann kannst du dich noch immer an Ken erfreuen oder wem auch immer … Wie viele Liebhaber hast du? Es hörte sich an, als seien es viele. An all dem kannst du dich erfreuen, aber wisse, *wer* du bist, andernfalls setzt sich das Drama fort, bis es zu einem Muster von Frustration verwoben ist, und deine ganze Schönheit, deine ganze Kraft dahin ist. Du magst vielleicht in eine Karriere flüchten oder ein paar Kinder bekommen. Der Geist wird einen neuen Deckmantel, einen neuen Trip finden, er ist sehr schlau. Es ist am besten, mit der Selbstergründung in jungen Jahren zu beginnen. Dann wird eine Art mentaler Deprogrammierung erfolgen, wie ein Virus, der all diese Konzepte verschlingt, bis nur noch Leere bleibt. Jedoch ist die reine Essenz dessen, worüber ich spreche, keine Erfahrung. Sie ist viel tiefer als das. Sie ist die *Quelle.*

B: Also kann man Liebhaber haben, während man Selbstergründung betreibt?

M: Ja, ich habe kein Recht dazu, dir vorzuschreiben, ob du Liebhaber haben solltest oder nicht.

B: Nur einfach so weiterleben?

M: Ja, was kannst du schon tun? Du wachst am Morgen auf, oder? Du sagst dir nicht, du müsstest weiterleben, du lebst einfach. Durch dein Kommen hierher hast du dein Interesse an etwas Kostbarem bekundet, an *absoluter Freiheit.* Du kannst tun, was immer du willst! Du kannst mit einem Mann leben, mit vielen Männern, alleine, wie du magst; das hat nichts mit *Wahrheit* zu tun. Und weil es damit nichts zu tun hat, sollte es dich auch nicht beunruhigen. Weil du dich jedoch mit der falschen Wahrheit identifiziert hast, mit mentalen Zuständen, mit dem Körper, mit Stimmungen, bereiten dir gewisse Manifestationen in diesen Bereichen Probleme. Finde also in deinem Fall heraus, wer du bist, und mache mit deinen Liebhabern einfach weiter. (*Lachen)*

Das wird sowieso geschehen, weißt du? Besonders, wenn du *Wahrheit* untersuchst, strahlt eine solche Schönheit aus deinem Gesicht, etwas so Kostbares, dass sogar die Models der Modewelt nicht mithalten können. Ein schöner Nebeneffekt dabei ist, dass du völlig unabhängig wirst, weil deine Quelle unabhängig von allem und jedem ist. Außerdem wird deine Person unabhängig, sodass du dich ihrer erfreuen kannst, ohne von ihr abhängig zu sein. Und das wird das Drama beenden, denn Drama *ist* Abhängigkeit, ist Sucht. Bevor du dieses Drama beendest, komme noch einmal vorbei und erzähle uns ein paar nette Stories. Wir mögen das. (*Fragestellerin lacht)* Und wenn du darüber lachen kannst, kannst du es auch nicht mehr so ernst nehmen, nicht wahr? Einige nehmen es noch ernst. Sie können über ihr Drama nicht lachen, weil es so ernst ist, so gewichtig. Sie meinen: »Wenn ihr wüsstet, wie einzigartig mein Leiden ist, wie besonders ich bin, wie missverstanden von diesem Universum, von meinem Partner, von euch und von Gott …« Glücklicherweise ist Gott verwirklicht, also nimmt er es nicht als Beleidigung. Der alte Christen-Gott war leicht zu kränken, ganz ähnlich wie die alten Hindu-Götter. Sie sind nicht verwirklicht. In der Tat ist es eine Beleidigung für dich, dir dein Drama einzubilden und anschließend Gott dafür die Schuld zu geben. Hat noch jemand ein nettes Drama? (*Madhukar schaut einen der Besucher an)* Nein? Ja! Erzähl uns!

Besucher: O ja, ich habe viele Dramen.

Madhukar: Großartig! Was ist dein Lieblingsdrama?

B: Ich glaube, es sind meine Eltern.

M: Deine Eltern? Sind sie hier?

B: Nein.

M: Warum bringst du sie dann mit, wenn sie nicht hier sind?

B: O ja, das ist dumm.

M: Es *ist* dumm. Wären sie hier, okay, ich kann mir vorstellen, dass es dann ein Problem wäre; doch wenn sie nicht hier sind, warum bringst du sie mit? Es wäre schön, wenn sie kämen, aber sie sind nicht hier! Wann immer deine Eltern in deinem Geist auftauchen, musst du als der intelligente junge Mann, der du bist, wissen, dass dies lediglich dein Verstand ist, bloße Einbildung. Es ist nicht real, sie sind nicht hier!

B: Ja, doch die Story geht weiter (englisch: *still* goes on) …

M: Das kann man nicht »still« nennen. Das ist ein falsches Wort in diesem Zusammenhang, nicht »still«. Nein, *laut*, die Story setzt sich laut fort. Die Story geht nicht »still« weiter. (*Lachen*) »Still« und »Story« passen nicht zusammen, weißt du? Sie ist laut, brummt und hämmert in deinem Kopf. Sie ist nicht still, außer nach einem totalen Knall, dann wird es sehr still sein. (*Lachen*) Solange Drama existiert, gibt es kein »still«. Schau, ich bin deinen Eltern sehr dankbar, weil sie mit ihrem genetischen Programm dich gezeugt haben. Und du machst wunderbare Bücher, über Madhukar, du hast Nisargadatta Maharaj ins Schwedische übersetzt, viele deiner Landsleute ziehen daraus Nutzen. Du musst verstehen, dass deine Eltern aus ihrer Begrenzung heraus und, bedingt durch ihr mentales Programm, dir ein bestimmtes Verhalten auferlegt haben. Einiges davon mag aus deiner heutigen Sicht unpassend, nicht richtig und von dir nicht geschätzt sein, weil du inzwischen über einen weiteren Blickwinkel, eine bessere Sichtweise, ein tieferes Verstehen verfügst. Du musst akzeptieren, dass sie vom Blickwinkel ihres mentalen Programms das Beste für dich taten. Sie wollten dich so glücklich sehen, wie sie es sich nur vorstellen konnten. Und wenn diese Vorstellung sie begrenzte, so war es *ihr* Leiden, *du* jedoch solltest dieses Leiden nicht fortsetzen. Du hast kein Recht, mit dieser Geschichte fortzufahren, weil du dich selbst *und* sie damit festnagelst. (*Ein Wildschwein streift durch die Büsche)* Wenn also dieser Mind-Fuck hochkommt, zieht er genau wie der Eber vorüber. Du hörst ihn, du siehst ihn, und musst ihn als einen Schweine-Gedanken betrachten. Eigentlich kommen diese Tiere hierher, wörtlich, um Scheiße zu fressen, *du* jedoch isst keine Scheiße, weil du kein Schwein bist. Du musst davon frei sein. Also sei deinen Eltern dankbar, weil sie dir diese Schönheit mitgegeben haben, die deine *Quelle* ist, dein *Herz*, und ein Gefäß, dein Körper. Sei dankbar, und wenn es da noch ein altes Problem gibt, dann verzeihe. Schleppe keinerlei Vergangenheit in deinem Kopf oder auf deinen Schultern mit dir herum. Darüber hinaus brauchst du nichts zu tun. Du bist jetzt ein freier Mann! Trage keine Vergangenheit mit dir herum. Wenn dergleichen hochkommt, wache sofort wieder aus diesen Gedanken auf, gib diesen Emotionen keinen Raum. Und wenn das nicht auf Anhieb klappt, dann fragst du wieder: »Wer bin ich?« Dann wirst du Nisargadatta und Madhukar verstanden haben. Wie du weißt, ist für ihn gerade dieses Prinzip der Geburt, also der elementare Umstand, geboren zu sein, diese Lebenskraft, von hoher Bedeutung. Es ist in dieser Existenzebene das Höchste, äußerst kostbar. Also, vergiss einfach die Vergangenheit, sonst wird das, was einmal in dir angelegt wurde, in deiner Persönlichkeit ins Kraut schießen. Du würdest dann dieselben Energien, Gedankenformen und Emotionen, die deine Eltern hatten und die sie ihrerseits von ihren Eltern bezogen, weiterspinnen und auf deine eigenen Kinder übertragen. Deswegen freue dich, sei glücklich, dass es dich gibt. Wenn du der Typ bist, der gerne zelebriert, vollziehe ein kleines Ritual. Eines Tages gehst du mit deiner Mutter schwimmen, gehst mit deinem Vater einen trinken, und es ist erledigt, vorbei! Ich habe Menschen erlebt, die sich Therapeuten nennen, sechzig Jahre alt sind und immer noch Probleme mit ihrer Mutter haben. (*Lachen*)

Sie maßen sich an, anderen Menschen Ratschläge zu erteilen, ist das nicht ein Witz? Glücklicherweise bist du kein Therapeut geworden, sonst wärest du jetzt Familien-Therapeut. Du bist frei, vollkommen frei! Das bedeutet Freiheit von Gedanken, Freiheit von Vergangenheit, Freiheit von Zukunft. Das ist großartig, nicht wahr? Das ist kolossal! Das dehnt sich bis zum Ende dieses gesamten Universums aus. Hörst du diese Vögel singen? Meinst du, sie haben Probleme mit ihren Eltern? »Meine Mutter hat nicht so lange auf meinem Ei gesessen wie auf dem Ei meiner Schwester. (*Lachen*) Ich bin im Nest an den Rand gequetscht worden. Da hat immer dieser kalte Wind aus dem Norden geblasen, deswegen habe ich immer noch kalte Füße.« (*Lachen*) Nein, sie singen einfach, weil sie Vergangenheit und Zukunft nicht kennen. Dieser Körper, der sich momentan etwas geplagt fühlt, ist auch einmal ein kleines Ei gewesen. Der Körper, der Geist, das ist einfach Lebenskraft. Also bilde dir keine Probleme ein. Es zahlt sich nicht aus. Isst du Eier? Omeletts? (*Besucher nickt*) Das könnte das Problem sein, du isst zu viele Eier! (*Lachen*)

(*Madhukar schaut auf die Uhr*) Wow! Schon so spät, genug für heute. Danke für euer Kommen.

Om Tat Sat. Amen.

Goa, Indien, 20. Dezember 2001

8

Dreh um und schau, wer ist!

Madhukar: Fühlt euch wieder frei, zu tanzen, zu singen, irgendwelche Fragen zu stellen, eure Erfahrungen zu teilen oder Zweifel auszuräumen.

Besucher: (leise) Gestern im Satsang kamen all diese Energien hoch und …

Madhukar: Sie kamen so schwach hoch, diese Energien?

B: Schwach?

M: Wenn sie so schwach aufsteigen, solltest du nicht über sie sprechen. Wenn Energie wirklich aufsteigt, dann solltest du so laut sprechen, dass es jeder hören kann, denn dies ist ein Meeting, weißt du? Ansonsten haben wir einen privaten Darshan. Dann wäre es laut genug. Doch hier hören auch die andern zu und dürsten verzweifelt nach deiner Frage. Du hilfst ihnen mit deiner Frage, denn einige von ihnen trauen sich nicht, zu sprechen. Sie wagen es, in Angst, Frustration, Wut und Verzweiflung zu verharren, aber sie wagen nicht, nach Befreiung zu fragen. Wenn also irgendetwas in dir hochkommt, musst du dich laut äußern.

B: Im gestrigen Satsang kam die Kundalini-Energie sehr stark hoch, und ich unterdrückte sie, weil sie so heftig war, dass ich hätte schreien können. Manchmal bin ich wirklich schon in Schreien ausgebrochen, und ich fürchte immer, dass das wieder passieren könnte. Ich weiß nicht, wie ich damit umgehen soll und ich habe Angst, weil ich nicht weiß, wohin das führt.

M: Jede Art von Kundalini, mit der du umgehen kannst, die du unterdrücken kannst, ist bestimmt kein völliger Ausbruch der Kundalini-Kraft, denn diese Energie ist unkontrollierbar. Wann hast du sie eingeladen, dich auf diese Weise aufzusuchen?

B: Also, ich war bei Guru Mayi, die ständig Shakti-path (Kraftübertragung) gab.

M: Aha!

B: Ich war lange bei ihr ... zehn Jahre.

M: Und dies ist das Ergebnis! (*Lachen*)

Zunächst mal: Niemand gibt jemals Shakti-path. Wenn irgendjemand verkündet: »Ich gebe Shakti-path,« läuft irgendetwas falsch. Dann könnte es der Ego-path (Ego-Pfad) sein! Jede Art von path (Pfad) hält dich fest: Eine Pat (t)-Situation. (*Lachen*)

Nun siehst du das Ergebnis dieses Pfades (path). Jetzt musst du zu dieser Lehrerin zurückkehren und sagen: »Ich bin Shakti selbst und brauche keinen Pfad (path).« Also, wie reist du? Wo lebt sie?

B: In der Nähe von Bombay, aber es ist nicht mehr mein Pfad, ich bin von ihr weggegangen.

M: Nein, wie du siehst, ist das nicht der Fall, denn du sprichst immer noch über Ego-Pfad, das Ergebnis. Du bist nicht weggegangen. Du bist glücklich, dass du etwas bekommen hast, eine Erfahrung, die dir die Vorstellung gibt, du seist ein ganz besonderes spirituelles Wesen. Daran klammerst du dich. Mein Ratschlag jedoch ist, in Richtung Quelle zu forschen. Diese Quelle ist vollkommen unabhängig von jeglichem Aufsteigen oder Fallen. Kundalini-Energie ist eine Erscheinung, die sicherlich wunderbar und ungeheuer machtvoll sein kann, aber selbst sie führt nicht zur Befreiung. Und irgendwo dazwischen stecken zu bleiben, ist richtig schlimm. Es kann für deinen Körper, für dein Nervensystem schädlich sein. Du kannst davon verrückt werden und sterben. Ich habe von anderen von diesem Shakti-path gehört, und sie berichten mir, dass es dabei eine ganz gehörige Energie gibt, aber dass sie davon abhängig würden, süchtig nach Form, süchtig nach Schwingung; und sie wissen immer noch nicht, *wer* sie sind. Was ist der Nutzen einer weiteren spirituellen Sucht? Du bist schon immer süchtig gewesen nach körperlichen Zuständen, mentalen Zuständen, emotionalen Zuständen, Traum-Zuständen, jetzt also auch noch nach spirituellen Zuständen. Aber *wer* ist, wird nicht erkannt. Dies war auch meine Erfahrung, denn in mir fand ein vollständiges Erwachen der Kundalini statt, doch später entdeckte ich, dass dies nicht die letztendliche Befreiung war. Irgendwie war ich gesegnet, davor bewahrt zu werden, diese ungeheuerliche Energie zu nutzen, um ein Buch darüber zu schreiben, eine Lehre daraus abzuleiten – eine weitere Theorie, um sie den zahlreichen Theorien über das Erwachen der Kundalini-Energie hinzuzufügen, nur um ein weiterer strahlender Mosaik-Stein dieser alten yogischen Traditionen zu sein. Ein viel kostbareres Mysterium wurde mir zuteil: *Freiheit*! Freiheit sogar von Kundalini, Freiheit von jeglicher Art von Erscheinung.

Es hängt davon ab, was du willst. Wenn du bestimmte Erfahrungen machen möchtest, dann setzt du weiter auf diese Karte; das könnte vielleicht in einen sogar noch kraftvolleren Ausbruch der Kundalini-Energie münden – es gibt jedoch keine Garantie dafür, dass dies geschehen wird. Meines Wissens hat es noch nie irgendjemanden gegeben, der sich selbst dadurch gefunden hat. Deswegen gebe ich dir den Rat, dich nicht weiter damit abzugeben. Untersuche einfach in Richtung Quelle: Wer nimmt dieses Phänomen wahr, das nicht absolute Wahrheit ist, sondern lediglich eine Erscheinung des Körper-Geist-Wesens? Man könnte es als etwas Außergewöhnliches betrachten, denn es ist keine alltägliche Erfahrung. Gib dich nicht weiter damit ab. Wende dich zum anderen Pol hin, deiner Quelle, in der sowohl der Körper, der Geist, die Emotionen *als auch* Kundalini-Energien stattfinden. Wir wollen etwas viel Kostbareres, etwas viel Natürlicheres. Wir wollen herausfinden: *Wer* bin ich? *Wer* ist? Nicht viele fühlen sich davon angezogen, weil dies nicht zum Bereich der Phänomene gehört und der Körper-Geist demnach keinen Zugang dazu hat. Und dennoch, dies ist die einzige Übertragung, die ich anwende, auf die ich verweise, über die ich spreche, weil sie die beste ist. Es ist einfach das Ergebnis meiner Suche seit 40 Millionen Jahren. Du brauchst sie also nicht zu unterdrücken, aber auch nicht einzuladen. Wenn sich die erwachende Kundalini bei dir vollkommen manifestieren will, dann wird es ohnehin geschehen. Dann könntest du zumindest zufrieden sein und weiterhin den Blick darauf richten, wer du bist, wer wahrnimmt. In diesem Augenblick untersuchst du unmittelbar dein Selbst. Das ist hervorragend, eine sehr gute Ausrichtung.

Besucher. Du sagst, der Körper ist eine Manifestation. Natürlich weiß ich, dass er sterben wird, und doch ist er, wenn ich ihn jetzt anschaue, ganz gegenwärtig. Kürzlich sagtest du, man solle den Körper von innen her betrachten. Ich vermag ihn nicht von innen zu sehen.

Er existiert, also ist er hier. Irgendwie scheint mir der Körper immer noch ein Rätsel, wie ein Puzzle.

Madhukar: Das *ist* rätselhaft, denn für mich gilt das genaue Gegenteil: Wann immer ich schaue, ist er nicht hier, und wenn ich nicht schaue, ist er hier.

B: Verstehe ich nicht

M: Immer, wenn ich schaue, ist der Körper nicht vorhanden. Wenn du dich vergisst, ist der Körper nicht da. Das nennt man auch schauen. Nur wenn du träumst, ist der Körper hier. Wer also hat denn die Teile geschaffen? Du redest über ein Puzzle, du sagtest, er erscheint dir wie ein Puzzle. Vor langer Zeit bekamst du zu Weihnachten ein Geschenk in Form dieses Puzzles, um die Natur deines Körpers zu entdecken. Immer noch versuchst du, die Einzelteile zusammenzubringen, und weil es dir nicht gelingt, ist der Friede dahin. Kein Friede (peace), nur Stückwerk (pieces). Wer hat also diese Stücke gemacht? Gibt es da draußen jemanden, der dich verwirren will? Versucht Gott, dich zu verwirren? Hintergeht Gott dich jeden Tag? Das muss ein seltsamer Gott sein. Ein Gott, dem daran gelegen ist, dich zu verwirren, muss eine grimmige Gottheit sein. Ich vermute, es ist die Göttin des Verstandes.

Was kannst du tun? Entweder ergibst du dich aus Verständnis – das wäre Sieg; wenn jedoch dein ganzes Leben ununterbrochenen Bemühens dir nicht das gewünschte Resultat gebracht hat, dann ergibst du dich aus der Niederlage heraus. Du bist jedoch nicht willens, du bist zu stolz auf deine phantastischen Lebenserfahrungen, zu stolz auf diesen Körper, auf dein spezielles Drama. Du bist nicht willens, dich zu ergeben. Unschuld, Einfachheit oder die höchste Weisheit werden Hingabe wählen, und zwar mühelos. Wenn du dich nicht hingeben kannst, dann kannst du untersuchen, hineinforschen in diesen »Ich«-Gedanken. Das bedeutet auch Erforschung des Körpers, denn das »Ich« ist mit dem Körper identifiziert. In deinem Fall gehört »dein« Körper nicht einmal dir. Dein Körper gehört deinem Freund, nicht wahr? Er setzt die Grenzen für deinen Körper, also ist er der Herrscher. Ihn musst du zu mir schicken, dann kann ich mit *ihm* verhandeln. Wenigstens hast du deinen Verstand, dieser Verstand verschafft dir jedoch nicht vollkommenes Glück. Der Vogelgesang wird überhört, der Glanz der Meereswellen wird übersehen und das Blau des Himmels nicht genossen.

Selbst Brahma, der Schöpfergott der Hindus, wie auch der christliche Schöpfergott – sie gaben ihr Bestes im Versuch, dir zu dienen, doch du bist unzufrieden. Nun musst du dich an die Göttin des Verstandes wenden. Du huldigst ihr und wirst entsprechend belohnt. Auch ich huldigte meinem Körper und meinem Ego, als ich jedoch von dem Ergebnis genug hatte, begann ich dem Selbst zu huldigen und mein Herz meinem Meister zu öffnen. Friede, Liebe und Glück sind meine Belohnung. Also wirst du empfangen, was du verehrst. Öffnest du dich deinem wahren Selbst, das ich bin, dann bist du unmittelbar, *jetzt und hier* frei. Welcher Wunsch könnte denn besser sein als der nach Freiheit? Was hast du zu verlieren? Dein wahres Selbst wartet auf dich, du aber läufst andauernd in die entgegengesetzte Richtung, hin zu deiner Göttin des Verstandes, die dich betrügt, und zu Freunden, die dich besitzen. Ein Mal wenigstens, nur einen Moment lang wende dich deinem wahren Selbst zu.

(Stille)

Besucher: Wenn ich erforsche »wer sieht?«, erforsche ich mich nicht selber. Irgendwie untersuche ich eine Einbildung dessen, was ich bin.

Madhukar: Woher weißt du das?

B: Eigentlich weiß ich es nicht.

M: Doch, du weißt es. Offensichtlich weißt du es sehr wohl. Da existiert eine höhere Autorität, die das sieht. Du sagst: »In Wirklichkeit erforsche ich nicht mein wahres Selbst. Ich erforsche eine Einbildung.« Also hast du eine klare Sicht. Dein Selbst vermag das sehr gut zu sehen, weißt du. Ausgezeichnet!

B: Ja, es ist anscheinend nur ein Spiel des Verstandes.

M: Ja, es ist ein Spiel des Verstandes. Das ist es, was du siehst, doch *wer* sieht dieses Spiel? Das Spiel des Verstandes übt immer noch eine Faszination auf dich aus. Dreh dich um zum Seher, zu dem, der dieses mentale Spiel sieht. Die Faszination an diesem Spiel wird so lange bestehen, bis du entweder vollkommen befriedigt oder total gelangweilt bist. Du kommst nicht umhin, schließlich von diesem Spiel des Verstandes gelangweilt zu werden, doch könnte das sehr lange dauern. Es könnte weitere 724 Leben brauchen.

Ein Körper-Geist-Wesen ist sehr fest in die Erscheinungswelt, in die Phänomene eingebunden. Das ist die Natur deines Körpers und seiner mentalen Funktionen. Es existiert da eine starke Korrelation, eine starke Bindungskraft. Deswegen bedarf es möglicherweise einer sehr langen Zeit, wenn du dich nicht umwendest und deinen Blick auf das andere Ende richtest, das hier und jetzt existiert. Und wenn das Ende *hier* existiert, warum solltest du dich nach 724 Leben verwirklichen? Warum nicht jetzt?

Gestern sahen wir, dass Stories nicht »still« in Erscheinung treten, sondern laut auftauchen. Die Spiele des Verstandes verleihen dir keinen Frieden, schenken dir keine Stille. Nein, indem du dich in mentale Spiele verwickelst, wird diese Stille übersehen, die deine wahre Natur ist, dieser essenzielle Kern, dein Herz. Verurteile dich nicht als wertlos, wenn sich dieses mentale Spiel immer noch zeigt, weil dein Gehirn einfach so funktioniert. Das gehört zum Leben. Fälle kein negatives Urteil über dich: »Ich bin noch nicht gut genug. Gedanken kommen und gehen immer noch. Immer noch sind diese mentalen Spiele am Laufen.« Nein, benutze die Wahrnehmung mentaler Spiele, die Wahrnehmung des Körpers, die Wahrnehmung von was auch immer, um dich umzudrehen und zu schauen, wer *ist*. Dann spielt es keine Rolle mehr, ob du eine erwachende Kundalini wahrnimmst oder ein mentales Spiel. Auf diese Weise machst du einen besseren Gebrauch von diesen Gedankenspielen als jemand, der es als eine große spirituelle Erfahrung ansieht, von irgendwelchen Energien durchgeschüttelt zu werden. Wesentlich ist der *Seher*, und sich in diese Richtung zu wenden, ist sehr heilsam, und du brauchst dabei nichts zu programmieren, weil wir alle bereits so ausgerichtet sind. Alle sind sie hier, eine ganze Dharma-Armee: Buddha, Jesus Christus, Shankara, Ramana, Papaji; all die Meister sind als Verbündete anwesend: Dein wahres Selbst.

Kein Grund zur Sorge, du bist in guter Gesellschaft, du erhältst ungeheure Unterstützung, siehst du? Natürlich ist dies eine symbolische Erklärung, weil die Essenz formlos ist; wir alle manifestieren uns aber auch als Form. Das Formlose scheint den meisten Menschen zu gut zu sein. Es ist so gut, dass es nicht offensichtlich ist und einfach übersehen wird. Wendest du dich nur ein einziges Mal deinem wahren Selbst zu, dann ist es so augenschein-lich, dass du ein wenig überrascht bist, sodass du wie ein Narr in Lachen ausbrichst: »Wie ist es möglich, dass ich das vorher nicht sehen konnte!«

B: Ja, aber irgendwie begreife ich es nicht. Ich höre nicht wirklich zu.

M: Gut, du liebst einfach dieses Programm, ein wenig dich selbst zu beweinen, dass du nicht gut genug seiest. Es macht dir Spaß, aber Gewinn ziehst du nicht daraus. Von wem solltest du Belohnung erhalten? Von deinem Vater oder deiner Mutter, die dich erniedrigten? Diese Art von Belohnung brauchst du nicht. Du bist reiner *Frieden*, reine Schönheit, und du bist enorme Kraft.

Lass dich nicht auf diesen Unsinn ein: »Ich bin unwissend, ich bin klein, ich bin schwach.« Du dienst niemandem damit. Und offensichtlich ist es nicht wahr, denn die wirklich Unwissenden vermögen dies nicht zu sehen, also kann ich das nicht akzeptieren. Was du sagst, ist offensichtlich unlogisch und außerdem nicht wahr. Und wenn *du* aus diesem Leben keine Freude beziehen kannst, so muss ich dir wenigstens mitteilen, dass du eine große Freude für *mich* bist. Das mag vielleicht der einzige Grund für deine Manifestation sein, einen Menschen sehr glücklich zu machen, indem er dein wahres Gesicht sieht. Mag sein, dass du einfach mein Traum bist. Und wenn dich das nicht ganz zufrieden stellt, dann solltest du dein wahres *Selbst* erkunden, über jeden Traum hinaus. Hier bist du willkommen, hier kannst du ausruhen. (Besucher weint gerührt)

Goa, Indien, 21. Dezember 2001

9

Dein Verstehen ist meine Belohnung

Madhukar: Ihr benutzt diese Maschine, dieses Körper-Geist-Wesen, um Glück zu finden. Ihr wollt Erlösung. In sehr seltenen Fällen halten die Menschen Ausschau nach Erleuchtung, doch diese Lebenskraft, dieses Geburtsprinzip, das Herz eures Seins, wird nicht verstanden. Die Glücklichen unter euch werden das entdecken, was man *Atman* nennt, das *Ich Bin*. Mit mehr Gnade, ein wenig mehr Glück, könnt ihr *Brahman* realisieren – ich bin das Leben, ich bin die Welt. Aber *Parabrahman,* der Gott sieht, das Absolute, das wahre Selbst, wird sehr selten verwirklicht. Verlasst die Sphäre von Philosophie und Worten. Findet *Das*, was ewig ist, was immer hier ist. Eine kleine Wolke, eine gewisse Ansammlung kondensierten Wassers, kann diese riesige Sonne bedecken und den Himmel verdunkeln. Ebenso kann euer Verstand euer wahres *Sein*, eure *Quelle* verhüllen. Die gute Nachricht ist: Sogar wenn ihr euch einbildet, dieses Verstandes-programm mit seinen Freuden und Leiden zu sein, seid ihr dennoch schon jetzt in Wirklichkeit Frieden und Liebe. Wenn ihr dies versteht, was bedeutet, es mit Überzeugung zu leben, dann seid ihr frei. Wenn ihr überzeugt seid von etwas anderem, seid ihr ein Mitglied dieses speziellen Körper-Geist-Clubs. Und wann immer ihr ein Mitglied irgendeines Clubs seid, bekommt ihr freien Zugang zu besonderen Bereichen, die euch zu etwas Glück verhelfen können, aber sicher werden auch einige Probleme inbegriffen sein. Irgendwelche Fragen von eurer Seite? Ja, bitte.

Besucher: Ich habe keine Fragen. Ich möchte nur einfach dieses Bild von der Wolke, welche die Sonne verdunkelt, aufgreifen. Ich bemerke, dass du mir mit der Selbstergründung das ultimative Instrument an die Hand gegeben hast, diese Wolke zu durchdringen; dies verstärkt sich zunehmend. Gestern Abend waren wir alle zu einem Treffen in einem bestimmten Restaurant verabredet, doch ich befand mich zu diesem Zeitpunkt in meinem Zimmer und hatte mich gerade mal für zehn Minuten hingelegt und widmete mich der Selbstergründung. Dabei erfuhr ich so viel Frieden, Glück und Selbsterfüllung, dass es mich sogar überforderte, meinen kleinen Finger zu heben. Ich war so zufrieden und bin so dankbar für das Wissen, wie ich jetzt vorgehe. Selbst jetzt, wo ich nach Hause fahren muss, tut es mir nicht Leid, und ich bin auch nicht traurig, weil es jetzt in mir stattfindet.

Madhukar: Also hast du deine Zeit hier sehr gut genutzt, unsere gemeinsame Zeit dieses vergangene Jahr über.

B: Ja, und gleichzeitig weiß ich, dass das gerade erst der Anfang ist und noch weitaus mehr, viel, viel mehr auf mich wartet.

M: Gewiss, doch das wird sich durch sich selbst offenbaren. Es bedarf keiner Anstrengung, damit du deinen kleinen Finger heben kannst, weil das vom *Sein* selbst bewirkt wird.

B: Ich weiß nicht, wie ich meine Dankbarkeit dir gegenüber ausdrücken soll.

M: Du machst das sehr gut. Du drückst es sehr schön aus. Dein

Verstehen ist meine Belohnung. Einige Gurus missverstehen das. Sie lassen ihre Schüler Ashrams errichten, geschaffen dafür, ihre Dankbarkeit gegenüber dem Meister zu bezeugen. Wenn du einen großen Ashram mit üppigen Gärten hast, Wandelhallen aus Marmor, wunderschönen Teichen, deine Schüler hingegen verloren sind, verloren in eingebildeten Welten, in Illusionen …

B: … das ist sehr traurig.

M: Das ist sehr traurig..

B: Ich glaube, das ist der Grund, warum ich nach Poona kam: Um zu sehen, was geschieht, wenn Lehrer so etwas tun. Es ist jetzt sehr klar.

M: Du siehst, was geschieht, wenn Wahrheit verwässert und Religion daraus wird. Nun bist du frei, wegzugehen und zu tun, was immer du tun musst. Wann immer du dich angezogen fühlst, kannst du wieder teilnehmen. Es existiert keine Trennung. Genauso wie es mit meinem Meister ist – da gibt es keine Trennung. Vom ersten Augenblick an wies er auf Freiheit hin. Niemals legte er die Grundlage für irgendeine Form von Gefangenschaft, und diese *Freiheit* dauert an.

(Stille)

Ja, bitte.

Besucher: Die Wochen, die ich hier verbracht habe, sind reich an mannigfachen Erfahrungen. Ich kann sie einfach beobachten und verstehen. Ich fühle mich als Zeuge dieser Erfahrungen. Ich bin sehr dankbar, hier zu sein, doch ich fühle, dass es eigentlich egal ist, wo ich bin.

Madhukar: Deine Dankbarkeit ist sehr gut. Es tut dir gut, wenn du dankbar bist. Wenn du vom Zeugen sprichst, kann das sehr trickreich sein, denn der Verstand kann auch als Zeuge auftreten. Wir müssen das sofort klarstellen, denn dann wirst du dich nicht in diese mentale Aktivität des Beobachtens verwickeln lassen, die dich binden wird. Richte deinen Blick deswegen sofort auf die Wurzel, auf diese Kraft, die sich des Zeugen gewahr ist, andernfalls wird dich das Bezeugen, das Beobachten, das Analysieren, das Verstehen in Besitz nehmen, und diese Art von Verstehen ist nicht *Wahrheit*. Sie ist lediglich ein feineres, jedoch immer noch grobes Produkt deines Geistes. Wenn sie dir dient, sehr gut, doch viel besser ist es, völlig mit dieser Dankbarkeit zu verschmelzen. Dann wirst du auf natürliche und schnelle Weise den Stolz deines Egos hinter dir lassen. Selbst das Ego wird glücklich werden, dankbar zu sein; verschmilz einfach direkt mit dem *Sein,* denn *Sein ist Dankbarkeit*, *ist Liebe*, *ist Frieden.* Du wirst entdecken, dass die egoistische Person in Wahrheit nicht dankbar sein kann; es reicht zwar für eine Darstellung, für eine Show von Dankbarkeit, nicht jedoch dafür, mit der großen *Dankbarkeit* zu verschmelzen. Das Ego hat das gesamte Reservoir deiner göttlichen Lebenskraft aufgesaugt. Die Batterie ist leer, und der Verstand ist angefüllt mit Erfahrung. Noch etwas?

Besucher: Ich weiß, dass es dumm ist, doch es geht mir durch den Kopf, deswegen muss ich einfach die Frage stellen: Gibt es eine gesunde Masse von Ego, die in der Lage ist, diese Person davor zu schützen, verschlungen zu werden?

Madhukar: Ja, es ist sehr gesund. Sicher bietet das Ego Schutz, wie du sagst.

(*Lachen)*

B: (lacht) Ich meine, wenn du das Ego erfolgreich auflöst …

M: Nein, du brauchst das Ego nicht aufzulösen. Du musst verstehen, *wer du bist*! Dieses ganze zwanghafte Denken, das Ego auflösen zu wollen, ist sinnlos. Das funktioniert nicht. Ich habe noch nie erlebt, dass dies zu einem Ergebnis geführt hätte. Wesentlich ist, dass du herausfindest, wer du bist, wer du *wirklich* bist. Dann bereitet dir die Funktion des Geistes, bereitet dir der arbeitende Verstand mit seinen intellektuellen Fähigkeiten keine Probleme mehr.

B: Er kümmert sich um sich selbst.

M: Nur, wenn du nicht in einem Knoten steckst, was ein Hindernis bedeuten würde, herauszufinden, wer du deinem Wesen nach wirklich bist. In deinem wahren Selbst läuft das Geschehen von Körper und Verstand ab, mentale Aktivitäten und das, was man Ego nennen kann. Wenn also jemand von Freiheit spricht, verspürt das Ego auch eine Anziehung, denn als intelligentes Wesen musst du dir eingestehen: »Ich kann mich nicht länger betrügen. Ich bin nicht vollständig glücklich mit meinem Leben. Ich bin nicht rundherum zufrieden mit dem Ergebnis meiner spirituellen Vergangenheit. Sie hat mir nicht das eingebracht, was versprochen wurde: Absolute Freiheit, Liebe, Zufriedenheit, Erfüllung.« Jetzt nutzt du das Ego für die Frage: »Wer ist?« Solange du die eindeutige Entschlossenheit hegst: »Ich will frei sein«, habe ich mit deinem Ego überhaupt kein Problem. Wenn dein Ego allerdings darauf besteht, ein Super-Ego zu sein, ist das natürlich etwas dumm. (*Lachen*) Dann ist es nutzlos, mit mir zu verweilen, denn *hier* zielt die Entschlossenheit in Richtung Freiheit. In welcher Form diese Freiheit sich in dir manifestieren wird oder in welcher Weise deine Person sich mühelos in das hinein ausweiten kann, *was du bist,* braucht dich nicht zu bekümmern. Das wird von selbst geschehen. Wahrheit, dein wahres *Sein,* hat kein Problem mit deiner Person. Es ist dein Ego, das Probleme hat. Es ist dein Ego, das leidet. Wahrheit leidet nie, niemals. Durch Konzentration auf dein wahres Selbst vermindert sich der ungesunde Anteil deines Egos. Alles andere genießt du einfach, und du kümmerst dich nicht darum, was andere Menschen darüber denken. Die Menschen stellen sich Freiheit in einer bestimmten Form, einer bestimmten Gestalt und einer bestimmten Verhaltensart vor. Einige jener armseligen Narren, die sich selbst Gurus nennen, machen sich selbst zu einer Art von Gefangenen. Sie erlegen sich ein bestimmtes Verhalten auf, und ihr ganzes Leben bleibt ein einziger Trip, der sie unvermeidlich nach einiger Zeit zu langweilen beginnt. Sie werden frustriert, sie werden sehr zornig und bitter, und dann kannst du sehen, was dabei herauskommt. Dein wahres *Selbst*, deine *Quelle,* hat überhaupt kein Problem mit deiner Person, und so kann deine Person sehr glücklich sein. Du kannst einfach so sein, wie du bist. Du brauchst dich nicht länger zu stressen: Du brauchst dir keine Probleme zu machen und dich nicht selbst zu quälen. Dieser permanente Konflikt ist einfach vorbei. Das ist eine ungeheure Erleichterung. Für manche Menschen ist dies das Äußerste, was sie in diesem Leben erreichen können. Es ist schon ein kolossales Ergebnis, zufrieden zu sein, einverstanden mit der Person, mit der Manifestation des Lebens. Für einige Menschen würde dies schon unglaublichen Segen bedeuten. Und aus diesem Segen heraus, aus dieser Zufriedenheit heraus, werden sie in ihrem nächsten Leben tiefer hineinschauen in die Quelle dieses Seins, in die Quelle der Zufriedenheit.

Doch wenn du sehr klug bist, sorgst du dich nicht um ein mögliches nächstes Leben. Du schaust nur, wer ist *jetzt*, weil du *jetzt* glücklich sein möchtest, nicht wahr? Du möchtest *jetzt* zufrieden sein. Du möchtest *jetzt* frei sein, nicht im Himmel, nicht im nächsten Leben. Es ist sehr einfach. Wende nur an, was mein Meister sagte, was dessen Meister auch schon gesagt hat, und was auch ich sage. Wenn du es anwendest, dann *ist Glück, ist Friede und Liebe.* Wenn du magst, heftest du dich einfach an unsere Fersen, und deine Abhängigkeiten werden sich verringern und dahinschmelzen, deine Sucht nach Problemen, nach Leiden, deine Sucht nach deiner Person. *(Stille)*

Ja, bitte!

Besucher: Madhukar, was exakt meintest du, als du in Bezug auf die Infektion an meiner Oberlippe sagtest, mein Sexual-Zentrum öffne sich? Ich frage dies, weil ich nicht das Gefühl hatte, dass es da blockierte Energien gab.

Madhukar: Ich sagte nicht, dass du blockierte sexuelle Energien hast.

B: Du sagtest: »das sexuelle Zentrum öffnet sich«, was bedeutet das?

M: Das ist sehr einfach. Es gibt eine Nadi, eine Energiebahn, wovon ein Ende an der Oberlippe und das andere an der Unterlippe endet. Diese beiden sind sehr starke erotische Zentren auf einer physischen, energetischen Ebene. Ich würde jedoch nicht sagen, dass die Energie bei dir blockiert ist.

B: Ich deutete das für mich so: Wenn sich etwas öffnet, muss vorher etwas blockiert sein.

M: Nicht notwendigerweise. Wenn ich eine Tür öffne, bedeutet das nicht, dass sie vorher geklemmt hat. Einige Türen lassen sich leicht öffnen und schließen, andere klemmen. Du kannst nicht behaupten, dass eine geschlossene Tür zuvor klemmte, weil sie sich jetzt öffnet. Das ist deine eigene Vorstellung. Das habe ich nicht gesagt.

B: Deswegen meine Frage.

M: Es ist sehr gut, dass du gefragt hast. So kann ich das klarstellen. Würdest du dich mit derselben Wachheit selbst untersuchen (*Lachen)*, dann würdest du dein wahres Selbst entdecken, welches absolut unabhängig von sexueller Energie ist. Diese *Quelle* ist ein unbegrenzter, ungeheuer vibrierender See aus *Stille*. Es ist reiner Sex, sehr erotisch. Dies ist der Eros des Selbst, aus dem heraus das Universum geboren wird. Innerhalb dieses Universums wiederum existiert dieses Sonnen-System, und innerhalb dieses Sonnen-Systems existiert dieser Planet Erde, und auf diesem Planeten Erde gibt es dieses Sein, und dieses Sein, das du bist, hat sich auf einen einzigen Aspekt konzentriert. Wenn du besessen bist von einem bestimmten Konzept, dann bist du weit entfernt von diesem See aus Stille. Spring lieber in den See, und unmittelbar ist Stille hier, hast du dich durch Selbstergründung freigeschwommen. Natürlich hast du das Recht, dergleichen Dinge klarzustellen. Warum sollte dir eine Einbildung weiterhin Probleme machen? Gut so! Behalte es einfach für dich, sonst werden mehr Leute aus Poona mit ihren sexuellen Problemen hierher kommen, mit dieser Obsession, die sie nicht heilen konnten, indem sie diese ausspielten. Danke!

Goa, Indien, 12. Januar 2002

10

Hier geht es um Erwachen

Besucher: So viele Gedanken aus der Vergangenheit kommen hoch und wiederholen sich unaufhörlich. Es ist so langweilig. Es fühlt sich an, als müsse ich mich ständig erbrechen, wenn ich all diesem Scheiß zuhöre.

Madhukar: Es ist gefährlich, wenn du dich innerlich erbrichst. (*Lachen*) Du könntest dir sonderbare Infektionen zuziehen. Es ist besser, nach außen zu erbrechen, stimmt's? Aber bitte nicht hier. Wir haben keine Putzfrau in dieser Strandhütte, keinen Hütten-Service.

B: Ich meine, es gibt Zeiten, wo ich nur bin und alles friedlich ist. Ich möchte dahin zurückkehren.

M: Und jetzt bist du nicht? Du sagst: »Es gibt Zeiten, wo ich nur bin«, und nun bist du nicht?

B: Ich bin.

M: Auch jetzt bist du. Du sagtest: »Diese immer wiederkehrenden Gedanken langweilen mich.« Es ist wahr, der Mist wiederholt sich ständig. Er bleibt derselbe. Zumindest könntest du deinen Verstand, das Gehirn, das über eine riesige Anzahl ungenutzter Zellen verfügt, herausfordern, neue, faszinierendere Gedanken zu erzeugen. Du könntest die Illusion fortsetzen, indem du dich von Projekten, Plänen, Verlangen und Wünschen anstacheln lässt. Erkenne, dass du dich mit Gedanken lange genug beschäftigt hast, sie werden sehr langweilig, weil sie stets die gleichen bleiben. Illusionen der Zukunft haben dich verlassen, die Illusion, etwas zu erzeugen, gemäß deiner Persönlichkeit, dem trägen Typus. Du möchtest nichts erschaffen, du möchtest einfach nur Spaß haben.

Jetzt bist du mit der Vergangenheit konfrontiert, mit deiner Sucht nach Vergangenheit. Das fasziniert dich noch immer. Andernfalls würdest du dich auf den Seher konzentrieren, der diese Langeweile wahrnimmt. Das kann auch ganz schön faszinierend sein, verstehst du, viel interessanter als diese Wiederholung abgestandener Gedanken. Langeweile weist auf Passivität hin. Eigentlich ist sie jedoch ein eher aktiver Zustand, ein Zustand von Frustration. Besäße ich ein begrenztes Verständnis von *Wahrheit,* so würde ich dir raten, in ein psychologisches Spiel einzutreten, die Quelle der Frustration zu entdecken und deine Vergangenheit zu analysieren. Ist man sehr aufrichtig, könnte man in diese Frustration hineinschauen und könnte sich bis zum Anbeginn der Menschheit zurückversetzen, Millionen Jahre rückwärts, und würde dabei zahllosen Lebensformen begegnen; doch in den meisten Fällen geschieht dergleichen nicht. Durch meine eigene Erfahrung besitze ich die Autorität, dir zu sagen, dass du nicht diese Frustration, nicht diese Langeweile bist, dass du nicht dieser Prozess, dieses Ringen, Kämpfen und Selbstanalysieren bist. Es ist auch überflüssig, dass ich die zwanzig Jahre meiner Suche dir auflade. Ich sage dir ohne Umschweife: Löse dich von jeglicher Konzentration auf diese Umstände, von aller Beschäftigung mit dieser Langeweile, und untersuche einzig das *Sein* selbst. *Sein* ist nicht diese Struktur. Menschen bleiben in diesem kreativen Prozess des Geistes hängen. Sie vermögen diesen Bereich von Gestalt und Form nicht zu verlassen, die Dualität von Leiden und Glück; alles geistige Kreationen.

Du bist *nicht* diese Langeweile; du bist *nicht* dieser Gedanke. Von wo aus steigt dieser Gedanke auf? Dahin solltest du dich wenden. Das geht sehr schnell. Dann brauchst du nicht deine gesamte Geschichte, deine vergangenen Erfahrungen zurückzuverfolgen. Was hier offenbart wird, *IST.* Diese Erklärung sollte dich eigentlich zufrieden stellen. Es reicht aus, wenn du dich vom Inhalt deiner Langeweile nicht anziehen lässt. Das ist doch logisch, nicht wahr? Das ist so, als wärest du hungrig und würdest ein Restaurant betreten. Dort gibt es zweierlei Gerichte: Eines davon ist dein Lieblingsgericht … Was ist dein Lieblingsgericht? Heiße Rote? (*Lachen*)

B: Spaghetti.

M: Spaghetti Bolognese?

B: Bolognese mit Parmesan (Lachen)

M: Bolognese mit Parmesan, okay. Das können wir auftischen. Daneben siehst du einen Teller mit ein paar verdorbenen alten Würsten, verdorben! Sie sind so vergammelt, dass sie wieder zu Leben gekommen sind und alle möglichen Würmer darin herumkriechen. Irgendwie ist das Ganze faszinierender als deine Spaghetti, weil es sich bewegt und dabei geht was ab. Ein äußerst penetranter Geruch, den du nicht übergehen kannst. Es ist so sehr hier, so eindeutig präsent, dass du diesen Teller wählst. Du sagst dir: »Gut, als Kind mochte ich diese Wurstsorte sehr.« Wenn du jedoch sagst, dass dein Lieblingsgericht *Frieden* ist, dann solltest du dich dem anderen Teller mit den Spaghetti Bolognese zuwenden. Wenn dieses Gericht die richtige Temperatur hat, so dass du dir nicht mehr den Mund verbrennst, kannst du es genießen und Zufriedenheit fühlen.

Du bist von Lehrern benutzt worden, die dich auf diese mentale Beobachtung deiner Gefühle, deines Verstandes festgelegt haben. Beeile dich, diesen Käfig, dieses Gefängnis eiligst zu verlassen. Du bist in den Interessen anderer Menschen gefangen gehalten worden. Einer Spinne gleich haben sie langsam ihre Fäden um dich herum gesponnen und dich in etwas eingeschlossen, was in Wahrheit nicht nach deinem Geschmack war, und das Ergebnis ist noch mehr Frustration. Deswegen bin ich sehr glücklich, dass du noch ein bisschen länger hier geblieben bist und den festen Entschluss gefällt hast: »Ich will frei sein.« Das ist die eigentliche Eintrittsgebühr, wenn du zu dieser Begegnung in Wahrheit, zum Satsang kommst.

Aus diesem Grund kommst du: um *Wahrheit* zu finden, nicht um ein Altersheim zu bauen, in das du dich später zurückziehen kannst, sicher und beschützt in deiner Ignoranz. Nein, du kommst her, zu erwachen! Es gibt keinen anderen Grund für die Anwesenheit auf diesem Planeten. Um nichts anderes brauchst du dich zu kümmern, weil für alles schon gesorgt ist. Nicht einmal deine Kinder brauchen dich. Das Leben nimmt sich ihrer an, also missbrauche deine Kinder nicht, weil du *(mit lauter Stimme) verloren bist.* Rede dir nicht ein: »Sie brauchen mich.« Auch mit diesen Beziehungen, mit diesen Lebenssituationen in der Rolle von Vater und Mutter, kannst du perfekt in Einklang sein, wenn du dich auf *Wahrheit* konzentrierst. Es besteht keine Notwendigkeit, mehr Last auf die Schultern dieser Wesen zu laden, indem du selbst zur Spinne wirst, die ihre Fäden um ihre Herzen spinnt.

B: Danke!

M: Willkommen! (*Wendet sich einem anderen Besucher zu)* Bitte komm und setz dich ein bisschen näher zu mir, denn du reist bald ab, nicht wahr?

Besucherin: Ich weiß noch nicht recht.

Madhukar: Du weißt noch nicht recht? Das klingt interessant.

B: Ich bin noch am checken, ob ich noch eine Woche länger bleiben kann.

M: Eine Woche länger. Das ist gut! Dann kannst du wieder da drüben sitzen und dich zum Meditieren an die Säule lehnen. Aha, eine weitere Woche. Du kannst hier ausruhen (*reicht ihr Prasad (geweihte Speise) zum Essen und streut Blumen auf ihr Haupt)* In Deutschland passiert es dir sehr selten, dass Blumen auf dein Haupt gestreut werden, stimmt's?

B: Ja.

Madhukar: *(Wendet sich an eine andere Person)* Gestern sagtest du beim Mittagessen: »Heute war es ein sehr schöner Satsang.« Du sagtest, er sei sehr stark für dich gewesen. Wie ist es heute?

Besucher: Das Gefühl ist heute ein bisschen sanfter. Ich war ein wenig wischi-waschi am Morgen. Ein paar Emotionen kamen und gingen. Es ist okay, es geht mir immer besser.

M: Bessere Emotionen kommen?

B: (lacht) Ja, es ist gut, hier zu sein.

M: Was könnte ich anstellen, damit sich dieselbe Schönheit wie gestern wieder einstellt? Wie soll ich deiner Meinung nach vorgehen? Ich bin bereit.

B: Mir kommen alle diese dummen Gedanken über einen neuen Namen, aber ich versuche, mich zu bremsen, weil ich dich schon einmal darum gebeten habe …

M: Du batest mich um einen neuen Namen?

B: Ja, das war beim Dinner vergangene Woche.

M: Beim Essen hat es keinen Wert, einzig beim Satsang. Beim Essen habe ich keine Inspiration, Namen zu verleihen, da habe ich andere Interessen. Andernfalls könnte ich dich vielleicht Lasagne (*Lachen)* oder Palak (ind.: Spinat) nennen.

B: Gestern fühlte ich den Widerstand meines Verstandes wirklich dahinschmelzen. Das war eine wunderschöne Erfahrung.

M: Wo geschah dieses Dahinschmelzen?

B: Hier im Satsang.

M: Wir fanden hinterher nichts, kein schleimiges Überbleibsel deines dahingeschmolzenen Verstandes.

B: Es ist nur ein Ausdruck.

M: Es ist nur ein Ausdruck, genau, aber du musst hinein forschen. Dann wirst du herausfinden, dass der Verstand eine Widerspiegelung, eine »Fata Morgana« ist, eine Illusion. Er ist nicht existent, er ist eine Projektion von einem entlegenen Ort, der nichts mit dem Hier und Jetzt zu tun hat. Eine Fata Morgana besitzt Wirklichkeit an einem bestimmten Ort in sehr weiter Entfernung. Das Bild, das du siehst, das du akzeptierst und das dir Hoffnung gibt, existiert irgendwo weit entfernt, gespiegelt durch Dunst und Hitze. Auf die gleiche Weise projiziert die Unreinheit mentaler Aktivität Gedanken, und du nennst sie Verstand. Danach machst du die Erfahrung, dass der Verstand dahinschmilzt. Also, wie wird er wieder eingefroren?

B: Ich habe das Problem, dass ich nicht zu meditieren wage. Vor einigen Jahren hob ich ab in einen spirituellen Raum, und sechs Wochen lang schlief ich kaum. Seit damals versuche ich nur, im Körper zu bleiben, meines Körpers gewahr zu sein, hier und jetzt zu sein. Gestern entspannte ich mich einfach und saß in Meditation nahe bei dir, wo ich mich wirklich sicher fühlte.

M: Du fühltest dich sicher. Fühlst *du* dich auch sicher? (*Wendet sich an die Besucherin, die zuvor näher an ihn herangerückt war und jetzt ihren Kopf schüttelt)*

Du fühlst dich unsicher. Wenn *sie* nahe bei mir ist, fühlt sie sich sicher. Bei mir zu sitzen, sollte dir das Gefühl von Sicherheit vermitteln. Wo also kamst du an in dieser Sicherheit? Bitte setze deine Erklärung fort.

B: Ich hatte eine wundervolle Erfahrung, als ich meditierte. Ich fühlte mich so, als käme ich zurück zu dem Ort, wo ich sein möchte. Nach dieser Erfahrung damals bin ich immer umhergerannt in Angst vor diesem Ort. Ich bin dir so dankbar.

M: Das ist gut, das macht mich glücklich. Nach Jahren des Herumrennens kommst du zu dir selbst, nach Hause. Das ist ein wunderbarer Bericht. Jetzt verstehe ich, warum du sagtest, dass dies ein schöner Satsang war.

(*Wendet seine Aufmerksamkeit zurück zu der Besucherin, die nahe bei ihm sitzt)*

Entspanne dich einfach, ich werde dir keinen Trouble machen. Ich rief dich zu mir, damit du in Frieden sein kannst, um von deiner mentalen Meditation, die nicht nützlich ist, herunterzukommen. Tatsächlich ist sie schädlich. Man nennt es träumen. Verschwende nicht dein Leben, dieses einzigartige Leben, an Leiden oder mentale Konzentration. Wenn du in der ersten Reihe sitzt, hast du kein Recht zu träumen. Nachts und am Strand kannst du träumen. Das ist der Grund, warum du zum Strand gehst: um zu träumen. Doch wenn du hier in der ersten Reihe sitzt, weißt du, dies ist die (*laut rufend)* WACH-AUF-ZONE, nicht die Traum-Zone. (*Lachen)* Die in der ersten Reihe sitzen, wissen das. Einige sitzen wohlweislich in der zweiten oder dritten Reihe, besonders wenn es dort eine Säule gibt, an die man sich anlehnen kann. Wenn es in der ersten Reihe eine Säule gäbe, würden sie das Risiko eingehen, zu erwachen, aber ohne Säule … Einige Menschen sind willens, hunderttausend Euro zu zahlen, nur um eine Säule zu haben, gegen die sie sich lehnen können. Sie sind bereit, alles dafür zu tun, nur um sich an eine Säule anzulehnen.

Mein Meister sagte niemals: »Lehn dich an mich an.« Er sang niemals dieses Lied: »Lean on me!«. Er sagte: »*Erwache!*«, lauter, als ich eben war. Die Vögel im Garten singen ungestört weiter, weil sie wach sind. Obwohl sie nicht die Fähigkeit besitzen, ihr wahres *Selbst* zu untersuchen, erfreuen sie sich dieser Existenz, solange sie wachsam und stark sind. Wenn sie schwach werden, kommt ein Adler oder eine Katze und fängt sie. Du hast die Fähigkeit, dein wahres *Selbst* zu untersuchen. Alles andere ist Aufschub. Jede Art von religiöser und spiritueller Aktivität schiebt das auf. Also betrüge dich nicht selbst, und lasse dich nicht von Betrügern missleiten. In diesem Leben, jetzt, musst du das für dich lösen.

(Stille)

Besucher: Ich möchte nur mitteilen, wie wundervoll dieses Geschenk ist, hier zu sein. Vor einigen Tagen hatte ich plötzlich diese schöne Erfahrung, als würde einfach alles zum Stillstand kommen. Es war nur ganz still und sanft. Ich kann dieses Gefühl nicht ausdrücken. Nun bin ich hier und ich weiß nicht, was ich sagen soll. Es strahlt so viel Schönheit von dir und diesen Menschen hier aus. Es ist so einfach. Nichts stört meinen Geist.

Madhukar: Du bist gesegnet. Diese Stille ist deine *Quelle.* Hier ist ein günstiger Ort, um sie wiederzufinden, und es wird sich herausstellen, dass sie unabhängig davon ist, wo du dich gerade aufhältst. Ganz gewiss ist diese Einfachheit, dieses Treffen in Natürlichkeit äußerst günstig, sehr schön. Meetings dieser Art gibt es schon seit Tausenden von Jahren, sie stehen den Liebhabern der Wahrheit offen, ohne jemandem Probleme zu machen. Nur das Ego hat Probleme. Und wenn du so glücklich bist, dass nicht einmal das Ego, der Verstand, Zugriff auf dich hat, dann bist du wahrlich in diesem *Sein* gesegnet.

(Schaut jemand anderen an) Hast du eine Frage?

Besucher: Ja, in meinem Verstand gibt es eine Frage, und sie kam in den letzten Tagen immer stärker hoch. Es dreht sich um Alleinsein. Die meiste Zeit meines Lebens bin ich allein, aber ich habe keine Freude daran. Ich fühle mich oft sehr einsam.

Madhukar: Schau, alle, die erfolgreich ihr wahres Selbst wiederfanden, jeder, der erwachte, ist durch eine Periode der Einsamkeit, des Alleinseins gegangen. Dem musst du dich stellen. Man hat es gern, sich mitzuteilen und liebe Menschen um sich zu haben. Dies kann sehr wohltuend und unterstützend sein, doch die Wahrheit musst du in dir selber, durch dich selbst entdecken.

B: Ich weiß, aber diese Situation kommt immer wieder vor.

M: Diese Situation kommt vor. Ich würde dir nicht raten oder dich drängen, allein zu sein, zu leiden, dich wegzuschließen, dieses alte Spiel zu spielen, sich in Isolation zu begeben. Wenn es nötig ist, wird es von selbst geschehen, es wird kommen, es wird sich manifestieren.

Manchmal magst du es vielleicht wählen, nur mit Dir selbst zu sein, so wie wir es alle von Zeit zu Zeit tun. Es macht keinen großen Unterschied, ob du in deinem eigenen Zimmer, auf deinem Balkon sitzt oder dich im Dschungel in eine Höhle zurückziehst. Du weißt sehr genau, wann du die Gegenwart von anderen suchst, nur um vor dir davonzulaufen – in anderer Leute Unsinn zu baden, in ihren Spielen, ihren Geschichten – nur um zu vermeiden, deiner Einsamkeit zu begegnen; oder beispielsweise wenn du eine Beziehung weiterführst, die schon tot ist, am Ende, vorbei, nur um zu vermeiden, allein zu sein. Du weißt es sehr gut, du kannst dich nicht betrügen. Einige schaffen es, sich ein ganzes Leben zu betrügen, aber du kannst es nicht. Wenn du nun wirklich still in dieser Einsamkeit sitzt, wird es sich schnell herausstellen, dass Absolute Stille, Ruhe, Frieden *hier* existiert. Hier enden der Schmerz der Trennung, das Leiden an der Einsamkeit, und du erwachst in sehr einfache Stille. Hier ist alles wunderbar. Hier ist alles schön.

Jetzt gibt es eine äußerst scharfe Konfrontation: Schmeckt dir diese Stille mehr und ist sie dir kostbarer als dieser ständig aktive Verstandesapparat mit all seinen Formen und Farben? Nach dieser Konfrontation fällst du tiefer in diese Stille. Dann wird sich mehr »Juice«, mehr Glück, mehr Befriedigung, mehr Zufriedenheit einstellen. Aus dieser Zufriedenheit, aus diesem

Glück heraus, kannst du sehr einfach, sehr natürlich mit jedem zusammen sein. Dann ist diese Begegnung eine wahre Begegnung, weil sie nicht aus deiner Not, deiner Forderung, deiner Schwäche heraus geschieht. Selbst wenn wir also sagen, wir sind alle eins, könnten wir es dennoch individuell für gut befinden, ohnehin hat die Gesellschaft sich dahin entwickelt, dass viele isoliert sind, allein im Appartement hockend. Die Menschen sind so egozentrisch in ihren Aktivitäten, in ihren Programmen, dass sie immer noch allein sind, wenn sie anderen begegnen. Es ist möglich, sich in einer Großstadt einsamer als im Dschungel zu fühlen.

Unsere Sangha, unsere Gemeinschaft, ist noch nicht zu einer Klatsch-Maschine verkommen, zu einer Gesellschaft, wo Regeln, die Maschinerie der Emotionen und des Verstandes, alles vergiften. Es wäre schätzenswert, wenn es so bleiben würde, wie es jetzt ist, und ich vertraue darauf, dass die Sangha gesund bleiben wird, da wir nicht das Ziel haben, um jeden Preis zu wachsen. Hier verfolgen wir ein kostbares Ziel: *Erwachen.* Dies ist essenziell. Erwachen wird beim Meeting mit Madhukar immer im Mittelpunkt stehen. Erwachen ist das Kostbarste.

Goa, Indien, 11. Januar 2002

11

Göttlicher Wechselkurs

Madhukar: (*liest einen Brief*) *»Geliebter Madhukar, in deinen Augen finde ich die Sonne und die Sterne, den Glanz der Ewigkeit, so strahlend, so fließend in Hingabe und Schönheit. Durch dich fühle ich mich total in Ordnung.«*

Das ist gut. *»Ich spüre ein Pochen (beaty) in mir, das ich kenne.«* Meinst du »beauty« (Schönheit) oder »beaty« (Pochen)?

Besucherin: Schönheit.

M: Du hast »beaty« geschrieben.

B: Ich verlor den Brief auf dem Weg hierher, also musste ich ihn noch einmal schreiben.

M: Du hast das »U« (you) verloren, das »U« (you) fehlt. Du hast *dich* auf dem Weg verloren. Und sobald du dich selbst findest, tritt Schönheit unmittelbar hervor. Wenn du verstehst, wer du bist, verstehst du dieses dauernde Pochen, diese göttliche Lebenskraft, stets gegenwärtig, immer am Pochen.

»Strahlen ergießen sich aus der großen zentralen Sonne. Jenseits von Jenseits ist Stille die Quelle. Liebe, Frieden und Klarheit überwälti-

gen mein ganzes Sein. Du bist wahrlich mein Meister. Ich ergebe mich dieser süßen, süßen Liebe. Jeder Zoll meines Seins ist vollkommen eingetaucht in Liebe. In deinen Augen finde ich Schönheit, so rein und warm. Danke, dass du mir den Namen ›Kavika‹ (Poetin) gegeben hast.«

Sehr gut! Lass dich in deinem Sein völlig überwältigen. Es ist dir dienlich, einen Meister zu haben, wenn du dich dieser »süßen, süßen Liebe« völlig hingeben kannst.

Letztes Jahr bekam ich einen ähnlichen Brief, auch von einem Schweden. Aus dieser Gnade versank er in überwältigender Seligkeit. Danach schickte ich ihn mit einer kleinen Aufgabe nach Tiruvannamalai. Als ich etwas später dort ankam, war er abgereist, war er nicht mehr da. Diese »Schönheit«, von der er schrieb, wurde durch eine weibliche Form abgelenkt. Er fand menschliche Liebe und tauschte sie aus gegen diese Seligkeit, gegen diese »süße, süße Liebe«. Ich weiß nicht, was aus ihm geworden ist.

Doch du bist hier, also ist es an dir, zu beurteilen, ob dieser Brief das Produkt Verstandes ist oder das Innerste deines Herzens widerspiegelt.

B: Es kostete mich eine große Überwindung, dir diesen Brief zu schreiben und mein Herz so zu öffnen.

M: Ja, es ist sehr mutig. Es gibt Menschen, die sich in völliger Verzweiflung befinden. Sie kommen her, und in einem Augenblick können sie ihr Leiden beenden und erkennen, wer sie sind. Andere wiederum, die bereits in glorreicher Gnade leben, fallen wieder heraus, einfach so, innerhalb eines einzigen Tages. Alles ist möglich.

B: Ja, manchmal möchte ich wirklich wissen, ob dieser Frieden, den ich jetzt fühle, bestehen bleiben wird, oder ob ich mich wieder verlieren werde, wenn ich zu meinem Freund nach Schweden zurückkehre.

M: Es ist sehr gut, dass du das ausdrückst, denn du beschreibst dieses »Du«, das du auf dem Weg verloren hattest. Jetzt hast du ein Interesse, das Frieden und »süße, süße Liebe« heißt; doch wenn du jemand anderen triffst, hat diese Person natürlicherweise auch Interessen und möchte dich da hineinlocken. Du kannst dich an jeglicher Beziehung erfreuen, wenn du in diesem Frieden und dieser »süßen, süßen Liebe« verharrst. Du musst nur unerschütterlich sein.

B: Das ist der schwierige Teil.

M: Nein, das ist nicht der schwierige Teil. Das ist leicht, weil es das ist, *wer du bist.* Jeder schwierige Teil ist nicht du, er ist Teil des Geistes.

Noch Fragen?

(*Ein kleines Mädchen, das mit ihrem Vater kam, streckt seine Hand hoch)*

Madhukar: Ja bitte, Eileen, wie lautet deine Frage?

Eileen: Wie vermehren sich Muscheln?

M: Wie vermehren sich Muscheln? Hm, durch Liebe. Durch Liebe vermehren sie sich. Sie haben eine große riesige Mutter, den Ozean, und der Ozean liebt die Muscheln, die Muscheln lieben den Ozean, und sie lieben einander; so vermehren sie sich. Eine sehr gute Frage! Möchtest du eine Orange? Keine Orange? Was haben wir sonst noch? Bananen magst du ja auch nicht, wie ich mich vom letzten Mal erinnere. Ich werde selbst eine essen.

Irgendwelche weiteren Fragen?

Besucher: Du sagst, sich selbst zu verwirklichen sei einfach, doch ich empfinde das wie einen Sprung, der sehr schwer zu vollziehen ist. Der Verstand kann es nicht machen.

Madhukar: Wenn der Verstand es also nicht machen kann, dann geh auf den Verstand nicht ein.

B: Das ist wahr, aber wenn ich auf den Verstand nicht eingehe, dann ist da nichts. Ich fühle mich in gewisser Weise wie im Schlaf, wenn ich mich mit dem Verstand nicht beschäftige.

M: Und was geschieht in deinem Schlaf? Du träumst, und träumen ist wieder Verstand. Was bleibt übrig? Du sagst, der Verstand kann es nicht tun, also ignoriere einfach den Verstand. Was bleibt?

B: Nichts.

M: Nichts?

B: Quelle.

M: Lass uns nicht versuchen, gelehrt zu tun, sprich einfach. Was bleibt sonst noch? Angenommen, du würdest dich nicht mit dem Verstand beschäftigen, du würdest nicht versuchen, irgendetwas zu erreichen? Wenn ich deine Aussage richtig verstan den habe, ist dein Ziel Verwirklichung. Deswegen zitierst du mich aus der Vergangenheit. Ich muss wohl gesagt haben, dass Verwirklichung sehr einfach ist, und das gibt dir Rätsel auf. Nun behauptest du, dass der Verstand das nicht erreichen kann, also lassen wir den Verstand weg. Was bleibt?

B: Luft, Bäume, Schmetterlinge ...

M: Ja, aber das ist die äußere Manifestation, die durch deine Sinne wahrgenommen wird. Diese sind mit diesem Lagerhaus, deinem Gehirn verbunden, das den Verstand enthält. Okay, du sagst, dass es da Phänomene gibt. Dies kannst du sehen. Was gibt es darüber hinaus?

B: Das ist es! Ich kann über die Phänomene nicht hinausschauen.

M: Mach einfach weiter, denn du hilfst anderen damit. Sie haben für sich selbst nie diese Klärungen vollzogen. Sie sind so beschäftigt mit Phänomenen, mit ihren Plänen, ihren Wünschen und Träumen. Sie sind überwältigt von Aktivitäten, versuchen alles, was ihnen über den Weg läuft, zu lösen; sie versuchen, sich den Herausforderungen zu stellen, ihre Pflichten zu erfüllen. Sie haben diese Minute zur Besinnung nicht frei, die du dir gerade einräumst. Also schau unbefangen! Wenn du über die Vergangenheit sprichst, stellst du dir etwas vor. Wir können keinerlei Anstrengung, die es einmal gab, akzeptieren, deswegen muss dein Sprechen neu sein. Du hast schon über den Verstand, Phänomene, Empfindungen gesprochen, und ich frage noch einmal: Was gibt es sonst noch?

B: Hm ... (Lachen) Der Verstand ist so gut im Versuch mir einzureden, dass ich sonst nichts finden kann.

M: Jetzt brauchst du nichts zu finden, jetzt sollst du einfach reden. Ich fragte dich etwas, also sprechen wir. Warum versuchst du, etwas zu finden? Zu anderer Zeit, wenn du versuchen solltest, etwas zu finden, sprichst du.

B: Aber da sind nur Konzepte. Du fragst, was es sonst noch außer Verstand und Phänomenen gibt. Da existiert Geist, doch dies ist auch nur ein Konzept.

M: Wenn du weißt, dass es ein Konzept ist, warum bist du dann so beeindruckt davon? Wenn du weißt, dass es nur ein Konzept ist, wirst du dich nicht weiter damit abgeben.

B: Du fordertest mich auf, etwas zu sagen, doch da gibt es nichts zu sagen.

M: Dies ist absolutes Wissen: »Es gibt nichts zu sagen.« Dies ist *Absolute Wahrheit*. Wenn es jedoch lediglich intellektuell verstanden wird, dient es dir nicht. Einige sagten, dass es nichts zu sagen gibt. Dies war nicht hilfreich, wie sich herausstellte. Sicherlich können wir im Satsang zusammenkommen, und Übertragung findet einfach in Stille statt. Nichts braucht gesagt zu werden, und dies wird letztendlich funktionieren. Aber für die Person, die sich gequält fühlt und leidet, kann eine einfache Erklärung sehr hilfreich sein, ein Dialog, ein gewisser Austausch. Du kommst und bietest deine Juwelen oder deine Dornen an, und ein Tausch findet statt nach dem göttlichen Wechselkurs. Manchmal werden Juwelen belohnt, manchmal Dornen. Du weißt es niemals im Voraus; das ist das Risiko. Und wenn du weder ein Juwel noch einen Dorn anzubieten hast, wirst du nur etwas Aufmerksamkeit bekommen, und du wirst nicht ein Zoll mehr bekommen als irgendein anderer der hier Anwesenden, weil die Aufmerksamkeit hier nicht im mindesten geringer ist als dort drüben oder dort oder dort (*die Vögel beginnen plötzlich lauter zu singen)* Die Vögel wissen das sehr wohl.

Wenn du mit großem Aufwand eine Suche begonnen hast, so wie du es getan hast, bringst du das zu Ende; du hältst nicht mittendrin an. Sobald ein Widerstand, ein Hindernis auftaucht, sagst du: »Nichts muss gesagt werden.« Wenn dies deine Wahrheit wäre, hättest du nicht gesprochen, denn dann würdest du, wann immer du dich einer Herausforderung in deinem täglichen Leben stellen würdest, wissen: *Nichts ist. Dann* ist dieses Wissen angewandt, und darin wird alles gelöst. Aber wenn du es nur vortäuschst und verbirgst, ist es nicht wirklich hilfreich, weil unten drunter alle möglichen Infektionen brodeln.

Das ist eine sehr fundamentale Frage, die du dir stellen musst: »Was bleibt eigentlich?«

Dieser Körper entstand einfach so. Ich habe ihn nicht eingeladen. Er kam einfach. Plötzlich ist der Körper hier. Du bist schon drei Jahre alt, und sie bringen dir bei, wie du deine Finger hoch streckst, um dein Alter anzugeben, sie programmieren dich mit einem Zeitsinn. Sie programmieren dich mit dem Ehrgeiz, älter zu werden, weil du dann Dinge tun kannst, die dir als Kind verboten sind. Sie erzählen dir nicht, dass sie sich verloren fühlen, frustriert sind, gestresst und verzweifelt, dass *du* ihre einzige Hoffnung und ihre Lebenserfüllung bist. Du bist unschuldig, und sie saugen an deiner Reinheit. Dies erzählen sie dir nicht.

Dieser Körper wird wieder verschwinden, auch der Geist kommt und geht unablässig und vermittelt dir alle möglichen Erfahrungen, denen du nicht vertrauen kannst. Was du heute magst, magst du vielleicht morgen ablehnen; was du morgen liebst, mag dich heute noch anekeln. Es gibt überhaupt keine

Sicherheit. Was hast du noch? Das musst du dich fragen. »*Wer ist? Wer sieht?*« Die meisten Menschen stellen sich niemals diese Fragen, denn sie sind in ihrer Identifikation mit Körper und Verstand verstrickt. Und wenn sie unglücklich sind und ein schlechtes Karma haben, treffen sie sogar noch Lehrer, die sie anregen, in dieses endlose Labyrinth der Erfahrungen und Sinnesempfindungen einzusteigen. Sie überzeugen dich, dass du dies und jenes zu lernen hast.

Nur in sehr seltenen Fällen geht dieser kostbare Funke der Freiheit nicht verloren, und nach allem, was ich beschrieben habe – Heranwachsen, Erziehung, Lehrer, falsche Lehrer – existiert immer noch dieser Wunsch nach Freiheit. Du hast genug von diesem Unsinn, jetzt möchtest du frei sein von all dem. Das ist ein ungeheures Glück. Es ist reine Gnade. Wenn Gnade hier ist, kannst du sagen: »Nichts muss getan werden und nichts muss gesagt werden.«

(Stille)

Ja, Milady Anurati.

Besucherin: Ich würde einfach gern einiges klären. Wenn ich ergründe, sind da Zustände oder Ebenen. Ich gehe tiefer und tiefer und berühre dabei die Grenzen zwischen diesen Ebenen. Außen und innen werden eins, ohne Grenzen, und ich bekomme Angst, weil ich mich selbst verliere. Dann frage ich mich: Wo ist diese Angst, wo bist du oder von wo steigen die Gedanken auf? Es führt eigentlich nirgendwo hin, doch wenn ich es lokalisiere, steigt es hier auf. (Weist nach unten auf den Unterleib) Alle Energie und alle Gedanken scheinen durch diesen Kanal aufzusteigen – ist das der Verstand? Nur, wenn ich in diesem formlosen Zustand bin, entsehen Angst und diese Phänomene.

Madhukar: Ja, sie gehören zur Angst. Sie gehören zur Kanal-Grenz-Polizei. Wenn die Kanal-Grenz-Polizei dir diese Art von Fragen stellt, dann bist du ganz offensichtlich nicht ohne Grenzen.

B: Aber es ist eins – außerhalb und innerhalb des Körpers. Gehört dies zur Manifestation des Körpers? Ist es Einbildung?

M: Gewiss ist es eins, aber es ist Einbildung.

B: Wenn Angst aufsteigt und ich frage: »Wer hat diese Angst?«, dann wird sie nur noch stärker.

M: Die Angst wird stärker?

B: Ja, es ist die Angst, immer tiefer zu fallen. Es fühlt sich so an, als würde ich mich auflösen. Das ist die Angst.

M: Tu's einfach! Überprüfe es einmal! Keine Sorge, wenn du durch diese totale Auflösung erfolgreich gegangen bist, wirst du das für dich zumindest geklärt haben, und auch die Angst wird sich aufgelöst haben, sodass du frei von ihr sein wirst. Und wenn du völlig verschwunden bist und nicht wiederkehrst, versprechen wir dir ein rauschendes Fest hier zu deinen Ehren. (*Lachen)* Es wäre gut, wenn du uns gleich ein paar Rupien dalässt, dann können wir mit der Organisation der Party beginnen, nur für den Fall, dass du nach deiner Auflösung nicht zurückkehrst. Dann wirst du über den ganzen Ozean verteilt sein. Wir würden danach beim Schwimmen ein wenig Meerwasser schlucken: »Ich habe gerade einen Schluck Anurati zu mir genommen.« Oder wenn wir Staub in die Augen bekommen: »O, wieder Anurati! (*noch mehr Lachen)* Vollkommen aufgelöst!«.

Angst kommt und geht gewöhnlich in deinem Geist und ich rate dir, schenke dem keine Aufmerksamkeit. Meistens ist es Unsinn, nicht Wahrheit. In deinem Fall jedoch, wenn du der Angst auf einer solch tiefen Stufe begegnest, ist es besser, darin zu verweilen, ganz in sie einzutauchen. Bleib einfach bewusst. Untersuche: was macht die Angst jetzt? Was für einen Trick, was für eine Show, was für ein Feuer kann sie erzeugen?

Auf diese Weise erschöpfst du ein für alle mal die ganze Macht dieser Angst. Vermeidest du die Angst und drängst sie zurück in deinen Geist, wird sie, trickreich wie sie ist, gleich in ein neues Gewand schlüpfen. Dadurch mag es scheinen, als sei die Angst verschwunden, doch sie wird wiederkehren.

B: Aber die Gedanken steigen hier auf. (verweist auf den Unterleib)

M: Von wo? Aus dem Bauch, aus dem Uterus?

B: Es scheint irgendwie von hier zu kommen, oder ist dies eine Einbildung?

M: Nein, du kannst alle möglichen Körpergefühle haben, denn dies ist das Gefäß, in dem du deine Erfahrung machst. In deinem Körper mögen vielleicht alle möglichen Empfindungen vorkommen, an allen möglichen Stellen, vor allem, wenn du durch all jene Bücher, die du gelesen hast, programmiert bist, von all jenen Lehrern, die dir etwas über Zentren, Chakren und Kanäle erzählt haben. Dann bist du schon vorprogrammiert, und dementsprechend wird deine Erfahrung ausfallen. Wir widmen all dem keine große Aufmerksamkeit. Du kannst Phänomene wahrnehmen, doch dein hauptsächliches Augenmerk besteht darin, der Seher zu bleiben und dich nicht in alle möglichen Empfindungen zu verstricken. Dein wahres Selbst ist formlos und hat nichts mit irgendeinem Zustand zu tun. Dein wahres Selbst ist stets hier.

Das ist eine neue Herausforderung für dich. Jetzt wirst du aufgefordert, deine kostbaren Erfahrungen hinter dir zu lassen, deine inneren Manifestationen, die dir »Juice« gegeben haben, weil dein Verstand sich in innere Erfahrung verstrickt hat. Widme diesen Phänomenen keine Aufmerksamkeit. Richte die Aufmerksamkeit einzig auf die Aufmerksamkeit.

B: Aufmerksamkeit auf Aufmerksamkeit? Ist der Geist daran beteiligt?

M: Ich vermag nicht zu sehen, dass der Geist dabei mitspielt, weil Geist nicht existiert. Zeig mir diesen Geist, von dem du sprichst. Was ist Geist? Zeig mir den Geist jetzt.

B: Aufmerksamkeit ist Geist?

M: Aufmerksamkeit ist einfach Aufmerksamkeit.

B: Aufmerksamkeit ist Beobachten?

M: Der Geist ist ein Konstrukt, ein aufgeblasenes Konstrukt von Gedanken und Emotionen. Er ist Einbildung. Und Aufmerksamkeit ist Aufmerksamkeit. Aufmerksamkeit ist sehr klar, wie ein Laserstrahl. Ich würde dies nicht Geist nennen. Ich würde es Aufmerksamkeit nennen, ich würde es Gott nennen, ich würde es Liebe nennen, ich würde es Gnade nennen, ich würde es Selbst nennen. Ich würde es nicht Geist oder Verstand nennen. In deinem Fall ist alles in beiden Namen enthalten: Anurati, Liebe und gleichzeitig Kämpferin für die Wahrheit, die jegliche Art von Anhaftung durchtrennt. Ich gab dir nicht den Namen »Angst-vor-der-Grenzpolizei.«

Besucherin: Ich habe eine Frage.

Madhukar: Ja bitte.

B: Mir ist extrem heiß.

M: Extrem heiß? Ich bin nicht überrascht, wenn ich die Mengen von Nahrung sehe, die du isst. Das muss alles verbrannt werden, weißt du?

B: So viel esse ich nicht.

M: Für meinen Körper wäre es reichlich. Für dich mag es vielleicht normal sein, doch es muss verdaut werden. Also entwickelt sich Hitze.

B: Ich fühle mich irgendwie von dir gegrillt. Ist das wahr?

M: Du wirst gegrillt? *(Lachen)*

B: Ja.

M: Das war mein Versprechen. Vor einigen Tagen sagte ich ihr: »Nachdem du jetzt genug durchgekocht bist, wirst du gegrillt werden.«

B: So ist das jetzt schon seit vielen Tagen. Abends ist es kalt, und ich koche. Ist das normal?

M: Du Glückliche, ich sollte dich auf meinem Motorrad mitnehmen, wenn ich vom Strand in Anjuna nach Hause fahre. Nachts ist es sehr kalt. Ich sollte dich bei mir haben, ein hübscher Ofen im Rücken.

Du kannst das unmittelbar nutzen. Gestern sagtest du, du hättest ein Knie-Problem. Nun lenke diese gesammelte Hitze, die du erfährst, in dieses Gelenk. Dann ist mein Grillen von Nutzen, abgesehen von dem, was ohnehin auf geheimnisvolle Weise geschieht. Du siehst also, wenn du zum Satsang kommst und diese Übertragung auf natürlichem Wege geschieht, dann werden all die Vasanas aus Tausenden von Leben, all diese verborgenen Tendenzen, das ganze Karma, verbrannt. Christen würden sagen, dass all deine Sünden verbrannt werden. Natürlicherweise entwickelt sich dabei eine gewisse Hitze. Manch andere werden ein bisschen krank. Das ist ebenso ein gutes Zeichen.

Besucher: Wäre es gut für mich, einige Tage auszuruhen?

Madhukar: Am besten ist es, hier auszuruhen.

B: Im Satsang?

M: Das ist die beste Ruhe, die du dir gönnen kannst.

B: Ich fühle mich sehr erschöpft im Satsang

M: Erschöpft im Satsang? Was tust du? Kletterst du hier auf Bäume?

B: Ich fühle mich einfach erschöpft.

M: Vielleicht, weil du dich nicht gegen eine Säule lehnst. Morgen kannst du also eine Decke oder eine kleine Matratze und ein Kissen mitbringen, dann kannst du dich hinlegen, kein Problem.. Du fühlst dich wirklich erschöpft? Und du kannst dich nachts nicht erholen?

B: Offenbar nicht.

M: Bringe, also, einfach eine Decke mit und lege dich hin. Du kannst hier ausruhen. Geh achtsam mit deinen körperlichen Bedürfnissen um. Vielleicht solltest du mehr trinken oder Kraftnahrung zu dir nehmen. Diese hier sind zum Beispiel sehr gut. Spezielle Satsang-Power-Cookies. Nimm bitte einen davon. *(bietet dem Besucher ein Gebäck an)* Sie sind sehr gut für dich, diese Satsang-Power-Cookies. Die letzte Frage bitte. Hast *du* etwas zu sagen?

Besucher: Ich möchte dir gerne danken.

Madhukar: Willkommen. Danke für euer Kommen.

Goa, Indien, 18. Januar 2002

12

Du brauchst nicht zu meditieren!

Besucher: Nachdem mein Meister starb, fühlte ich oft solch eine Sehnsucht nach ihm, nach Osho. Kann diese Sehnsucht jemals erfüllt werden?

Madhukar: Deine Sehnsucht kann deinen Meister nicht zurückbringen, nicht in der physischen Form. Das ist unmöglich. Die physische Form kam und musste wieder gehen. Nun ist es an dir, herauszufinden, wer *du* bist. Indem du herausfindest, wer du bist, ist jede Sehnsucht transzendiert.

B: Kann ich herausfinden, wer ich bin? Ich weiß nicht, wer ich bin. Ich denke immer: »Ich bin wie dies oder wie jenes«. Wie kann ich mir selbst näher kommen?

M: Einzig durch Konzentration auf das Ewige. Im Moment deiner Geburt hattest du keinen Namen. Er wurde dir nach deiner Geburt gegeben und nach einiger Zeit identifiziertest du dich damit. Bewusstsein erwachte zu diesem Körper und identifizierte sich mit ihm. Aber dieser Körper und dieser Name werden letztlich vergehen. Dein Name mag vielleicht noch einige Zeit erwähnt werden, nachdem dein Körper gegangen ist, aber schlussendlich wird dein Name ebenso verschwinden. Doch *wer* *du bist* existiert immer – ewig. Alles, was kommt und geht, ist nicht Wahrheit. Es mag aufregend sein, du magst dich an deiner Sehnsucht erfreuen, aber du weißt nicht, *wer ist*. Du kennst nur Gedanken und Emotionen, die Form, doch die Essenz kennst du nicht. Und diese Essenz ist viel weniger ein Mysterium, als das spirituelle Geschäft dich seit Tausenden von Jahren glauben machen will. Es ist überhaupt kein Mysterium. Warum sollte es ein Mysterium sein? Es ist so offensichtlich! Es ist nur so, dass deine Aufmerksamkeit ununterbrochen zu Gedanken, Gefühlen und Körper hingezogen wird.

Ich war einmal in derselben Situation wie du. Ich wollte frei sein. Ich wollte wissen, wer ich bin. Ich hatte meine Lebenserfahrungen, tolle Erfahrungen, aber sie machten mich nicht vollkommen glücklich. Dann fühlte ich mich hingezogen zu einem Meister, der sagte: »Du brauchst keinerlei Übung zu machen. Du brauchst nicht zu meditieren. Du brauchst überhaupt nichts zu tun. Du bist schon frei!« Als ich dies hörte, erkannte ich es auf der Stelle als wahr, weil ich schon zu viele spirituelle Übungen gemacht, zuviel meditiert hatte; ich hatte schon zu viele Erfahrungen in diesem Leben gemacht und in vielen Leben zuvor. Ich war ungeheuer glücklich, denn mein Meister hatte kein Interesse daran, Rolls Royces und Anhänger zu sammeln. Er war einzig und allein daran interessiert, dieses Wissen um die Freiheit zu übertragen. Dies war sein einziger Fokus und es funktionierte! Er hatte keinen Rolls Royce, aber einige wenige kostbare Menschen erwachten. Und er wurde so berühmt, besonders hier in Poona, dass er all die Sannyasins anzog, die wirklich frei sein wollten, die hier nicht erwachen konnten, weil sie ermutigt wurden, weiter zu träumen, süchtig nach Form und Übung und Beisammensein.

Dies ist eine sehr machtvolle Meisterlinie, die schon seit Tausenden von Jahren existiert; Menschen erwachen durch diese

Linie. Ich bin frei von jeglicher Sehnsucht nach der Form meines Meisters, weil er ständig anwesend ist. Nicht als Bild, auch nicht als Video, nicht als mentale Projektion, nicht einmal als Gefühl. Gefühle sind nicht notwendig, siehst du. Diese Unreinheit ist überflüssig, wenn du *bist*. Es geht mir nicht um den Wettbewerb zwischen Meistern, du kannst also deine Hingabe an deinen Meister ruhig weiter pflegen. Doch du solltest fragen: »Wer bin ich?« Dann wird ein kostbares Wesen wie du sehr schnell erwachen, weil diese Erforschung dich in die entgegengesetzte Richtung von deinem emotionalen Herzen trägt. Deine Emotionen, deine Gefühle werden immer noch vom Geist genährt. In Ausrichtung auf deine wahre *Quelle* benutzt du den Verstand, um den Verstand zu transzendieren, und du kehrst zu deinem eigenen, wahren Selbst zurück.

Dies ist eine klassische Herausforderung für dich. Du kannst dich weitersehnen und dadurch leiden, oder du kannst wählen, ewiges Glück in dir selbst zu finden. Dein Meister muss gute Arbeit geleistet haben, dich vorzubereiten, also kann es jetzt sehr schnell gehen. – Warum? Weil es keinen Weg gibt, keinen Pfad, es gibt keinerlei Distanz. Du brauchst mich nicht als deinen Meister anzusehen. Du kannst mich als deinen Diener ansehen. Ich kam hierher, um zu dienen, nicht um dich zu bevormunden (engl.: mastermind). Mein Körper wollte nicht hierher kommen und mein Verstand ebenso nicht, weil diese Stadt zu den schmutzigsten Orten auf dieser Erde zählt. Es war sehr unklug, hierher zu kommen. *(Gelächter)* Hier herrscht eine derartige Luftverschmutzung und das Gemüse ist voller Pestizide, warum also sollte ich hierher kommen? Ich kam einzig her, um *dir* zu dienen. Jedes Jahr versuche ich, meinen Aufenthalt hier zu begrenzen, dieses Jahr jedoch sind es wieder sieben Tage und das reicht definitiv, um zu erwachen, weil es nicht einmal eine Sekunde braucht.

(lange Stille)

Kann ich irgend etwas für dich tun? *(Wendet sich einem anderen Besucher zu.)*

Besucher: Diese Augenblicke, die ich Frieden nenne, dehnen sich aus. Ich warte darauf, dass das die ganze Zeit anhält.

Madhukar: Ich sehe das, und Warten reicht dir? Was tust du dafür?

B: Nichts.

M: Das ist sehr weise. Wenn du nichts dafür tust, kann Ausdehnung geschehen. Doch wer ist in der Ausdehnung? Wer ist am Warten? Warten ist ein Zustand. Und genau besehen, weißt du nicht einmal, worauf du wartest. Du trägst dieses Konzept mit dir herum, eine bestimmte Definition, weil ein Lehrer über etwas »Mysteriöses« geredet hat, das einmal stattfinden wird. Er konnte es nicht klar aufzeigen, doch du wartest immer noch auf etwas, das dir ewiges Glück schenken sollte. Also gibt es da natürlich eine Sehnsucht nach Form. Du wartest auf ewiges Glück.

B: Ich kenne diese Frage: »Wer bin ich?« Und ich versuche, ihr zu folgen, und natürlich kann ich sagen, dass ich nicht mein Name bin, nicht dieser Körper bin, auch nicht diese verschiedenen Vorstellungen, die ich von mir habe. Meiner Ansicht nach habe ich den nächsten Schritt jedoch nicht verstanden.

M: Es ist schon großartig, wenn du weißt, »ich bin nicht dieser Körper, ich bin nicht mein Name«, denn sechs Milliarden Menschen sind mit Körper und Name identifiziert. Du weißt also:

»Ich bin nicht dies, ich bin nicht das.« Dies war das erste Ergebnis deiner Nachforschung, »wer bin ich?«, und jetzt gehst du weiter. Du musst in dieses »Ich« hinein forschen, das sich auf die Identifikation mit Name und Form gründet. Du weißt jetzt, dass du beides nicht bist, also fahr einfach fort: »In wem findet diese Form statt? In wem kommt dieser Körper vor?

Es ist sehr weise von dir, einfach zu warten, doch musst du zunächst den richtigen Fokus für deine Aufmerksamkeit finden. Du bist von jemandem eingeladen worden und wurdest inspiriert, hierher zu kommen und jetzt muss ich den Job machen. Du kannst einfach warten und ich muss den Job machen! Ich werde dir also innerhalb dieser sieben Tage, die ich hier sein werde, die richtige Richtung zu deinem wahren Selbst weisen. Dann kannst du es *nicht* verfehlen. *Dann* kannst du einfach warten. *Dann* bleibt nichts mehr zu tun. Solange du dich jedoch noch in die falsche Richtung orientierst, wird es lediglich Erfahrungen geben, zum Teil schöne, zum Teil frustrierende. Es mögen sich vielleicht sogar faszinierende spirituelle Erfahrungen einstellen, doch du wirst nicht herausbekommen, *wer du bist.* Warum solltest du? Seit Millionen von Jahren versuchst du es schon. Ich werde dir einfach die Richtung weisen, und du wirst dich rasch der Wahl zu stellen haben, ob du nur an spirituellen Spielen interessiert bist oder wirklich frei sein willst. Bist du wirklich an Freiheit interessiert, wird es kein Hindernis geben.

(Stille)

Besucher: Wenn ich frage, kann ich wahrnehmen, dass es einfach eine Gehirnaktivität ist.

Madhukar: Wie fragst du?

B: Ich benutze meinen Verstand, um zu fragen: »Wer bin ich?«

M: Du benutzt deinen Verstand, um deinen Verstand zu befragen, richtig?

B: Ja.

M: Okay, doch die Richtung sollte nicht der Verstand sein. Die Richtung heißt zu entdecken: Was ist wahres Selbst? Was ist Wahrheit? *Wer* bin ich? Gewiss benutzt du dein Gehirn, deinen Verstand bei der Frage, und die ersten Ergebnisse werden mentaler Natur sein, wie es jene Dame zuvor ausführte: Name, Form, ich bin dies, ich bin das, ich leide hier, ich bin glücklich dort. Das alles ist Verstand, Aktivität im Hirn, das zum Körper gehört, und der Körper ist nicht ewig. Also kann dies nicht die endgültige Wahrheit sein. Bei dieser Selbstergründung nimmst du zuerst die Person wahr. Dann entdeckst du ein tieferes Bewusstsein, das diese Person wahrnimmt. Das bedeutet, dass du von der Person erwachst, und das allein ist schon großartig. Es bedeutet, du bist nicht länger mit dieser Person identifiziert. Dann kannst du die Fluktuation deines Verstandes, deiner Gedanken, deiner Stimmungen nicht mehr ernst nehmen, weil sie *es* nicht sind. Sie kommen und gehen einfach. Wenn Gedanken, Emotionen oder Stimmungen dich bedrängen, bist du sehr glücklich, wenn sie wieder fort sind; deshalb bist du immer erpicht darauf, sie durch gute Gedanken, durch gute Gefühle, eine gute Stimmungslage oder auch spirituelle Erfahrungen zu ersetzen. Doch auch das sind lediglich Phänomene, nicht *Wahrheit*. Du musst dich umdrehen zu deinem wahren Selbst hin, in dem Verstandestätigkeit stattfindet. Bleibe nicht stehen bei dem Ergebnis: Der Verstand ist hier. Du musst weitergehen in Richtung deines Selbst: In wem geschieht dieser Verstand? Der Verstand *ist* Aktivität, automatisch wirst du also immer wieder vom

Verstand eingefangen und identifizierst dich mit den Abläufen innerhalb deines Gehirns. Genauso wie deine Aufmerksamkeit durch die bewegten Bilder in Richtung eines TV-Bildschirms abgelenkt wird. Was sich jedoch in deinem Gehirn abspielt, ist vergangen, nicht *jetzt*. Wach also auf von der Vergangenheit, wach auf vom Verstand. Die *Quelle* erfreut sich an deinem Körper und deinem Verstand. Die *Quelle* erfreut sich an dem gesamten Universum. Diese *Quelle*, die du bist, ist tiefer! Und tiefer heißt *näher*, tiefer heißt unmittelbar *hier*, genau *jetzt*!

Poona, Indien, 27. Dezember 2001

13

Fülle

Madhukar: Irgendwelche Fragen von eurer Seite?

Besucher: Seit ich hier sitze, fühle ich mich still und ruhig. Meistens ist das nicht leicht für mich. Ich will mich immer bewegen. Ich bewege mich unentwegt, wenn ich sitze, und ich bin immer identifiziert damit.

M: Ja, denn seit Millionen von Jahren hast du dich so mit Bewegung identifiziert, mit Aktion, dass du dein wahres Selbst vergessen hast, das Stille ist. Stille ist deine wahre Natur und hängt nicht von deinem Stillsitzen oder Schweigen ab. Es ist Stille, die allem unterliegt. Aber keine Tradition, keine Kultur lebt diese Stille, darum warst du auf Bewegung fixiert. Das fühlt sich für deinen Körper und dein Gehirn natürlich an. Dein Gehirn *ist* Bewegung, und damit hast du dich identifiziert. Das ist der Grund, warum du dich an Glück erfreust und Leiden erträgst. Wenn du Glück hast, gibt es eine Menge Glück und ein bisschen Leiden, doch üblicherweise wenig Glück und eine Menge Leiden.

Was hindert dich, hier zu bleiben? Du sagst, dass du hier Stille erfahrst – dann bleib *hier!* Dies ist der wahre Grund, warum ich hierher kam – um Stille zu teilen. Du sagst, du bist Stille, das ist meine grundlegende Erkenntnis. Wenn es überhaupt irgendeine Unterweisung gibt, dann muss es diese sein: Du *bist* Stille, du *bist* Freiheit! Freiheit ist *hier und jetzt!* Du bist *Das*!

Ich verpflichte niemanden in meinen Meetings, gestern jedoch saß jemand genau auf dem gleichen Platz, wo du jetzt sitzt; diese Person gab vor, Freiheit zu wollen und so machte ich ihr ein außergewöhnliches Angebot. Gewöhnlich tue ich dies nicht, aber ich sagte zu ihr: »Komm nur sieben Tage lang her, während ich in Poona bin, und danach wirst du frei sein.« Sie sagte, sie wolle frei sein, und ich traf eine Absprache mit ihr, eine Absprache, die ich nicht jedem anbiete. Heute jedoch kam sie nicht, siehst du, weil sie Angst davor hat, frei zu sein. Weil sie nicht wirklich nach Freiheit Ausschau hält. Wenn Menschen zu einem Meeting wie diesem kommen und etwas vortäuschen, so wird ihr Selbstbetrug, selbst wenn sie dessen nicht gewahr sind, in ein oder zwei Sätzen aufgedeckt. Du kannst *mich* nicht betrügen, doch du kannst dich selbst mit spirituellen Vorstellungen betrügen. Du hast dein Leiden und deine Ignoranz mit deiner spirituellen Suche überdeckt. Sieben Tage ist keine lange Zeit. Jahrelang leidet sie schon in diesem Leben, immer hinter etwas her, ohne es zu finden, probiert dabei alle möglichen Lehren und Praktiken, erfährt einige Glücksmomente, um stets zum Leiden zurückzukehren. Sieben Tage jedoch waren zu viel verlangt. Wenn du sagst, dass du dich hier still fühlst, was in aller Welt könnte dich dann davon abhalten, in dieser Stille zu verweilen? Diese Stille ist die höchste Macht, mächtiger als Worte, als Berührung, als Sehen. Diese sind zweitrangig, weil sie sich auf den Körper-Geist beziehen. Der Verstand ändert sich sehr wenig. Der Verstand wird dich nicht befreien.

B: Ich vertraue dem Körper mehr als dem Verstand.

M: Es scheint, du bist so programmiert. Als wir uns vor einigen Wochen in Goa trafen, sagtest du, du seiest glücklich, im Satsang zu sein. Dann kehrtest du nach Poona zurück, wandtest dich von der Stille ab, die du mit mir erfuhrst, um dich wieder von Konzepten und alten Beziehungen verwirren zu lassen. Jetzt bin ich den ganzen Weg nach Poona gekommen, um dich wiederzutreffen, und wieder wirst du von hier fortgehen. In Deutschland werde ich dann irgendwo in deiner Nachbarschaft auftauchen (*Lachen*), und in dieser Weise bin ich schon seit Tausenden von Jahren hinter dir her. Das ist schön für mich, denn Freude begleitet mich, wohin ich auch gehe, und die Stille bleibt dieselbe. In Goa genieße ich den Strand und den Ozean. Hier in Poona genieße ich eine Tasse Chai in der German Bakery, wo ich dann sitze und beobachte, was mit Menschen geschieht, die seit zwanzig Jahren einen Ashram besuchen. Und wenn ich in dein Land fahre, genieße ich ein gutes Bier. Ich freue mich einfach daran, und die Menschen fühlen sich angezogen, weil Frieden hier ist; dies ist deine wahre Natur.

Jetzt kannst du sehen, dass es die Tendenz deines Körpers und Verstandes ist, ruhelos zu sein. In gleicher Weise wirst du stets irgendeinem Wunsch nachlaufen oder irgendeinem Problem, das du meinst lösen zu müssen, und so wirst du den Frieden wieder verlieren.

(Stille)

Falle einfach in diese Stille, und von da an kannst du das Leben genießen, wo immer du bist.

B: Einerseits erscheint mir das so leicht.

M: Wenn es so leicht zu sein scheint, sollte es dich zur Frage inspirieren: »*Wer* sieht diese Seiten? Wer *ist*?« Die eine Seite sieht »leicht«, die andere Seite sieht Probleme, Schwierigkeiten und Verwirrung.

(Stille)

Besucher: Was bedeutet dein Name?

Madhukar: Mein Meister schrieb es so auf: »Geliebter, süß wie Honig«. Das ist die eigentliche Bedeutung: süß wie Honig.

B: Wer war dein Meister?

M: Der Name meines Meisters war H.W.L. Poonja, doch wir nannten ihn Papaji. Ich muss mich korrigieren, denn ich sagte »war«. Mein Meister *ist*. Hast du von ihm gehört?

B: Ja. Er gab gewöhnlich Satsang?

M: Jeden Tag. Er verließ seinen Körper 1997 im Alter von beinahe 87 Jahren. Er hatte genug.

B: Das ist lang genug.

M: Ja, es zeugt von ungeheurem Mitgefühl, Menschen im Satsang über solch eine lange Zeit hinweg zu begegnen, vor allem, wenn du siehst, dass sie nicht erwachen wollen.

Besucher: Wie würdest du deine Erfahrung klar, mit einem einzigen Wort, beschreiben? Wie würdest du sie beschreiben?

Madhukar: Fülle. Doch ist es nicht die Fülle, die du fühlst, wenn du zu viel isst; (*Lachen*) dabei fühlst du auch Fülle, allerdings in einer anderen, unangenehmen Weise. *Wer ich bin* wird niemals von irgendeinem Wort oder Gefühl berührt.

B: Also hast du keine Gefühle?

M: Der Körper hat Gefühle. Wo Körper ist, gibt es auch Verstand und Emotion, Gefühl. *Wer ich bin,* ist jedoch kein Gefühl. Die Person hat Gefühle. Die Person fühlt sich angezogen oder abgestoßen; dieses *Sein* jedoch, das ich bin, ist tiefer als Fühlen. Zuerst ist da Stille, Fülle. Darin kommen und gehen Gefühle. Ich erfreue mich an ihnen, doch ich kann sie nicht ernst nehmen.

B: Darf ich dich nach deinem Alter fragen? Ich frage, weil ich Mühe hätte, es zu raten.

M: Du hast Mühe es zu raten? Ich auch! Ich muss mich immer an meine Mutter wenden. Sie behauptet, ich sei an diesem und jenem Tag geboren, aber ich habe keinen Beweis. Der Körper hat ein bestimmtes Alter, doch *wer ich bin*, ist alterslos. Das ist bis heute stets meine Erfahrung geblieben, auch jetzt, wo ich immer noch in diesem Körper bin. Es gibt keinen Unterschied zwischen der Zeit, als ich zwei Jahre alt war und jetzt. Es ist dasselbe Bewusstsein.

B: Leidest du?

M: Sehr selten geschieht so etwas wie Leiden. Wenn ich im Satsang wahrnehme, dass jemand nicht in der Lage ist, anzunehmen, was ihm gegeben wird, dann kann so etwas geschehen, was man »Leiden« nennen könnte. Ich kann es nicht Traurigkeit oder Schmerz nennen, doch es fühlt sich an wie heißer Stahl in meinem Herzen, wenn ich sehe, dass jemand Ignoranz und Leiden der Freiheit vorzieht. Es kommt nahe an Leiden heran, ist aber in Wirklichkeit kein Leiden. Und obwohl sich mein Körper während dieses Lebens verändert hat, gäbe es immer noch Leiden, Schmerz, wenn ich mir mit dem Hammer auf den Finger schlagen würde, weil die Nerven nicht tot sind; sie sind immer noch lebendig.

Wirkliches Leiden besteht darin, nicht zu wissen, wer du bist, voll mit dem Körper, mit dem Verstand, mit den Emotionen identifiziert zu sein. Du leidest, wenn etwas da ist, was du nicht magst oder wenn etwas nicht da ist, das du haben willst. Du bist das Opfer deiner Wünsche. Einzig durch Entdeckung deines wahren *Selbst*, das so toll, so schön ist, bewegst du dich jenseits von Wünschen. Dann bist du unabhängig, weil du realisiert hast: »Ich bin *Das*, in dem alles stattfindet«. Warum sollte ich dann wegen eines kleinen Ereignisses leiden? Du bist viel tiefer als jedes Ereignis, viel tiefer als dein Leiden.

B: Fühltest du in einem frühen Alter, dass da mit dem Bild etwas nicht stimmte?

M: Nein, schon in jungen Jahren wusste ich: *Wer ich bin* ist gut! Das Bild selbst war oft falsch. Das mentale Programm meiner Eltern, meiner Lehrer, ihre Ideen, wie ich zu sein hätte, das erfuhr ich als falsch. Und leider verbrachte ich auch in diesem Leben meine Zeit mit Leiden und Verwirrung. Ich habe ungeheures Leiden durchlebt. Ich hatte meinen Frieden verloren. Ich hatte alles verloren. Nur Müll blieb zurück, und ich war damit allein, weil ich sehen konnte, dass all diejenigen, die behaupteten, sie könnten mir helfen, tatsächlich Lügner waren. Sie waren Betrüger und konnten nichts vermitteln, weil sie selber nicht glücklich und nicht frei waren. Ich konnte keinen dieser Lehrer akzeptieren. Ich brauchte lange Zeit, um jemanden zu finden, der meinem Standard entsprach, der meine Forderung erfüllen konnte.

B: Glaubst du, es ist notwendig, einen Lehrer zu haben?

M: Traditionell sagt man, dass man ohne die Hilfe eines Gurus dem Labyrinth sinnlicher und mentaler Erfahrung nicht entkommen kann. Man verliert sich in dem verschlungenen Gewirr von Körper-Geist-Beziehungen. Die wenigen, die in diesem Leben ohne Meister erwachten, sind sehr demütig, und sie preisen einen Meister, selbst wenn sie ihn nicht in Person hatten, wie der Meister meines Guru, Ramana Maharshi. Er hatte keinen menschlichen Meister, doch sein ganzes Leben fühlte er sich von dem heiligen Berg Arunachala angezogen, einem Berg in Tamil Nadu, im Süden Indiens, der Gott repräsentiert, Shiva repräsentiert. Er sagte: »Dies ist mein Meister«. Also hatte er einen Meister, selbst wenn er nicht in Beziehung zu einem Meister in menschlicher Form stand. Offensichtlich braucht nicht jeder Mensch einen physischen Guru. Diejenigen jedoch, die befreit sind, beeilen sich zu verkünden, dass sie es Gott verdanken. Und mit Gott meine ich nicht den bärtigen Gott, der nach der Vorstellung der Menschen auf seinem Thron im Himmel sitzt. Nein, ich spreche über diese *Quelle*, das eigentliche Herz, dieses Selbst. Und die anderen Lehrer, die keine Meisterlinie und hatten und weiter lehren, besitzen nur einen erleuchteten Verstand.

Es hat Lehrer mit einem äußerst brillanten Verstand gegeben, die uns faszinierende Lehren vermittelten, schöne Reden hielten, doch ohne Ergebnis. Sie starben selber im Elend, und ihre Schüler leben weiterhin berauscht von Illusion. Sie hatten keine Meisterlinie, lediglich einen brillanten Verstand, und der Verstand ist äußerst trickreich, weil er sich in vielerlei Gestalt darstellt. Er stellt sich als Schöpfergott in der christlichen Tradition oder als Brahma in der Hindu-Tradition dar. Beides sind Verstandesprodukte.

B: Es scheint, dass der Moment des Erwachens nicht in unserer Hand liegt. Er ruht in der Hand Gottes oder des Selbst.

M: Der Moment des Erwachens wird niemals kommen. Der Moment des Erwachens *ist jetzt hier*.

(Stille)

Was kommt, wird wieder gehen. Wie kannst du übersehen, was *ist*? Wie kannst du übersehen, *wer* du bist. Warum wartest du auf ein künftiges Ereignis?

B: Mir scheint, dass wir unseren freien Willen in bestimmten Situationen einsetzen können; wir können von unserem freien Willen Gebrauch machen, um etwas zu verändern. Doch die Veränderung, die wir hier anstreben, lässt sich nur durch Hingabe herbeiführen, die unserem Willen nicht unterliegt. Ich kann morgens aufwachen und sagen: »Heute werde ich Yoga praktizieren«, aber nicht: »Heute werde ich mich hingeben«.

M: Hingabe wird von selbst geschehen durch die Anziehung des *Selbst*. Wie du sagst, kann man sie nicht erzwingen. Vor allem aber, weil wir Wesen sind, die so sehr vom Verstand abhängig sind, ist es wesentlich, diesen Verstand auf Freiheit zu fokussieren, anstatt ihn auf Lehren zu richten, um dann zu versuchen, eine bessere spirituelle Person zu werden, zu versuchen, die eigenen Verhaltensmuster zu ändern usw. Untersuche einfach das Selbst. Sich auf Freiheit zu konzentrieren, kann keinen Schaden anrichten. Durch Konzentration auf eine bestimmte Technik, eine bestimmte Übung, magst du vielleicht ein paar Ergebnisse bekommen, du erzeugst jedoch Abhängigkeit, eine weitere Gefangenschaft. Richte dich einfach auf Freiheit aus.

B: Meinst du »ausrichten« als eine Affirmation?

M: Nein, als Selbstergründung. Du brauchst nichts zu affirmieren. Andernfalls müsstest du an etwas glauben, das du nicht kennst. Nein, du wendest dich in die entgegengesetzte Richtung. Für die Selbstergründung musst du den Blick dahin richten: »Wer ist *hier*?«. Das wird Hand in Hand gehen mit Hingabe, denn wenn du wirklich untersuchst, wird Hingabe von selbst entstehen. Sie verstärken sich gegenseitig.

B: Die Person in mir, das Ding, das mich die meiste Zeit über in einem negativen Sinne beschäftigt …

M: In welchem Sinne?

B: In der Art von negativen und ängstlichen mentalen Neigungen, die ich habe. Ich glaube, ich bin einmal von LSD missbraucht worden. Sagst du, dass es für mich das Beste wäre, das alles beiseite zu lassen und zu untersuchen? Oder schlägst du eine andere Form des Handelns vor, um diese Tendenzen an der Wurzel zu packen?

M: Selbst wenn du alle möglichen Aktivitäten unternehmen würdest, wirst du doch am Ende immer wieder zur Selbstergründung zurückkehren, weil du die Frage lösen musst, wer *du* bist. Selbst wenn du dich mit deinen mentalen Tendenzen konfrontieren würdest, mit deinen Programmen, indem du alle möglichen Psychotherapien auf dich nimmst, gewinnst du dabei nur einen Blick in die Struktur deines Geistes. Wer *du* jedoch bist, *Das*, worin der Geist stattfindet, wird nicht entdeckt. Früher oder später wirst du diese einfache Frage lösen müssen: »Wer bin ich?«. Wenn du wirklich untersuchst, brauchst du nicht einmal einen Tag, um zu erkennen, dass diese Person mit all ihren unterschiedlichen Neigungen nicht dein wahres Selbst ist. Diese Neigungen wurden durch deinen Körper in der Vergangenheit einfach programmiert, durch deine Zellen, die seit Millionen von Jahren Gewalt ausgeübt haben in sehr verschiedenen Lebensformen.

Dein Verstand ist lediglich programmiert. Er ist nicht dein wahres Selbst. Du musst untersuchen: »In wem erscheint diese Person?«. Das kann dir mühelos zwanzig Jahre deines Lebens als Sucher ersparen. Würdest du alle möglichen Techniken zwanzig Jahre lang ausprobieren, wirst du am Ende frustriert oder als glänzender Betrüger dastehen. Poona ist eine famose Stadt, um zu beobachten, was aus zwanzig Jahren Gruppen und Therapien herauskommt. Das Ergebnis ist deine Frustration und dein Selbstbetrug, dem du so überzeugt erliegst. Warum solltest du dich so viele Jahre lang damit abgeben? Finde einfach direkt heraus, wer du bist, durch direkte Selbstergründung.

B: Bedeutet Selbstergründung praktisch, sich auf das eigene Sein so oft wie möglich auszurichten?

M: Wache ununterbrochen auf! Wach auf aus deinem Traum, erwache aus deiner Angst! Erwache aus allen Empfindungen, konzentriere dich stets auf den, *der ist*! Das funktioniert! Das klappt! Deswegen empfehle ich es. Jeder andere Weg ist ein indirekter Weg und zu guter Letzt musst du immer noch erforschen, wer ist.

B: Als ich zum ersten Mal von dieser Selbstergründung hörte, war meine unmittelbare Reaktion: das ist brillant.

M: Ja, es *ist* brillant! Du musst viele Leben mit anderen Aktivitäten verbracht haben. In diesem Leben kannst du jetzt direkt zur *Quelle* gehen. Du kannst dich auf dein Selbst ausrichten, und du wirst frei sein. Das ist garantiert! Ich habe es ausprobiert und es wirkte. Ich wandte einfach an, was mein Meister mir auf so radikale Weise vermittelte. Auf diese Weise wirst du jede Angst besiegen, weil du die Quelle untersuchst: In wem ereignet sich diese Angst? Die Angst begegnete dir nicht durch LSD. Sie existierte bereits in deinem Gehirn. LSD hat das nur ans Licht gebracht. Du musst fragen: »*Wer* sieht diesen Verstand?«. Auf diese Weise wendest du dich von der Angst ab. Und das Nebenprodukt besteht darin, dass du angstfrei sein wirst, denn in der *Quelle* kann nichts verloren gehen und braucht nichts gewonnen zu werden.

(Stille)

Jubiliere! Freue Dich! Liebe ist hier. Friede ist hier. Freiheit ist hier, und das bist *Du*! Die Moskitos kommen zu dir, weil sie wissen, dass du Liebe bist. Sie brauchen auch nicht zu üben. Sie sind direkt.

Poona, Indien, 28. Dezember 2001

14

Was ist das Ziel?

Madhukar: Fühlt euch frei, alles zu fragen.

Besucher: Auf eine Art ist es widersprüchlich, ein Gefühl nicht zu unterdrücken, es wirklich zu fühlen, und von ihm losgelöst zu sein. Ich vermute, jeder Meister unterweist in gleicher Weise, mit Gefühlen umzugehen, aber darin liegt ein Widerspruch.

M: Ich habe nicht ganz verstanden, was du meinst mit »jeder Meister«. Von wem sprachst du?

B: Ich meinte Osho, und ich schätze, er ist nicht der Einzige, der so mit Gefühlen umgeht. Er lehrt, ein Gefühl nicht zu unterdrücken, sondern es wirklich zu fühlen. Und er lehrt ebenso, dass wir uns von Gefühlen lösen sollten, und dies ist ein Widerspruch.

M: In der Tat ist er nicht der Einzige, denn sich vom Leiden zu lösen, ist ein sehr alter traditioneller Gedanke, der in vielen hinduistischen und buddhistischen Schulen vorkommt. Und wie du herausgefunden hast, *besteht* ein Widerspruch zwischen der Aussage einerseits, man solle sich von Gefühlen loslösen und der Aussage andererseits, man solle sie ausleben. Das ist tatsächlich ein Widerspruch.

Die wichtige Frage, die man dabei stellen sollte, ist: Was ist das Ziel? Tausende seiner Sannyasins vergaßen zu fragen: »Was ist das Ziel? Wonach streben wir?« (*ruft laut:*) WAS IST DAS ZIEL?

B: Sich selbst zu erkennen.

M: Wenn du dich selbst erkennen willst, solltest du dich nicht damit beschäftigen, Gefühle zu erforschen. Weder solltest du dich auf die Unterdrückung von Gefühlen einlassen noch auf deren Ausdruck, weil dich das immer weiter in die Verstrickung mit Gefühlen hineinführt.

Das ist der Fall mit vielen Sannyasins hier in Poona. Wie sie mir berichten, sind sie süchtig nach Gefühlen, überwältigt von Gefühlen, verstrickt in Gefühle. Wenn du sagst, du willst dich selbst erkennen, dann musst du dich einzig auf das Selbst konzentrieren, das überhaupt nichts mit Gefühlen zu tun hat.

B: Warum sagt er das dann?

M: Ich bin kein Experte bezüglich Osho.

Ein anderer Besucher (unterbricht): Was meinen Sie mit der Aussage?

Madhukar: Ich bin kein Experte bezüglich Osho, deswegen kann ich keine Aussagen über seine Lehre machen. Wenn *Sie* ein Fachmann sind, dann müssen *Sie* darüber sprechen.

Ich kann lediglich über das reden, worin ich Experte bin, und das ist das *Selbst.* Darüber kann ich reden, nicht über andere Lehrer und Meister.

Erster Besucher: Du sagtest, dass diese Lehre nicht nur spezifisch für ihn ist, und irgendwie hatte ich immer das Gefühl. Deswegen stellte ich dir diese Frage.

M: Bist *du* daran interessiert, dein wahres Selbst zu entdecken?

B: Hm ..., ja, aber wenn ich über diesen Widerspruch nachdenke, wird es schwieriger für mich, mich selbst zu erkennen.

M: Dann geh nicht auf diesen Widerspruch ein. Konzentriere dich einfach auf das Selbst. Das Selbst liegt allen Gefühlen zu Grunde. Es ist tiefer als Fühlen, *dir* näher. Fühlen ist einfach ein Ausdruck des Verstandes, der Vergangenheit.

B: Ist die Konzentration, von der du sprichst, nicht eine Konzentration mittels des Verstandes? Ich kenne nur Konzentration des Verstandes.

M: Ja, deswegen mache guten Gebrauch von diesem Verstand. Für diesen Augenblick jedoch konzentriere dich nicht auf etwas, das dich in Gefangenschaft führen wird, in das Labyrinth der Emotionen, mentalen Zustände und Stimmungen. Konzentriere dich einzig auf das Selbst. Gewiss musst du diesen Verstand benutzen, weil du ein Körper-Geist-Wesen bist. Du sagst, dein Ziel sei »hm«, »ja«, »aber«. Das ist eine Menge, weißt du, das ist eine Trinität. Welches von diesen Dreien möchtest du?

B: Ich weiß nicht, was du mit »hm« meinst.

M: Hast du dir selbst nicht zugehört? »Hm« bedeutet Zögern, »ja« wiederum lädt das Selbst ein, »aber« hingegen bezeugt Zweifel. In diese eine Tatsache hinein kannst du dich entspannen: das Selbst ist ohne Widersprüche. Wenn du wieder erkennst, wer du bist, gibt es überhaupt keinen Widerspruch mehr. Darin gibt es nur Klarheit, Fülle, Frieden, Stille, Glück. Kein »hm« gibt es dort, kein »aber« und nicht einmal das Wort »Selbst«. Das Wort »Selbst« wird nur zur Erklärung herangezogen, um eine Richtung aufzuzeigen.

Du könntest dich mit allen möglichen Gefühlen abgeben, aber zu guter Letzt wirst du nicht wissen, wer du bist. Du wirst Aspekte deines Verstandes kennen, bestimmte Gefühle, aufregende und schließlich langweilige Gedanken haben, die sich ständig wiederholen. Das ist nicht wirklich faszinierend genug für ein ganzes Leben. Es mag vielleicht für eine kleine Weile genügen, doch dann beginnt es zu langweilen. Vor allem, wenn du dich *wirklich* mit dem Ausdruck deiner Gefühle erfolgreich beschäftigt hast, muss dir aufgefallen sein, dass selbst dies dich nicht vollständig zufrieden gestellt hat. *Dann* magst du vielleicht neugierig sein, herauszubekommen, *wer* du bist, weil du nach all diesem Fühlen, dieser Beschäftigung mit diesem Ausleben, diese Frage ohnehin lösen musst. Selbst wenn du dich für alle möglichen freudvollen spirituellen Erfahrungen engagiert hast, weißt du immer noch nicht, *wer* du bist. Deswegen ist es besser, direkt dein Selbst zu erforschen, deine Quelle, anstatt dich mit allen möglichen Aktivitäten herumzuschlagen.

Du brauchst deine Wünsche weder zu unterdrücken, noch auszudrücken oder zu verstärken. Lass sie einfach im Einklang mit deinem Körper-Geist-Programm geschehen. Außerdem ist es besser, wenn du nicht zulässt, dass sich da jemand einmischt, sonst wird das zu reichlicher Verwirrung führen.

Es gibt eine *Quelle* in dir, unberührt von Gedanken, unberührt von jeder Emotion, als bewegungsloses *Selbst*.

Wenn du dich jetzt mit nichts beschäftigst, wenn du dich

nicht auf deine Gedanken, auf deine Emotionen konzentrierst, was ist hier?

B: Etwas Friede und Glück.

M: Genau. Warum also dann diesen Frieden und dieses Glück verlassen? Weil dir ein Lehrer erzählt, du solltest mehr Gefühle, mehr Sex haben? Lass ihn die Gefühle, lass ihn den Sex haben. Lass dich nicht durch den Verstand eines anderen verwirren.

Zweiter Besucher (unterbricht wieder): Kannst du mir einen nennen, der das lehrt?

M: Es gibt Tausende!

B: Nenne einen beim Namen.

M: Du!

B: Ich? Aha, schön! (Lachen)

Erster Besucher: Ist jeder, der dir sagen kann, wie du diesen Zustand erreichst, ein Meister?

Madhukar: Jeder, der dir sagt, wie man einen Zustand erreicht, ist kein Meister, weil Meisterschaft nichts mit Zuständen zu tun hat. Das ist Sache von Lehrern. Zustände kommen und gehen. Dein Blick richtet sich auf das *Selbst*, auf die Ewigkeit!

B: Ja, so ist es.

M: Also können wir diese Menschen nicht Meister nennen. So oder so lassen wir all diese Lehrer oder Meister hinter uns, denn es dreht sich nur um dich und mich, und *du* sagst, dass du am Selbst interessiert bist. Wenn das Selbst dich nicht interessiert, macht es wenig Sinn für mich, zu reden. Dann würde ich lieber die Stille genießen, denn lediglich deinen Verstand zu füttern, deinen Verstand mit einer Rede zu beschäftigen, wird dich nicht befreien. Es wird dich binden, es wird dich abhängig machen …

Zweiter Besucher (unterbricht wieder): Aber manchmal …

Madhukar: Sir! Eine Minute! Anschließend, wenn dieser Mann frei, befreit, erleuchtet ist, werde ich mich Ihnen zuwenden.

B: Okay, sehr gut.

M: Es gibt keinen Grund zur Eile, sehen Sie! Sie haben Millionen Jahre damit verbracht, Ihren Willen zu bekommen. Jetzt warten Sie einfach!

B: Okay.

M: Dies ist kein indischer Bahnhof, wo jeder nach Fahrkarten schreit. (*wendet sich wieder an den ersten Besucher*) Wenn du sagst, »Frieden und Glück ist hier«, musst du untersuchen, ob dies die Wahrheit ist oder ob es sich nur um eine Philosophie, eine Lehre handelt, um etwas, das du gehört hast. Du musst untersuchen: »*Wer* sieht dies?«. Dieses Glück und dieser Friede könnten vielleicht ein weiterer Zustand des Verstandes sein, könnten vorübergehender Natur sein. Also wird sich *dieser* Meister sofort an dich wenden: »Schau! Wer sieht dies?«. Und wenn du reif bist, wirst du nur eine Sekunde brauchen. Warum zwanzig Jahre mit allen möglichen Kursen und Meditationen verbringen? Wenn ein Meister zwanzig Jahre braucht, um dir zu zeigen, wie man zur Freiheit gelangt, kann er nicht als Meister bezeichnet werden. Nicht einmal eine Sekunde ist nötig, nur ein einziger Moment.

Besucher: Ich will wissen, wer ich bin, doch wie kann ich dorthin gelangen? Wie kann ich zu Hause ankommen? Und ist dies ein Wunsch, und wenn es so ist, ist dieser Wunsch ein Hindernis, diesen Punkt zu erreichen?

Madhukar: *Jetzt* ist er kein Hindernis für dich. Nur im allerletzten Moment könnte er ein Hindernis werden, weil du dann sogar diesen Wunsch noch loslassen musst. *Jetzt* ist dieses Verlangen sehr kostbar. Es schadet dir nicht. Es schafft keinerlei Probleme. Hab nur diesen einzigen Wunsch: Ich will frei sein!

B: Doch dann taucht die Frage auf: »Wie kann ich frei sein, wie? Ich weiß nicht wie!

M: Du *bist* frei! Wie könntest du gebunden sein? Zeig mir, wie du gebunden bist, wie du gefangen bist. Dann kann ich dir heraushelfen. Ich sehe nur Freiheit.

B: Was soll ich dir zeigen? Ich habe deine Antwort nicht Verstanden.

M: Schau, die grundlegende Erkenntnis ist: Du *bist* Freiheit!

B: Ich habe das verstanden, doch dass ich denke, Freiheit zu sein, bewirkt nicht, dass ich mich frei fühle.

M: Wenn ich sage: »Du bist Freiheit«, ist kein Denken involviert. Denken kommt hinterher.

B: Aber wenn ich nicht denke, wie kann ich dann diese Worte sagen: »Ich bin Freiheit«?

M: Wenn du frei bist, ist es nicht nötig zu sagen: »Ich bin Freiheit«. Du hast es nur nötig, dies zu sagen, wenn noch irgendeine Gefangenschaft, irgendwelche Hindernisse existieren oder wenn du von einem Zustand in einen anderen wechselst, vom »Nicht-Frei«-Sein zum »Frei«-Sein. Und für uns ist es nötig, um zu kommunizieren. Du brauchst nicht zu dir selbst zu sagen: »Ich bin frei«, das ist unnötig. Du sagst ja auch nicht »Ich bin ein Mensch«. Wenn du am Morgen aufwachst, bist du dir dessen gewahr, dass du ein Mensch bist. Du denkst nicht, du seiest eine Krähe. Du *weißt*, dass du Mensch bist; es ist nicht nötig, dass du es sagst.

(Stille)

Wenn du fragst: »wie?« musst du schauen, womit du dich bis jetzt beschäftigt hast und was es dir gegeben hat. Wo bist du?

B: Ich bin hier.

M: Du bist hier? Okay, deine physische Form ist hier, doch ich meine: Bist du vollkommen glücklich in deinem Leben? Bist du ganz zufrieden? Wenn nicht, dann ist alles, womit du dich seither beschäftigt hast, insofern nicht gut genug gewesen, als du dich mit Gedanken und Gefühlen abgegeben hast, immer in Richtung weg von deinem Selbst. Ich sagte dir, du solltest dich umwenden zu deinem Herzen, umdrehen in Richtung deines innersten Zentrums, deiner Essenz, deines Selbst. Welcher Art auch immer dein Gefühl ist, welche Gedanken, welcher Sumpf auch immer da ist, untersuche nur: Wer ist?

Bis jetzt warst du immer damit beschäftigt, dich wie dies oder wie jenes zu fühlen, zu denken »es ist wie dies oder wie das«. Nun drehst du dich um und untersuchst einfach: *Wer ist*? In wem finden all diese verschiedenen Zustände statt? Das ist genug. Besonders wenn du einen aktiven Verstand hast, der gerne von hier nach da springt, dann musst du in deine *Quelle* hineinforschen.

B: Und wie fühlt es sich an, wenn du dich selbst erkennst? Ist es angenehm? Wie fühlst du dich? (Lachen)

M: Wenn ich es dir wirklich erzählen würde, würdest du dich erschrecken, weil du es nicht verstehen kannst.
Wer ich bin, steht auch dir zur Verfügung. Es gibt keinen Unterschied zwischen dir und mir.

(Stille)

Besucher: Hat jemand wie du, der wahres Selbst ist, es noch nötig, zu meditieren?

M: Nein.

B: Meditierst du?

M: Nicht im traditionellen Sinne.

B: Wenn also dieses wahre Selbst kein Gefühl oder Gedanke ist, was für eine Qualität hat es dann? Ist es etwas Neutrales ohne Eigenschaften?

M: Ja, es ist ohne irgendeine Eigenschaft, formlos, aber es ist wunderbar schön, denn es ist deine wahre Natur. Obwohl es keine Form, keine Merkmale, keine Eigenschaften hat, ist es außerordentlich befriedigend, weil es deine wahre Natur ist, dein *Sein.*

B: Also sind zwei Menschen, zwei Wesen in der Tat dasselbe?

M: Sein ist dasselbe, die Persönlichkeit ist verschieden. Dasselbe Sein ist in den Krähen dort drüben, doch die Form ist verschieden, ihr Programm ist vollkommen verschieden.

B: Also unterscheiden sich zwei erleuchtete Wesen nur in ihren Gedanken und Gefühlen, was jedoch mit ihrem wahren Sein nichts zu tun hat?

M: Warum fragst du nach zwei erleuchteten Wesen? Ich spreche über dich und mich und alle anderen hier! Ich sage, das Sein ist in allen dasselbe. Deine Quelle ist dasselbe und wenn du erkennst, wer du bist, wirst du wissen, dass du immer *Das* gewesen bist, dass du immer frei gewesen bist. Es war nur deine Vorstellung, deine Wahrnehmung, die dich etwas anderes glauben ließ.

Während der letzten fünfzig Jahre ist der Begriff »Erleuchtung« sehr in Mode gekommen und seine Bedeutung hat sich über die Jahre geändert. Als Ramana, der Guru meines Meisters, von Erleuchtung redete, sprach er vom *Selbst*, vom Erkennen dessen, wer du bist, deiner wahren Natur, deines Wesens, wieder zu Hause in der Ewigkeit angekommen zu sein. Doch in den letzten fünfzig Jahren hat es so viele verschiedene Lehren gegeben, die sich auf völlig unterschiedliche Zustände bezogen. Das, was nun oft als Erleuchtung bezeichnet wird, ist immer noch ein Phänomen, das zum Körper-Geist gehört. Es hat Merkmale und Eigenschaften. Dieser Zustand kann wundervoll sein, aber er ist nicht *Das*, er ist *nicht* absolute Wahrheit. Für mich ist einzig *Absolute Wahrheit* von Wert, denn sie ist das Intimste und das Allernatürlichste.

Ich spreche von meiner eigenen persönlichen Erfahrung, weil ich Erleuchtung vor zwanzig Jahren erfahren habe. Es war ein kolossales Ereignis, doch es war nicht Absolute Wahrheit, denn *wer ich bin* war nicht enthüllt. Es war überschattet von phantastischen Erfahrungen und erstaunlichem Wissen, universellem Wissen. Ich erfuhr den Absoluten Verstand, doch dies ist nicht die Absolute Quelle. In unserer Linie verweisen wir nur auf die Quelle, weil sie das Kostbarste ist.

B: Du meinst das Allerbeste?

M: Ja, ich meine das Allerbeste. Alles andere kommt und geht. Der Geist ist sehr trickreich. Er kann sich alles Mögliche vorstellen. Er stellt sich dieses Universum vor, ebenso wie er fähig ist, sich Erleuchtung vorzustellen. Doch gerade mal einen Joint zu rauchen, einen gewissen Zustand zu erreichen und diesen als Erleuchtung zu proklamieren, ist nicht hilfreich, besonders nicht, wenn du anfängst, andere zu belehren. Wenn du das für dich behältst, okay, doch bringe es nicht anderen bei, denn dies ist *nicht* Freiheit.

Du bist hier in diesem Leben, um Freiheit zu finden und nichts anderes.

Besucher: Wie hilfst du den Menschen, das zu erreichen?

Madhukar: Indem ich auf ihr wahres *Selbst* verweise, indem ich auf die Quelle hinweise. Einige Menschen stehen mir nah, einige schaue ich einfach an, andere hören dem zu, was ich sage, und einige wenden an, was ich anrate. Lediglich dein gewöhnliches Konzept gegen ein »höheres« spirituelles Konzept auszutauschen, ist nicht hilfreich. Du musst untersuchen: Wer ist tiefer als irgendein Konzept, irgendeine Tradition und Kultur, irgendeine Religion, irgendeine Erfahrung? *Wer ist*?

B: Gibt es irgendetwas Positives, das du darüber sagen kannst, wenn es keine Eigenschaften hat?

M: Es ist faszinierend, dass – obwohl es jenseits von Gut und Böse ist – wir uns nur vom Guten angezogen fühlen.

B: Gibt es da Liebe?

M: Unermessliche Liebe! Alles ist nur Liebe.

B: Man sagt, dass das Sein andauern will.

M: Nein, *Sein* ist immer. *Sein* ist ewig. Es ist das Leben, das andauern will. Das *Sein* weiß, dass es ewig ist, so setzt es sich selbst nicht unter Druck. Aber Leben ist permanenter Stress, der immer nach Fortsetzung und möglichen Gefahren Ausschau hält.

B: Ist das Sein getrennt von anderen Wesen oder gibt es nur ein Sein?

M: *Sein* ist niemals getrennt. Die Person ist getrennt. *Sein* ist immer *eins*.

B: Macht es also einen Unterschied, ob wir unser wahres Wesen kennen oder unsere Person?

M: Ja.

B: Kennst du dann jeden? (Lachen)

M: Weißt du, wenn du weißt, wer du bist, bist du nicht mehr so sehr an der Person interessiert. Du beobachtest sie, wie du einen Film anschaust, und du fühlst dich angezogen oder nicht, aber du kannst sie nicht so ernst nehmen.

B: Also hast du noch Emotionen, aber sie sind auf Distanz? Oder bist du ganz jenseits?

M: Alles geschieht.

B: Bist du noch manchmal ärgerlich?

M: Bleib für 24 Stunden bei mir und finde es heraus! (*Lachen)*

B: Aber du hast Distanz dazu? Es geschieht, aber es geschieht einer Person?

M: Du betrachtest Emotionen, wie sie sich im Programm der Person ereignen. Die Person ist ein Roboter, ein Computer. Wenn gewisse Knöpfe gedrückt werden, erscheinen gewisse Bilder auf dem Bildschirm. Doch die *Quelle* ist niemals berührt, niemals beschmutzt, niemals verletzt, niemals verwirrt, immer in Ordnung, ewig schön, wie Weihnachten mit einer Menge Geschenken. Du verschenkst etwas und mehr und mehr kommt zurück!

Finde es für dich selbst heraus, andernfalls fängst du an zu kopieren und du wirst nur Erfahrungen aus zweiter Hand und zweiter Klasse erhalten. Dein wahres Sein ist erste Klasse! Darum wende dich dem innersten Sein zu, in dem alle Konzepte erscheinen und verschwinden. Wache schonungslos auf aus Gedanken und Emotionen und wende dich wieder und wieder deinem wahren Selbst zu. Dies ist nicht irgendetwas Esoterisches oder Mysteriöses. Es ist sehr einfach und sehr wirkungsvoll. In der Tat wird die Person sofort damit konfrontiert, so dass sie meistens kein Interesse hat, weiterzugehen.

B: Überhaupt weiterzumachen?

M: Die Untersuchung in Richtung Wahrheit fortzusetzen, denn der Verstand ist nicht notwendigerweise an der Wahrheit interessiert. Der Verstand ist daran interessiert, sein Programm zu erfüllen.

B: Bleibt da noch etwas zu tun? Fordert es dich auf, etwas zu tun?

M: Ja, Singen, Tanzen, Lieben, sich an schönen Herzen erfreuen, an schönen Augen, Vögeln, Schmetterlingen, Blumen, Apfelkuchen – nur das bleibt übrig.

Besucher: Du sagst, wir sollen nach innen schauen. Meinst du, mit dem Verstand nach innen sehen, in den Verstand schauen, sehen, was dort ist und dann den Verstand loszulassen?

Madhukar: Du gebrauchst den Verstand nur, um die Richtung anzugeben, dann verlässt du den Verstand, denn der Verstand hat dir Probleme gemacht.

B: Also kann der Verstand nicht wirklich sehen …

M: Der Verstand hat keinen Zutritt zur Wahrheit. Der Verstand kann Stille nicht erreichen, denn er ist Bewegung, Antrieb, Manifestation. Aber du solltest in die richtige Ausrichtung eingeweiht werden.

B: Könntest du genauer sein, wenn du sagst »Ausrichtung«. Es ist sehr abstrakt. Könntest du es auf eine praktischere Weise erläutern?

M: Es ist praktisch und direkt. Es ist überhaupt nicht abstrakt.

B: Könntest du es erklären, bitte?

M: Die beste Erklärung ist dies:

(lange Stille)

Stille, ohne Gedanken. *Dies* ist *hier* und *hier* braucht keine Richtung. Wenn du noch getrennt von diesem Frieden bist, *musst* du sehen, dass der Verstand sich in einem Zustand permanenter Aktivität befindet. Sogar wenn du denkst, du seiest still, gibt es da immer noch Aktivität, permanentes Erschaffen. In jedem Moment wird das ganze Universum erschaffen. Nun musst du nur herausfinden: »Wer sieht dies? Wer bin ich?«. Sehr einfach! Du verlierst dich nicht in Gedanken und Gefühlen. Du kehrst um zum *Hier*, das ist alles. Also ist es überhaupt nicht abstrakt. Du forschst hinein ins »Ich«, denn das ist der erste Gedanke, nicht wahr? Wenn du am Morgen erwachst, ist der erste Gedanke »Ich«. Dann kommt »Ich bin dies oder ich bin das«, »ich will dies« oder »ich muss das tun«. Dieses »Ich« musst du entdecken. Und wenn du hinein forschst in dieses »Ich«, wirst du sehr schnell herausfinden, dass dieses »Ich« aus Gedanken und Gefühlen besteht, die nichts als Vorstellungen sind. Es sind Gedanken von deinen Eltern, deinen Schullehrern und deinen spirituellen Lehrern. Sie haben mit *dir* nichts zu tun.

B: Was meinst du mit »sehr schnell«? Ein Jahr? Einen Monat?

M: Eine halbe Sekunde! In einigen Fällen ein bisschen länger, aber bestimmt nicht zu lange. Das wahre »Ich« zu finden, dauert in einigen Fällen etwas länger, aber deine Ich-Person zu entdecken, geht sehr schnell. Du fährst einfach fort mit: »*Wer* sieht diese Persona?«. Und indem du das machst, fällst du tiefer.

(Stille)

Mein Herr, bitte! (*wendet sich an den Besucher, der zuvor unterbrochen hatte*) Stellen Sie Ihre Frage! Sie hatten doch vorhin eine Frage.

Besucher: Morgen.

Madhukar: Morgen?! Wie Sie wünschen. Ich lernte in Indien ein Sprichwort: »Morgen kommt niemals.« Wo kommen Sie her, mein Herr?

B: Aus Madhya Pradesh.

M: Oh, ein sehr schöner Bundesstaat. Wir sind sehr dankbar, in Ihrem gastfreundlichen Indien Gäste zu sein.

B: Sie sind immer willkommen.

M: Ich lebte eine Zeit lang in Madhya Pradesh in Berghöhlen, im Dschungel unweit des Narmada *(ein Fluss)*. Es ist wunderschön dort. Sonst noch jemand?

Besucher: Wenn du sagst, ich solle tiefer untersuchen in Richtung: wer sieht diese Persönlichkeit, will ich das irgendwie mit meinem Geist verstehen, aber das ist nicht möglich.

Madhukar: Weißt du, das ist so, weil du es mit deinem Verstand versucht hast.

B: Und ich mache es immer noch. Wie kann ich loskommen von diesem Wunsch, zu verstehen?

M: Du untersuchst: *Wer* will verstehen?

(Stille)

Dein Verstand will sich an den Verstand versklaven, und das Selbst möchte dich nach Hause locken. Wenn du dem Selbst vertraust – Frieden, wenn du dem Verstand vertraust – Probleme. Welches von beiden willst du?

(Stille)

B: Der erste Gedanke, der hochkam, war »Probleme«, aber der nächste Gedanke war, dass ich wissen will, wer dieses »Ich« ist.

M: Befriedige also zuerst die Probleme, und wenn du davon genug hast, dann kannst du dich auf das »Ich« konzentrieren. Wenn du wirklich Probleme willst, warum kommst du hier zum Satsang? Dies ist der falsche Ort für Probleme. Geh nach Afghanistan oder nach Israel, wo du herkommst. Dort sind momentan Probleme garantiert. Warum hierher kommen? Sobald du in deinen Verstand gehst, werden Probleme da sein. Wenn du dem Verlangen folgst, werden Probleme da sein. Warum zum Satsang kommen? Warum hierher kommen, um in Frieden zu sein? Ich sage dir, warum! Weil Selbst deine wahre Natur ist. Es ist viel mächtiger als dein Verstand und seine Probleme, sogar, wenn es für dich jetzt anders ausschauen mag. Letztendlich und unvermeidlich *wirst* du frei sein, du *wirst* deine Freiheit verwirklichen. Verwirr dich nicht selbst. Ich habe mir selber zwanzig Jahre lang Schwierigkeiten bereitet. Warum solltest du dasselbe tun? Mach einfach guten Gebrauch von dem, was ich hier mit dir teile.

Danke für euer Kommen.

Poona, Indien, 29. Dezember 2001

15

Liebe ist kein Gefühl

Madhukar: *Du* kannst die erste Frage stellen. *(Schaut auf einen Besucher)*

Besucher: Ich habe keine Frage.

M: Sehr gut. Also bist du entweder tot oder abgestumpft oder frei. Du siehst nicht tot aus. Bist du vollkommen zufrieden?

B: Ich gewöhne mich gerade daran.

M: Sehr gut. Willkommen.

Besucher: Je mehr Schönheit und Liebe aufsteigt, desto mehr erzeugt der Verstand Fragen wie diese: »Wie kann ich erkennen, ob mein Meister die endgültige Wahrheit repräsentiert? Wie kann man wissen, was das wahre Selbst ist?« Und so weiter und so weiter … Ich weiß nicht, was tun.

Madhukar: Du musst deinen Meister fragen. Wer ist dein Meister?

B: Du bist es, Madhukar.

M: Der Name deines Meisters ist Madhukar, was bedeutet »süß wie Honig«. Das ist die endgültige Wahrheit, süß wie Honig. Dies ist dein wahres Selbst. Wenn diese Süße sich noch nicht von selbst offenbart hat, muss da ein Hindernis sein. Du sagst selbst, dass der Verstand Zweifel erzeugt.

B: Ja, Gedanken.

M: Gedanken. Du musst schauen: »In wem erscheinen und verschwinden die Gedanken wieder?«

B: Ich mache das.

M: Was geschieht, wenn du dieses »wer?« ergründest?

B: Ich fühle Liebe aufsteigen.

M: Diese Liebe könnte dein wahres Selbst sein. Du sagst, dass es aufsteigt. Das bedeutet, es ist tiefer als der Verstand. Liebe ist tiefer als Verstand.

Was ich sage, ist niemals ein Dogma, niemals irgend etwas, das dich behindern sollte. Es ist nicht festgelegt. Ich rege dich einfach an, herauszufinden, *wer* ist. Jetzt kannst du das Ergebnis sehen. Wenn du den Verstand untersuchst, sind da Zweifel. Also, schau in Richtung Liebe, zu deinem wahren Herzen hin. Ich wage zu sagen, du bist Liebe. Wie ist es möglich, dass ich dich besser kenne als du selbst? Weil du sagst: »Ich bin verwirrt. Manchmal sind Zweifel und Fragen in meinem Verstand, und wenn ich ergründe, steigt Liebe auf.« Dann geh dahin, wo Liebe aufsteigt, oder dorthin, wo der Verstand auftaucht, woher die Gedanken kommen. Sie haben dieselbe Quelle. Wenn du jedoch in diese Wolke von Gedanken schaust, existiert da kein

Glück. Nach zehntausend Jahren Philosophie und Religion, müssen wir diese Tatsache anerkennen: Wo ein Gedanke ist, muss es einen Hintergrund, ein Substrat, eine Essenz geben, worin der Gedanke stattfindet und das muss hier sein. Deine Essenz ist unbegrenzt und süß, doch du ziehst es vor, in Begrenzung zu schauen, in Konzepte, und obwohl dich das nicht glücklich macht, beschäftigst du dich noch damit. Glaube mir nicht einfach blind. Ergründe selbst. Richte diese Selbstergründung auf dich selbst, nicht auf mentale Strukturen, andernfalls kann das Ergebnis wieder nur mentaler Natur sein und du übersiehst dich.

Besucher: Wenn man Liebe nie wirklich kennen gelernt hat, wie weiß man dann, dass das Gefühl Liebe und nicht ein Wunsch ist?

Madhukar: Sehr leicht, weil aus Verlangen Schmerz und Leiden entstehen wird. Nie ist jedoch irgendwelches Leiden aus Liebe entstanden. Es besteht kein großer Unterschied zwischen dem Gefühl von Angst und einem Verlangen, denn beides sind Gefühle. Liebe hingegen ist kein Gefühl, Liebe ist deine Essenz, was DU bist. Wenn ich von *Liebe* spreche, spreche ich nicht von diesem emotionalen Gefühl, das Menschen Liebe nennen. Auch diese erscheint innerhalb der *Quelle*, ist jedoch ein bloßer Schatten, nicht absolute Essenz.

B: Der Grund, warum ich diese Frage stelle, ist der, dass ich mein ganzes Leben lang Liebe als Objekt von Wünschen erfahren habe; es fühlt sich so an, dass ich nicht so recht weiß, was Liebe ist.

M: Ausgezeichnet! Du bist ein außergewöhnlich ehrlicher Mann, und du bist aufmerksam genug, wahrzunehmen, dass dieses Gefühl von Liebe sich nach außen, auf andere Wesen oder Objekte richtete. Irgendwie bewegst du dich fort von deiner Quelle, in Richtung auf ein Objekt und bildest dir ein, dass dieses Objekt dich glücklich machen wird, dass eine andere Person, ein Ereignis, ein »Ding« dir Befriedigung schenken wird. Objekte schenken dir ein bisschen Glück, doch dann verschwindet es wieder, und du bleibst unerfüllt zurück.

B: Wenn ich dich also korrekt verstehe, sagst du im Wesentlichen, dass man Liebe nicht kennt, solange man sich selbst nicht kennt?

M: Genau. Wenn du dich selbst nicht kennst, kennst du Liebe nicht. Und doch bist du ein sehr schönes Wesen, wie dieses Kind *(zeigt auf ein kleines Mädchen)*, das nicht sagen kann, dass es sich kennt, aber Liebe *ist*. Wissen ist nicht vorhanden, aber Reinheit und Unschuld sind da, Liebe, noch nicht verschmutzt von Erziehung und Verstand. Du musst herausfinden: »Wer ist *Quelle*?«. Ich verspreche dir, dass du Liebe bist, dass deine Essenz Liebe ist, dass du wunschlos bist. Du brauchst nichts. Du bist vollkommen. Dein Verstand hat es dir nicht erfüllt. Deine Wünsche und deine Erfahrungen haben es dir nicht erfüllt. Du drehst dich ganz einfach in die entgegengesetzte Richtung – finde deine *Quelle*! Wer ist? Wer nimmt den Wunsch wahr? Wer nimmt Verstand wahr? Wer nimmt Liebe wahr? Wer ist jenseits von all dem? Es muss hier sein. Es wird nie kommen. Diese wahre Liebe, nach der du Ausschau hältst, ist längst hier.

B: Benötige ich einen Guru oder bin ich in der Lage, mich selbst zu finden?

M: Schwierig, sehr schwierig. Warum solltest du so dumm sein, auf eigene Faust nachzuschauen, wenn du einen anderen benutzen kannst, der die Erkenntnis und die Autorität besitzt? Natürlich musst du ihn einer Prüfung unterziehen, weil viele sich selbst als Guru anpreisen, aber nicht die Macht besitzen,

Wahrheit zu vermitteln. Sie haben lediglich die Möglichkeit, Lehren zu vermitteln, Methoden und Praktiken. Sie können dich jedoch nicht befreien. Dir muss klar sein, was du willst. Hat diese Person ein Interesse daran, dich in einer Art von Beziehung zu binden, einer Art von Abhängigkeit, bloß um sein eigenes Ego zu befriedigen? Oder ist sie einzig an deiner Freiheit interessiert? Auf diese Freiheit musst du dich ausrichten.

Ich war sehr vorsichtig in meinem Leben. Meine Willenskraft, meine Arroganz bewahrten mich davor, auf irgendeinen falschen Guru hereinzufallen, der nicht in der Lage wäre, das rüberzubringen und absolute Stille, absoluten Frieden zu vermitteln. Ich halte nicht gerade Ausschau danach, doch ich kenne einige Menschen persönlich, die sich selbst als Meister anpreisen, im Versuch, ihre unglückliche Situation zu lösen, im Versuch, jemand zu sein. Hier jedoch herrscht ein klares Verstehen. Du bist Freiheit an sich, du bist bereits frei. Es gibt keinen Unterschied zwischen dir, dem Guru und dem Selbst und es ist meine Aufgabe, dieses Verständnis unverzüglich an dich weiterzugeben, jenseits des Schattens eines Zweifels – jeden Tag vermittle ich das. Täglich weise ich in diese Richtung. Einige Menschen kommen und geben vor, Freiheit zu wollen, doch sie verschwinden wieder, weil sie eigentlich etwas anderes wollen. Sie wollen keine Freiheit. Da sind andere Interessen. Das wenigstens würden sie erkennen, besäßen sie deine Ehrlichkeit. Doch wie du weißt, ist es nicht die Natur des Verstandes, unbedingt weiser zu werden, sondern in Ignoranz zu verharren und diese mit allem möglichen Wissen zu kaschieren. Wo kommen Sie her?

B: Aus Holland.

M: Holland? Aha! *(Madhukar spricht holländisch)* Wir beide reisten so weit, um einander hier in Poona zu treffen. *(Der Besucher ist zu Tränen gerührt)*

Besucher: Darf ich eine Frage stellen?

Madhukar: Willkommen.

B: Was bedeutet es für dich, frei zu sein? Bedeutet es, frei zu sein von Wünschen, von Negativem? Ich verstehe, dass du anderen Menschen die Wahrheit vermitteln willst. Ist dies nicht auch ein Wunsch?

M: Es ist kein Wollen, es geschieht. Ich werde von dieser göttlichen Kraft und von meinem Meister und dessen Meister »benutzt«. Diese Meisterlinie vermittelt die Wahrheit seit Tausenden von Jahren und es geschieht immer noch. Es ist nicht mein Wille, meine Ambition, nicht mein Wunsch, hier mit dir zu sitzen. Nein, anfangs hatte ich sogar etwas Widerstand dagegen. Ich war nicht gerade begeistert, als mein Meister dies prophezeite.

B: Ich bin in der westlichen Zivilisation geboren, also möchte ich Freiheit gern als etwas Positives sehen.

M: Du bist jenseits von positiv oder negativ, und deshalb ist es sehr positiv! Du bist diese *Quelle*, in der Positives, Negatives und Neutrales stattfindet. Es ist absolute Zufriedenheit. Früher erfuhr ich auch eine Menge Befriedigung durch meine Sinne, durch Beziehungen zu anderen, indem ich mich durch den Intellekt ausdrückte, doch darin gab es keine absolute Befriedigung, kein vollkommenes Glück. Soweit ich sehen kann, gilt das für jeden: kein vollkommenes Glück, keine vollkommene Befriedigung. Ich suchte ewige Wahrheit, danach, *wer ich bin,* und irgendwie konnte ich mich nicht mit etwas Erfolg, etwas Komfort, etwas Freude an Sport, Sex, Drogen und Rock 'n' Roll betrügen. Dies alles kann fantastisch sein, wundervoll, schön, doch ich sah, dass all dies nicht *absolut* befriedigte.

Freiheit beinhaltet, frei zu sein von etwas, Freiheit von deinen Problemen und für die meisten Menschen ist dies sehr wichtig, aber tatsächlich ist deine Quelle nicht nur Freiheit. Deine Quelle ist Stille, Ruhe. Und diese Stille ist sehr schön! Freiheit existiert dort nicht in diesem Sinn, weil es keine Beziehung zu irgendetwas gibt, das dich einengt. Es ist einfach Sein, Glück, Zufriedenheit. Vorher habe ich gelitten; wenn du intelligent bist, wirst du diese Art von Leiden nicht akzeptieren. Auf diesen Planeten zu kommen und zu leiden, das kann nicht der Sinn des Lebens sein.

B: Das ist doch schon etwas: Leiden kann durch relatives Glück kompensiert werden.

M: Nein, das ist keineswegs schon etwas. Es bedeutet sogar mehr Leiden, wenn du sehen kannst, dass es mit ein bisschen relativem Glück kompensiert wird. Das ist sogar noch frustrierender! Wenn du ein wenig älter bist, beginnst du Kompromisse zu schließen, etwa: »Es gibt kein vollkommenes Glück, aber so ist das Leben eben.« Das befriedigte mich nicht, deswegen hielt ich mich an einen Weisen, der sagte: »Du bist reines Glück! Du bist reiner Friede!« Das war höchst inspirierend! Es ist äußerst kostbar. Es ist deine eigentliche *Quelle.* Also warum nicht in diese Wahrheit eintreten, die *Frieden* ist? Du hast *deinen* Weg probiert, hast Zugeständnisse gemacht, deine Sinne und deinen Intellekt befriedigt und hast nicht absoluten *Frieden* gefunden, kein absolutes *Glück.* Warum also nicht ergründen, wer die *Quelle* ist?

(Stille)

Besucher: Mir geht nicht aus dem Kopf, wie Osho ausdrückte: Dass der Körper wenn man in jenen Zustand gelangt, nicht in der

Lage wäre, das auszuhalten, weil ungeheure Energien freigesetzt würden. Ist das wahr?

Madhukar: Über welchen Zustand sprach er?

B: Frei zu sein; die Wahrheit zu finden.

M: Und er sagte, der Körper könne das nicht aushalten?

B: Er sagte, dem Körper könnte etwas derartig Starkes widerfahren, dass einige Menschen dadurch sterben könnten.

M: Osho konnte nicht über Freiheit sprechen. Er sprach nur über Zustände, die immer noch dem Körper und dem Geist angehören. Über Freiheit konnte er nicht sprechen. Als er über einen bestimmten Zustand mit seiner Wirkung auf den Körper sprach, redete er über etwas, das sich auf den Körper-Geist bezog, in diesem Falle über die Kundalini-Energie, die traditionell mit Samadhi in Verbindung gebracht wird. Das, wovon ich spreche, ist etwas ganz anderes und es scheint mir, dass er keinen Zugang dazu hatte, kein Verständnis davon. Sonst hätte er nicht gelehrt, was er gelehrt hat. Was traditionell »Sahaja Samadhi« genannt wird, hat keinerlei negative Auswirkung auf den Körper. »Sahaja« bedeutet »natürlich«, was auch bedeutet, dass du so bleiben kannst, wie du bist. Andere mögen vielleicht nicht einmal bemerken, dass du *Das* bist, dass du die Wahrheit verwirklicht hast. Es sieht so natürlich aus. Tatsächlich ist es das Natürlichste.

B: Das ist schon was, weißt du, solche Dinge über Osho zu sagen. Ich bin schon zwanzig Jahre bei ihm

M: Jetzt ist es an der Zeit, selbst zu ergründen. Sein Körper ist gegangen. Er ist tot. Du bist hier. Und jetzt konzentrierst du dich auf dich selbst, statt auf Imaginationen. Dein wahres Selbst ist jenseits jeglichen Zustandes, tiefer als jeder mögliche Zustand. Nun musst du schauen und herausbekommen, ob du dir wert genug bist oder ob du bloß an einen bestimmten Lebensstil gebunden bist, an deine Beziehungen, all jene Dinge, um derentwillen du diesen Ashram besuchst. Du gehst dort nicht hin, um dein wahres Selbst zu finden, herauszufinden, wer du wirklich bist. Doch sei diesem Mann dankbar, denn er hat dich hierher gebracht. Jetzt kannst du zu dir selbst zurückkehren. Jetzt hast du keine sozio-politischen Verpflichtung mehr. Jetzt kannst du erkennen, wer *du* bist. Sei dankbar und freue dich über die Vergangenheit und forsche aufs Neue. Es ist äußerst selten, dass ein Sannyasin hierher zu kommen wagt. Gewöhnlich kommen sie und bitten mich um ein privates Gespräch. Sie sind willens, sehr viel Geld dafür zu bezahlen, mich heimlich zu treffen, ohne dass jemand anderes davon weiß, weil sie Angst haben, ihre Rechte und Privilegien zu verlieren, die mit diesem Ashram zusammenhängen. Und doch gibt es einige, die wirklich frei sein wollen, die wirklich Frieden wollen.

(Stille)

Ja, meine Dame? *(Wendet sich an eine andere Besucherin)*

Besucherin: (In Freudentränen) Das gilt auch für mich und ich spüre eine solch große Erleichterung. Ich habe stets darauf gewartet.

Madhukar: Willkommen.

Besucherin: Ich möchte das jetzt wirklich für mich klären. Ich habe eine andere Frage. Was ist Satori? Ich hatte Anflüge von etwas, das die Leute Satori nennen.

M: Du hättest *Ihn* das fragen sollen. Niemand wagte, ihn zu fragen, weil ihr Angst hattet, beleidigt und vor allen Menschen ausgelacht zu werden. Als ob man in einem Klassenraum voller Narren saß, wagte niemand zu fragen; jetzt sollte ich derjenige sein, der dir antwortet? Selbst Satori wird dir nicht klarmachen, wer du bist. Deswegen werde ich dir Satori nicht erklären, weil selbst die Erleuchtung, nach der jedermann Ausschau hält, mir keine Freiheit brachte. Sie gab mir genug, um zehntausend Anhänger zu haben, doch das war für mich ohne Interesse, denn warum sollte ich Menschen binden? Zehn, die frei sind, sind sehr viel kostbarer als zehntausend Sklaven.

Das, wovon ich spreche, ist immer hier. Es ist kein Ereignis, kein Zustand, den du erreichen wirst. Was du erreichen kannst, kannst du wieder verlieren. Ich spreche von Frieden, und der ist immer hier. Friede ist wesentlich kostbarer, wesentlich schöner als dieses Ereignis, auf das ihr Menschen erpicht wart. In meinem Fall war ich nicht einmal wirklich darauf aus. Ich war kein Sannyasin. Was du Erleuchtung nennen würdest, kam von selbst. Es geschah einfach, doch war dies noch nicht die letzte Wahrheit. Wer du bist, was ich bin, ist tiefer und einfacher als diese Erleuchtung. In dieser *Wahrheit* ereignen sich alle flüchtigen Erfahrungen. Der Körper, der Geist, Emotionen, mentales Gefängnis *und* Satori. Sie alle sind einfach nur wechselnde Ereignisse. Deine obsessive Verhaftung an dieses Ereignis hat deine Gefangenschaft nur noch verschärft, vergleichbar dem Aufenthalt in einem Hochsicherheits-Gefängnis. Ein gewöhnlicher Mensch leidet lediglich an gemeiner Ignoranz, dein Fall dagegen ist schlimmer. Dass du mehr leiden solltest, mit mehr Spezialwissen, mit mehr Verständnis, mit subtilerem Leiden, kann nicht das Ziel spiritueller Praxis sein. Hier untersuchen wir einfach das Ewige und das Ewige ist *hier*. Jetzt klären wir einige falsche Annahmen, einige falsche Programmierungen, einige Loops. Du bist mit einigen falschen Gedankenschleifen programmiert, die bestimmte Erfahrungen ausgelöst haben, sodass du immer wieder in derselben Tinte sitzt. Jetzt hast du genug von deinen Verstrickungen. Jetzt können wir Klarheit schaffen, und ich werde dir dann sagen, wie man sich entprogrammiert. Bleib nur eine kleine Weile stehen, du brauchst nichts zu tun. Du hast schon genug getan und an all diesem Tun gelitten. Ich werde da nicht noch einen draufsatteln. Ich lade dir kein weiteres Gewicht auf die Schultern. Nein, ich werde dich davon entlasten. Das hatte mich zu meinem Meister hingezogen, weil ich ihn sagen hörte: »Du brauchst keine Übungen zu machen. Du brauchst nicht zu meditieren, du brauchst überhaupt nichts zu tun«. Das machte absolut Sinn für mich, und ich wusste: »Ja! Ja! Ja! Ich muss diesen Mann sehen, ich muss da hin.« Und ich ging geradewegs dorthin.

Kommst du auf das Retreat?

B: Ich hab's nicht vor.

M: Gut, wenn du nicht kommst, dann müssen wir uns beeilen, denn es wird nur noch ein paar wenige Meetings in Poona geben. Es ist sehr gut, mit seiner Vergangenheit fertig zu sein. Du musst ehrlich mit dir sein. Was hat dir deine Vergangenheit eingebracht?

B: Vielleicht brachte sie mich hierher?

M: Ja, das ist sehr gut. Du bist willkommen.

Poona, Indien, 30. Dezember 2001

16

Sex?

Besucher: Diese Liebe, die ich im Augenblick erfahre, ist so schön. Ich weiß nicht, warum es so lange gedauert hat, sie zu entdecken.

Madhukar: Wenn du jetzt Liebe *bist*, dann plage dich nicht mit der Vergangenheit. Warum solltest du? Warum dir selbst Probleme bereiten, indem du fragst, warum es so lang gedauert hat? Es wird dich ablenken und du könntest diese Woge von Liebe vielleicht verspielen. Der Sinn dieser Liebe liegt für dich darin, zu untersuchen: »*Wer ist Liebe?*«. So machst du guten Gebrauch von dieser Liebe. Andernfalls könntest du diese Welle vielleicht verscherzen und den Ozean übersehen. Anschließend identifizierst du dich dann wieder mit der nächsten Welle. Du genießt die Liebe *jetzt*, schweife nicht in die Vergangenheit ab. Wenn du deinen Buchhalter triffst, musst du über die zurückliegende Jahresbilanz sprechen, wenn du deinen Therapeuten triffst, musst du dich ständig über deine Vergangenheit auslassen. Doch hier im Satsang sollten wir nicht über die Vergangenheit reden. Vor allem dann, wenn da Liebe ist.

Ich werde dir im Moment nichts zu tun geben. Genieße einfach! Es ist ein sehr gutes Zeichen, dass am Sylvesterabend sich solch eine schöne Liebe bekundet. Mag sein, dass sie das ganze

Jahr anhält, nur Liebe, Lachen, Freude und Glück. Und wenn du genug Freude gehabt hast und immer noch bei mir bist, *dann* werde ich dir etwas zu tun geben. Das wird bedeuten, dass du untersuchst und herausfinden wirst: »*Wer* freut sich?« *Wer* ist Liebe?«. Für diesen Augenblick jedoch genieße einfach und schweife nie in die Vergangenheit ab, denn Vergangenheit hat dich betrogen.

Wann immer die Frage auftaucht: »Warum?«, geht es in Richtung Verstand, in Richtung Philosophie, Religion, in Richtung Gefangenschaft. Über Tausende von Jahren hinweg haben es die Menschen mit Philosophie und religiösen Praktiken probiert und wir können sehen, dass dabei nichts herauskam. Es hat niemanden glücklich gemacht, weder die Philosophen noch die spirituellen Lehrer noch die religiösen Führer noch dich. Deswegen solltest du der Frage »Warum?« nicht folgen. Sie hat nicht zum Frieden geführt. Wenn du gern eine Frage stellen möchtest, so ist es besser zu fragen: »Wer bin ich?«.

Jenseits dieser Person gibt es ein »Du«, in welchem all diese Fragen dahinschmelzen, weil *dort* Liebe existiert, Frieden, Glück, ewige Zufriedenheit. *Das* bist du!

(Stille)

Besucher: Wohin ich auch gehe, halte ich nach Sex Ausschau.

Madhukar: Sex?

B: Ja.

M: Schau dich hier um. Triff deine Wahl! *(Lachen)*

B: Du meinst, welche Frau?

M: Ich weiß nicht, ob du nach einer Frau Ausschau hältst oder nach einem Mann oder es gerne mit dir selber machst. Du sagtest: Sex. Du hast dich nicht genauer darüber ausgelassen, ob du gerne Sex mit Frauen, Männern oder sonstige Vorlieben hast. Seltsame Dinge geschehen heutzutage ...

B: Ich meine Sex mit Frauen.

M: Irgendwelche besonderen Vorlieben?

B: Sie sollten eine hübsche Figur haben.

M: Die Form von Nase, Ohren, Knöcheln oder Brüsten?

B: Alles zusammen. Eine schöne Energieform.

M: Okay, es ist sehr normal für einen männlichen Geist, in erster Linie von Sex besessen zu sein. Diese natürliche Funktion des Körpers, der darauf programmiert wurde, hinter Fortpflanzung, Vereinigung und Freude her zu sein, mag vielleicht dysfunktional geworden sein, wie bei einem Flipper-Automaten, wenn der Ball ständig zwischen zwei Punkten hin und her springt. Scheinbar ist dein Geist mit der Zeit mit einer zwanghaften Vorstellung von Sex besetzt worden, und es gibt keine bleibende Befriedigung. Wenn du nach deiner Ejakulation erschöpft bist, gibt es ein bisschen Befriedigung, ein bisschen Erleichterung, ein wenig Entspannung, doch unmittelbar danach erhebt sich aufs Neue der Wunsch nach der nächsten Form. Wenn du nicht herausfindest, *wer* du bist, wirst du dich in einen Vampir verwandeln, der unentwegt danach Ausschau hält, wo er Energie absaugen kann. Und wenn du älter wirst, wird es im mer schwieriger, weil die Frauen auch nach *deiner* Gestalt Ausschau halten. Und diese Gestalt verliert immer mehr an Schönheit über die Jahre, besonders wenn du nur auf Sex konzentriert bist. Dann wird deine Obsession hässlich und deine Gestalt wird hässlich. Wir sind jedoch keine klösterliche Sekte, die dir von Sex abrät. Andererseits schlage ich auch nicht vor, soviel Sex zu haben, wie du kannst. Nein, ich verweise auf deine *Quelle* und sage einfach: »Du bist ganz. Du bist vollkommen«. Wenn du dies verstehst, wenn du wirklich dein wahres Selbst erfährst, dann verschwindet die Obsession mit Sex. Immer noch mag Sex vorhanden sein und wahrscheinlich in einer Weise, die dich mehr zufrieden stellt, als du es je zuvor erfahren hast. Sex ist natürlich, du kannst ihn genießen, aber du kannst nicht vollkommene Befriedigung erfahren, wenn du nicht herausfindest, *wer du bist*; wie dieser Popstar, der dir ähnelt und der singt: »I can't get no satisfaction!«. Obwohl er viele Geliebte, eine Menge Geld, Erfolg und Ruhm hat, kann er keine Befriedigung finden, weil er nicht weiß, *wer* er ist.

Du bist nach Poona gekommen, weil das die Hauptstadt des Sex-Interesses ist. Sie ist zwar ein bisschen heruntergekommen, doch finden die Menschen es immer noch anziehend, herzukommen und Spaß am Sex zu haben. Die Männer wissen, dass die Frauen kein Recht haben, eifersüchtig zu sein, weil ihr Guru sagte: »Erfreut euch am Sex, soviel ihr könnt und seid nicht eifersüchtig«. Aber ich habe bislang niemanden gesehen, der hier total glücklich ist, obwohl es doch immer wieder Spaß am Sex mit vielen Partnern gibt. Jeder hat es mehr oder weniger mit jedem getrieben. Wenn du ein bisschen älter wirst und im Ashram herumgehst, ist jeder dein Ex. Doch Glück hat sich nicht eingestellt. Sogar berühmte Tantra-Lehrer sind noch voller Eifersucht, wenn nach vierzig Jahren der Körper verblüht, ein bisschen wabbelig wird, der junge Liebhaber nicht länger interessiert ist und sich eine andere Geliebte nimmt. Man kann Sex also mögen, doch am wichtigsten ist es, herauszufinden *wer* du bist. In *wem* spielt der Verstand, diese Obsession mit Sex? Gerade wenn du nicht befriedigt bist, solltest du ins Selbst untersuchen. Und glücklicherweise bist du nicht damit zufrieden, andernfalls würdest du in der nächsten Inkarnation dasselbe Programm wiederholen. Immer, wenn diese Sucht aufkommt, fragst du einfach: »*Wer* sieht diesen begehrenden Geist? *Wer ist?*« Das lenkt in deine Richtung. Es mag vielleicht am Anfang etwas schmerzvoll sein, weil du deine Leere und dein Gefühl der Verlorenheit und der Frustration wahrnehmen wirst.

All dies gehört diesem wunschbesessenen Geist an, der immerzu begehrt. Doch du *wirst* dein Selbst wiederentdecken, in dem dieser Geist spielt, und du wirst vollständiges Glück und vollständige Befriedigung finden. Und wenn diese Zufriedenheit, dieses Glück mit einem anderen in der Form von Sex spielt, so ist das wunderbar, einfach ein Spielen miteinander. Das brauchst du nicht zu lernen. Es geschieht auf natürliche Weise. Schau also noch einmal, was du wirklich möchtest. Diese Blickrichtung auf Sex und sexuelle Partner hat dich nicht vollkommen zufrieden gestellt, betrüge dich also nicht länger selbst. Konzentriere dich darauf, dein *wahres Herz* wiederzuentdecken. Es ist dir sehr nah. Es ist *hier*!

Dein Verstand braucht nicht in Panik auszubrechen, denn du kannst ihm sagen: »Gut, wann immer eine hübsche Gestalt auftaucht und sie mich mag und ich sie mag, kann ich Spaß haben«. Dann macht der Mind dir keine Umstände. Du musst ihm etwas anbieten, weil der Geist sehr mächtig ist. Und doch kannst du deine *Quelle* immer noch in einem einzigen Augenblick finden, denn diese Selbstergründung ist sogar noch mächtiger als der Geist. Der Geist ist eine bloße Erscheinung, eine Illusion. Er ist nichts, lediglich ein blasser Schatten dieses wahren

Selbst, das du bist, und er ist auf diesen Körper begrenzt, während *Du* unbegrenzt bist – ewig!

(Stille)

Besucher: Ich versuche es mit der Selbstbefragung, wann immer ich mich daran erinnere. Doch gewöhnlich büßt mein Fragen schnell an Energie ein, sodass sogar dann, wenn ich meine, ein momentanes Verständnis zu besitzen, dieses gleich wieder verschwindet.

Madhukar: Es ist gut, dass dieses Verständnis verschwindet, weil es nicht die *Wahrheit* ist. Jede Form von Verständnis, jede Form von Wissen ist nicht die *Wahrheit*. Dein Verstand möchte dieses Verständnis haben. Dein Verstand möchte in bestimmten Zuständen sein, doch das ist *es* nicht. Du musst dich selber fragen: »*Wer ist immer da?*«. Diese Wahrheit, die du bist, ist *immer* da. Doch du bist von einigen Zuständen beeindruckt. Entsprechen sie dem, was du magst, etwa deiner spirituellen Tradition, dann bist du glücklich. Tun sie es nicht, bist du unglücklich. Doch du musst herausfinden, wer *du* bist. Sonst beschränkst du dich auf eine spirituelle Tradition, und dies kann nicht die Wahrheit sein. Du musst die *Quelle* finden, und die Quelle ist *hier*, also ist es sehr einfach. Wenn sie nicht *hier* ist, so kann es nicht die *Wahrheit* sein.

Was bedeutet Selbstergründung? Es bedeutet, aus jedem möglichen mentalen Zustand aufzuwachen, aus jedem emotionalen Zustand aufzuwachen, zu *Dem* zu erwachen, was du schon immer warst, was du jetzt bist und immer sein wirst. Du solltest keine Zeit mit Erfahrungen verschwenden. Sie werden dich ohnehin betrügen. Du kannst das von mir annehmen nach zwanzig Jahren Erfahrung, der ich aus einer Linie komme, welche dieselbe Wahrheit schon seit Jahrtausenden spricht. Oder du kannst noch weitere zwanzig Jahre mit Erfahrungen verbringen und wirst dann zurückkommen müssen. Oder du wirst von gewissen Lehren geblendet werden, die dir bestimmte Erfahrungen vermitteln, die durch deinen Verstand vorprogrammiert sind. Hier akzeptieren wir keinerlei Erfahrungen, hier wollen wir wissen: Wer ist die *Quelle? Wer ist?* Und wie ich zuvor sagte, haben wir auch weiterhin Freude am Leben, weil es im natürlichen Leben so viel Schönheit gibt, so viel Glück, solch enorme Wunder, dass dies ausreicht. Wenn du die Quelle gefunden hast, ist es so befriedigend, dass es fast zuviel ist.

B: Wer ist dann die Quelle?

M: *Du* bist die Quelle! Du identifizierst dich lediglich mit dem Verstand. Geist ist sensorische, sinnliche und intellektuelle Erfahrung – Gedanke. Es ist ein Platz voll von stinkendem Müll, doch wenn wir eine so lange Zeit an diesem stinkenden Ort leben, empfinden wir ihn als natürlich, ähnlich der Frau, die täglich auf dem Fischmarkt sitzt und den Gestank nicht mehr riecht. Für sie ist das normal. Würdest du sie auf den Blumenmarkt mitnehmen, wäre sie verwirrt. Sie würde sagen: »Was für ein seltsamer Geruch! Es riecht unnatürlich, etwas stimmt hier nicht!« *(Lachen)*
Du erwähntest, dass du Selbstergründung machst. Wie sieht deine Selbstergründung aus?

B: Ich versuche, den gegenwärtigen Zustand zu beobachten.

M: Das ist keine Selbstergründung. Das ist Öl ins Feuer gießen. Das können wir nicht Selbstergründung nennen. Wer lehrte dich das?

B: Ich hab's in den Büchern gelesen.

M: Bücher? Sie brennen auch sehr gut. Du wirfst sie am besten ins Feuer, nachdem du Öl draufgegossen hast. Auf deine Art wirst du keinen Erfolg haben. Niemand hatte jemals auf diese Weise Erfolg. Buddha beobachtete auch die Zustände seines Geistes. Zu dieser Zeit war der Geist anders und er manifestierte alle möglichen Formen in unterschiedlichsten Visionen: Götter, Teufel, verführerische Frauen, Versuchungen usw. Er beobachtete und beobachtete viele Jahre lang. Zuerst folgte er verschiedensten Lehren und praktizierte alle möglichen Techniken. Dann praktizierte er Vipassana (Meditation), was du beobachten nennst. Zuletzt hörte er mit allem auf. Er wachte auf vom Beobachten und erkannte, *wer er ist.* Und was er ist, hat nichts mit beobachtbaren Zuständen zu tun. Seine Schüler verstanden ihn nicht, denn anfangs sprach er nicht. Man kann darüber nicht sprechen. So nahmen die Schüler das Zweitbeste. Sie begannen Vipassana zu praktizieren. Dies mag für einige Zeit im Sinne einer gewissen Vorbereitung nützlich sein, aber letztlich muss man damit aufhören. Du musst *hier* schauen, statt am anderen Ende; Zustände des Geistes sind weit entfernt von dir. Sie sind in deinem Körper, in deinem Gehirn, und das bist nicht *du*. Du musst untersuchen: »*Wer ist? Wer* sieht den Geist? *Wer* sieht die Zustände?«. Sei nicht an diesen Zuständen interessiert. Schau ganz am Anfang, dreh dich um zu deinem *wahren Selbst*. Dies ist direkt und wird dich nicht schwächen. Diese Selbstergründung wird dich mehr und mehr stärken und du wirst zwangsläufig erwachen. Ich hab's ausprobiert. Mein Meister gab mir genau denselben Rat und ich befolgte ihn. Wie du, hatte ich Schwierigkeiten, weil der Verstand dich fortlaufend herauszieht, hin zu Erfahrung und Empfindung. Aber mein Wunsch, frei zu sein, war sehr stark und mein Vertrauen in diesen Mann war unermesslich. Wenn du diesen Anforderungen entsprichst, *wirst* du frei sein; wenn du weitermachst mit deiner Vergangenheit, wirst du verstrickt sein.

Nun, da du jetzt die Richtung kennst, kannst du ihr sehr leicht folgen. Früher hast du zum Ego hin, zur Person hin, zur Manifestation hin geschaut. Indem du jetzt den Geist benutzt, drehst du dich um, hin zu deiner *Quelle*, zu deinem wahren Selbst.

B: Indem ich den Verstand benutze?

M: Sicherlich! Du musst den Verstand benutzen, weil das Gehirn aktiv ist. Warum solltest du den Verstand nicht benutzen? Der Verstand benutzt dich die ganze Zeit. Der Verstand spielt die ganze Zeit über mit dir – also warum solltest du nicht ihn gebrauchen? Der Verstand ist kein Schurke. Die Tatsache, mit einem Gehirn geboren zu sein, ist kein Fehler, obwohl der Verstand während der letzten zehntausend Jahre etwas aus dem Gleichgewicht geraten ist. *(Lachen)*

B: Und dies soll die ganze Zeit über angewendet werden?

M: Das ist das Beste. Das Beste ist *jetzt*! Es gibt keinen Grund, dich zu stressen, weil es keine Anstrengung braucht. Die Anstrengung geschieht permanent während der Manifestation deiner Gedanken. Dein Verstand ist die Anstrengung, doch dies erscheint dir natürlich, weil es die ganze Zeit über geschieht. Immer ist Manifestation vorhanden, sind Gedanken da, sind Emotionen da. Dies ist ununterbrochene Anstrengung. Beschäftige dich nicht mit dieser Anstrengung! Wach auf von dieser Bemühung! Bleibe mühelos!

Überprüfe es einen Tag lang und sieh. Dann kannst du mir darüber berichten. Hör nicht auf das ganze andere Zeug. Wende nur dies an. Es sollte dir möglich sein, von deiner gesamten Lebensspanne ein oder zwei Tage mit Selbstergründung zu verbringen.

B: Gibt es nur zu fragen: Wer?

M: Ja, das ist das Direkteste. Das ist das Beste. Du fragst nur: »Wer bin ich?«

Poona, Indien, 31. Dezember 2001

17

Deine strahlende Schönheit

Besucher: Wie soll ich dich nennen?

Madhukar: Mein Meister nannte mich Madhukar, so gefällt es mir.

B: Als ich vor zwei Tagen hier war, sprachst du davon, wie man ohne Meditation Erleuchtung erlangen könne. Ist das wirklich ohne Meditation möglich?

M: Meditation ist ein indirekter Weg. Meditation schließt Trennung ein, denn da gibt es einen Meditierenden, den Vorgang der Meditation und das Ziel der Meditation. Das ist eine dreifache Trennung und daher ist es eine indirekte Methode. Hier spielt Zeit eine Rolle, Erfahrungen und in den meisten Fällen eine Menge Frustration. Ich rate dir nicht dazu. Ich rate dir, *direkte* Erkenntnis zu wählen. Das ist nur möglich durch augenblickliche Hingabe an dein wahres Selbst, deinen inneren Guru, das *Sein* an sich oder wie immer du es, entsprechend deiner eigenen Tradition, nennen magst. In der Hingabe an Gott, den Guru oder das Absolute wirst du augenblicklich nach Hause gelangen. Da du aber über einen westlichen Verstand verfügst, der sich nur in ganz seltenen Fällen hingibt, rate ich dir zu einer anderen Möglichkeit, nämlich der direkten Selbstergründung, das *Sein* an sich, dein wahres Selbst zu untersuchen, indem du fragst: »Wer bin ich?«

Meditation erfordert viel Zeit, ist mental und daher nur für deinen Geist förderlich. Ohne Zweifel kannst du deinen Geist durch Meditation harmonisieren und dabei bestimmte Geisteszustände wie Satori, Samadhi und Erleuchtung erfahren, aber nicht absolute Wahrheit. Keinerlei Praxis wird dir enthüllen, wer du wirklich bist. Wenn du Glück hast, wird es eine positive Auswirkung haben, aber selbst das ist sehr selten. Viele sind nach 20 Jahren Meditation zu mir gekommen, und sie sind nicht frei. Sie können nur gewisse Zustände beschreiben, die sie erfahren haben, aber diese Zustände gehören zum Körper-Geist. Sie wissen immer noch nicht, wer sie sind. Deswegen rate ich dir, direkt zu deiner *Quelle* zu gehen. Entweder forschst du für dich selbst oder du begibst dich in die Nähe von jemandem, der dir diesen Schatz enthüllen kann. Überprüfe, ob er in der Lage ist, die absolute Wahrheit zu übertragen. Wenn nicht, dann vergeudest du deine Zeit und dienst lediglich *ihm*, nicht dir selbst. Du bist hier auf diesem Planeten, um herauszufinden, wer *du* bist. Ein Lehrer, der die absolute Wahrheit nicht kennt, wird dir raten, zu meditieren, dies und jenes zu tun. Er weiß es nicht besser, also kann er nur die ihm zur Verfügung stehenden Methoden anwenden, oder er schafft eine neue, modische Mischung von Methoden. Wenn er jedoch diese Übertragung bewirken kann, wird das für dich von großem Gewinn sein. Er wird dir bestätigen, *wer* du bist und dich immer wieder auf dein wahres Selbst verweisen. Angesichts deiner großartigen Schönheit, die lediglich von deinem Verstand und von einigen Erfahrungen überschattet ist, kann ich dich nicht täuschen. Ich will nichts auf deine Schultern laden. Im Gegenteil: Ich bin hier, um jegliche Behinderung aus dem Weg zu räumen und dich immer wieder darauf zu verweisen: »Du *bist* bereits frei! Du *bist* dieser

Friede, diese *Wahrheit*, diese *Stille*«. Wenn du die Reife hast, dies zu verstehen, zu erkennen, dass das, was ich sage, stimmt, wirst du dein wahres Selbst erforschen und keinem glauben, der dir empfiehlt, dieses oder jenes zu tun. Du hast schon zu viele kostbare Momente, zu viele Leben mit diesen Lehrern vergeudet.

B: Und wie erforscht man? Wie kann ich erforschen?

M: Das habe ich dir bereits vor zwei Tagen im Detail erklärt, stimmt's?

B: Ich war da so überwältigt, dass ich mich nicht mehr erinnern konnte, was du gesagt hast.

M: Von Friede und Liebe überwältigt zu sein, funktioniert am besten! Anstatt von Phänomenen beeindruckt zu sein – Erfahrungen, Gedanken, Gefühlen – erforscht du dein wahres Selbst: *Wer* sieht? *Wer* denkt? *Wer* fühlt? Das ist eine sehr klare Richtung und es gibt keinen langen Weg zurückzulegen, denn du bist *hier jetzt*.

B: Aber wie kann ich untersuchen, wenn ich nicht weiß, wie ich das anstellen soll?

M: Indem du zum Beispiel mich fragst. »Wer bin ich?« ist sehr einfach. »Wer?« ist das Fragezeichen. »Bin« ist das Seiende. Wir alle sind uns einig, dass wir *sind*. Selbst wenn du gar nichts weißt, kannst du dieses »Ich bin« nicht verleugnen. Und dann »Ich«. Wenn du nach relativer Wahrheit Ausschau haltst, wirst du das »Ich« vorschnell mit Körper-Geist identifizieren. Du erreichst einen zufriedenstellenden Körper-Geist-Zustand und sagst: »Ich bin dies, ich bin jenes«. Wenn du jedoch nach absoluter Wahrheit trachtest, dann musst du dies klären. Was absolut ist, muss auch ewig sein. Was nicht ewig ist, kann keine absolute Wahrheit sein. Wenn du sagst: »Ich bin der Körper«, wirst du untersuchen müssen, ob dieser ewig ist. Du weißt, dass Milliarden Menschen vor dir auf diesem Planeten gelebt haben, und du hast selbst einige sterben sehen. Diese Erfahrung hat dich gelehrt, dass dieser Körper nicht ewig ist. Dieser Körper kam und wird wieder verschwinden. Es *könnte* in deinem Fall anders sein, aber dann wärest du der erste Unsterbliche. Das wäre etwas Neues! Aber bis jetzt ist jeder gestorben. So sind auch deine Gedanken, Tausende, die täglich auftauchen und wieder vergehen, nicht ewig. Es sind nur Phänomene. Dasselbe trifft auf deine Emotionen zu. Dieses »Ich«, erschaffen aus der Identifikation mit Körper, Gedanken und Emotionen, ist lediglich eine Überlagerung, eine Imagination, eine Person, eine Maske, ein Schleier.

Jetzt musst du also untersuchen: »*Wer ist*? Wer sieht diese Person? In wem ereignet sich diese Person?«. Der erste Schritt ist, zu erkennen, dass diese Identifikation mit Körper-Geist, Name, Form, Gedanke und Emotion nicht der Wahrheit entspricht. Es ist ein bestimmtes Programm, ein mechanisches Geschehen, eine Täuschung, die durch Vererbung, Kultur, Eltern, Lehrer und Religionen programmiert ist. So siehst du eben die Wirklichkeit in diesem Moment. Du denkst, es sei einmalig, aber es ist vorprogrammiert. Jetzt untersuche also: »*Wer* sieht das?«. Dann lässt du dich tiefer in das Selbst fallen und dieses Selbst ist keine Imagination. Wenn du zur Quelle gehst, solltest du dich von keinerlei Phänomen täuschen lassen. Wenn du verstanden hast, was ich sage, dann kennst du jetzt die Richtung sehr gut. Das ist der Leitfaden. Nun kannst du mit einer gewaltigen Entdeckung beginnen! Hier gibt es wundervolles Vertrauen. Wir brauchen keinerlei Vorstellung oder Glauben. Du magst jede Art von Ergebnis, das wahr zu sein scheint, zerstören. Selbst wenn dir das Resultat ein angenehmes Gefühl gibt, kannst du erneut in Richtung *Quelle* untersuchen. Und die *Quelle* bist *du* und du bist *hier*. Du wirst schnell dein wahres Selbst entdecken, das Friede und Stille und Wahrheit und Schönheit und Liebe ist. Das ist alles. Dann kannst du dich des Lebens erfreuen, auf welche Weise auch immer du möchtest.

Wenn du dich inspiriert fühlst, wendest du dies an. Dann hörst du nicht nur zu, sondern du wendest es an. Heute magst du vielleicht sagen, dass es für dich einen gewissen Sinn macht, und morgen wird es wieder begraben sein unter Wellen von anderen Gedanken. Nein, du musst es anwenden und dich selber überzeugen. Ich nehme dich ernst, denn ich weiß: du bist Das, was Ich bin. Ich inspiriere dich, für dich selbst zu schauen, denn ich weiß, dass du es finden wirst. Für mich macht es keinen Unterschied, ob du es jetzt findest oder in Tausenden von Jahren, aber für dich, der mit dieser Person identifiziert ist, macht es einen riesigen Unterschied, denn die Person leidet. Das Selbst leidet nicht. Das Selbst wartet auf dich!

Besucher: Von Zeit zu Zeit habe ich mich gefragt: »Wer bin ich?«, aber wenn ich ehrlich bin, muss ich zugeben, dass ich die Antwort nicht gefunden habe. Mein Verstand konnte sagen: »Ich bin die Bäume, ich bin der Wind, ich bin Bewusstsein, ich bin weder der Körper noch der Verstand«, aber das ist nicht wirklich meine Erfahrung.

Madhukar: Dann glaub es nicht! Wenn es nicht wirklich deine Erfahrung ist, dann lass dich nicht davon täuschen. Du musst fragen: »In wem ereignen sich diese Gedanken?«. Nur ein paar poetische Ansichten auszudrücken, hilft dir nicht. Es mag einem australischen Ureinwohner nützen oder einem Indianer, aber nicht dir. Gib dich nicht mit Sätzen zufrieden, die sich lediglich gut anhören. Dies ist ein Meisterkurs, verstehst du? Dies ist nicht für Mönche und Nonnen, die eine Lehre erwarten. Dies ist für Menschen, die erwachen wollen.

Was immer dir dein Verstand vorgaukelt, ist kein Problem, denn er ist nicht Du. All diese Beunruhigungen, all diese Ideen gehören dem Gehirn an, deinem Verstandesprogramm. Richte dich nicht selbst, sei nicht verärgert über dich. Frage einfach immer wieder. Du sagst, dass du von Zeit zu Zeit fragst, aber das ist nicht genug.

B: Aber wenn ich mich die ganze Zeit über frage, drehe ich durch!

M: Du bist bereits durchgedreht! (*Gelächter)*

Du wirst erwachen! Hier! Nimm noch eine Banane (*er nimmt eine Banane aus der Obstschale neben sich und gibt sie dem Besucher)*

(das Wortspiel macht nur im Englischen einen Sinn, wo »durchdrehen« »to go bananas« heißt. Anm. d. Übers.)

B: Vielen Dank! (kichert)

(Stille)

Besucher: Kannst du die Ausdrücke »totale Hingabe an die Realität« und »sein Leben in die Hand nehmen« erklären? Bedeuten sie dasselbe?

Madhukar: Nein, es sind genau gegensätzliche Aussagen. Einer, der sein Leben in seine eigenen Hände nimmt, ist identifiziert und hängt von Erfolg und Versagen ab. Einer, der sich hingibt, ist frei von Erfolg und Fehlschlag, weil er weiß, dass er nur als Ausdruck des Göttlichen funktioniert. Hier ist das Göttliche der Herrscher. Dann ist deine Leidenszeit beendet. Aber, wie ich dir schon vorher erklärt hatte, geschieht Hingabe nur wenigen Westlern, deshalb ist es besser, zu untersuchen. Auf diese Weise kannst du deinen aktiven Geist *benützen*. Selbst Hingabe bedeutet nicht, dass du nur dasitzt und nichts tust. Du nimmst das Leben immer noch in deine Hand. Aber du erlaubst der göttlichen Macht, durch dich hindurch zu wirken. Bevor Hingabe geschieht, sagtest du dir: »Ich muss dies tun, ich muss jenes tun«, aber jetzt geschieht alles von alleine. Das erfordert außerordentliches Vertrauen von deiner Seite. Deshalb ist es so selten zu finden. Und das kann nicht gespielt werden, wie gewisse spirituelle Menschen es vorgeben, zu tun. Sie spielen »Hingabe« an die Existenz, aber das geht nicht. Untersuche einfach! Du bist ein kluger Mann, warum solltest du nicht ergründen?

B: Um mich völlig hingeben zu können, muss ich ergründen?

M: Ja, das ist vollkommen richtig. Wenn du wirklich ergründest, wird sich Hingabe einstellen. Hingabe und Selbstergründung gehen Hand in Hand und es funktioniert wunderbar. In einer Lebensspanne, in einem Augenblick kannst du das Rätsel von 30 Millionen Jahren auflösen!

B: Tief innen weiß ich, wenn ich diese Erleuchtung erreichte, würde ich mich der Realität hingeben. So wie es momentan aussieht, will ich mich nicht wirklich der Wirklichkeit hingeben. Das ist ein Hinderungsgrund, das Selbst zu erreichen.

M: Warum wählst du es dann? Deshalb biete ich dir Selbstergründung an. Wenn du erkennst, dass deine Person sich jetzt gerade nicht zur Hingabe hingezogen fühlt, wähle einfach das Erforschen, das von deinem Verstand sehr gut Gebrauch macht. Aber dieses Erforschen erscheint dir gefährlich; du wählst Hingabe, weil du weißt, dass du *damit* nicht Erfolg haben wirst.

Selbstergründung ist sehr gefährlich, denn du kannst sehr schnell erwachen! Und wer will schon erwachen? Es gibt ganz selten jemand, der erwachen möchte, ein Kostbarer, wie du! (*er sieht einem anderen Besucher dabei in die Augen.)*

Besucher: Wie ich? Ich verstehe nicht, was du meinst. Aber ich möchte dich etwas fragen.

Madhukar: Bitte.

B: Gestern sagtest du, ich solle erforschen, aber als ich es tat, erhielt ich nur negative Antworten auf diese Frage. Was immer hochkam, ich sagte »Nein!«. Und am Ende war da eine Art von großem »NEIN!«.

M: Wer sieht dies? Wer sah dieses »nein«?

»On« sah dieses »no«!

B: On?

M: Ja, »on«. Wenn du »no« umdrehst, entsteht daraus »on«, so »on« sieht »nein«, welches Nichts ist. (*Im Englischen ist das Wortspiel von »no« zu »on« offensichtlicher. Anm. d. Übers.)*

Sehr gut! Da gibt es Nichts, Leere.

B: Es scheint, dass der Verstand (mind) irgendwie begrenzt ist.

M: Ja, der Mind sieht Begrenzungen, aber wer sieht den Mind?

B: No-mind.

M: No-mind, sehr gut! Ausgezeichnet! Und wie fühlt sich no-mind? Fühlt er sich besorgt, ängstlich, verärgert oder frustriert?

B: Nein.

M: Wie fühlt er sich an?

B: Er fühlt sich normal an.

M: Ja, Friede fühlt sich sehr normal an, denn es ist das, was du bist. Alles andere ist abnormal, absurd, verrückt. Also, wo du jetzt bist, bleib da, bleib *hier*. Und wenn du dem nicht länger traust, dann untersuche erneut. Du wirst einzig diesen Frieden finden, weil alles andere Illusion ist. Wenn es da einen Zweifel gibt, kannst du untersuchen, denn dieser No-mind ist unveränderbar, fehlerlos, ewig.

B: So, wenn er verschwindet, brauche ich nur zurückzukehren?

M: Wenn er verschwindet, musst du wieder nachsehen, aber er kann nie verschwinden. Dein Mind mag noch eine weitere Illusion erzeugen, aber Friede geht nie weg. *Du* bist es, der weggeht. Aber du *kamst* hierher. Du kamst zu einem Meeting und wandtest an, was ich dir sagte und entdecktest sofort No-mind. Deswegen hatte ich vorher gesagt: »wie du«.

B: Verschwindet der Mind schließlich vollständig?

M: Das kann geschehen, aber wenn du weißt, wer du bist, kann der Mind auch da sein. Das Gehirn wird aktiv bleiben, kann dir aber keine Probleme mehr bereiten. Der Mind gehört zum Gehirn, und das Gehirn gehört zum Körper, und der Körper ist funktional.

Es *ist* möglich, im täglichen Leben anzuwenden, was ich dir sage, selbst in diesen modernen Zeiten. Es ist nicht nötig, in einer Höhle im Himalaya zu sitzen wie eine hirnlose Marionette. Nein, du kannst normal, natürlich, friedlich in deinen normalen Umständen leben. Ich habe diese Wahrheit angewandt. Wenn du weißt, wer du bist, kann der Mind dir nicht mehr schaden. Gedanken mögen kommen, aber sie werden wieder gehen, so wie Tag und Nacht kommen und gehen. Möchtest du den Tag oder die Nacht abschaffen? Bist du gegen den Schlaf? Nein, wenn du mit dem Tag zufrieden bist, schläfst du nachts – du ruhst. Anstrengungslos bleibst du die *Quelle*, das, was du *immer* warst.

Besucherin: Mir ist es jetzt intellektuell klar, dass es überhaupt keine Rolle spielt, was ich tue, denke oder fühle, solange ich erkenne, wer ich wirklich bin. Und manchmal geschieht es, dass diese Erkenntnis da ist.

Madhukar: Ja. Und dann?

B: Im Moment ist die Erkenntnis da.

M: Ja, ich kann es sehen, du schaust sehr glücklich aus. Und ...?

B: Und dann verschwindet sie wieder.

M: Wie kann sie verschwinden?

B: Das frage ich mich auch.

M: Zunächst: programmiere nicht, dass sie gehen soll.

B: Jetzt gerade taucht etwas aus der Vergangenheit auf.

M: Ja. Du musst einfach sehr weise sein. Wann immer etwas anderes aufsteigt, musst du einfach sehen, ob es wirklich wertvoller ist als diese Erkenntnis. Ganz besonders jetzt, wo du etwas älter bist, kannst du etwas weiser sein. Du bist nicht mehr ein törichtes junges Mädchen, das von einer Emotion in die andere fällt, nur weil die Emotion ein hübsches Kleid trägt. Nein, mittlerweile weißt du ganz genau, was hinter dieser Emotion steckt. Wie in diesem Fall: du bleibst einfach im *Hier und Jetzt.*

Und halte dich von Menschen fern, von Lehrern, die dich in der Vergangenheit betrogen haben. Es hat dich nicht glücklich gemacht. Sei entschlossen!

Besucher: Für mich ist die Frage »wer bin ich?« nicht so wichtig. Ich würde lieber fragen: »Was ist der Sinn des Lebens?« Was ist die Erfüllung des Lebens für dich, und wie gehst du damit um?

Madhukar: Ich brauche nicht mit irgendeiner Erfüllung in meinem Leben umzugehen, denn ich bin vollkommen erfüllt! Ich bin erfüllt, und wenn du erfüllt bist, kümmerst du dich nicht um Erfüllung. Nur wenn du nicht erfüllt bist, suchst du nach Erfüllung. Viele Philosophen und Lehrer haben diese Frage gestellt, und was war das Ergebnis? Die Philosophen wurden verrückt oder begingen Selbstmord – und ich spreche nicht von zweitklassigen Kopien – ich meine *wirkliche* Philosophen. Sie haben sich umgebracht, weil sie die Frage nicht lösen konnten. Ich habe aus ihrer Erfahrung gelernt. Ich verlagerte meine Aufmerksamkeit auf die »höhere« Frage: »Wer bin ich?«. Es war mir klar, dass die Frage »Was ist der Sinn des Lebens?« dich von dir selber wegzieht in Illusionen und Hirngespinste, während die Frage »Wer bin ich?« dich zu dir selber führt, zurück zu deinem wahren Selbst. Bist du an einem Konzept interessiert oder an dir selbst?

B: Ich bin interessiert an einem Konzept, das mich einschließt. Vielleicht gibt es ein Gesetz für die Frage »Was ist der Sinn des Lebens?«.

M: Ja, da gibt es ein Gesetz: du folgst diesem Pfad und du wirst frustriert sterben.

B: Frustriert?

M: Ja, frustriert wie der große Philosoph Nietzsche. Aber du bist frei, zu tun, was dir beliebt. Mir macht das nichts aus.

B: Warum stelle ich mir dann diese Frage?

M: Weil dies das Programm von 5000 Jahren westlicher Philosophie ist.

B: Mich beschäftigte diese Frage bereits mit acht Jahren. Als Kind hatte ich Erfahrungen vollständiger Erfüllung, und als ich dieses Gefühl verlor, begann ich nach dem Sinn meines Lebens Ausschau zu halten.

M: Ja, ich erfuhr vollkommene Erfüllung bereits im Alter von zwei Jahren. Später fiel ich in dieselbe Falle und ich befasste mich zwanzig Jahre lang mit philosophischen Fragen. Die intellektuellen Ergebnisse verschafften mir große Freude, aber auch gewaltigen Schmerz und Leiden, nach zwanzig Jahren reichte es mir.

B: Als ich acht Jahre alt war, wusste ich nichts von Philosophie, aber die Frage »Was ist der Sinn des Lebens?« war da. Sie zeigt lediglich, dass ich unglücklich war.

M: Natürlich. Du suchst danach, glücklich zu sein. Also ist der Sinn des Lebens, dein wahres Selbst zu finden, zu deinem wahren Selbst heimzukehren und von da an glücklich zu sein.

Poona, Indien, 1. Januar 2002

18

Ein wahrer Guru wird dir begegnen

Madhukar: Ihr seid für Frieden hierher gekommen. Ihr kamt nach Poona wegen Frieden. Ihr kamt des Friedens wegen auf diesen Planeten. Selbst wenn ihr glaubt, dass ihr aus irgendeinem anderen Interesse nach Poona gekommen seid, wie zum Meditieren, einen passenden Partner zu finden oder so viel wie möglich zu bumsen, so seid ihr doch in Wahrheit für den Frieden hier. Ihr könnt euch nicht zufrieden geben, bis ihr dauerhafter Frieden seid. Das ist sehr einfach, denn Frieden ist von Zeit unberührt, unberührt von euren Gedanken, euren Emotionen und euren Stimmungen. Frieden ist eure wahre Natur. Indem ihr einfach euer wahres Selbst untersucht, findet ihr Frieden.

Der Grund, warum ich für diese sieben Tage hierher gekommen bin, war, jenen Kostbaren unter euch zu begegnen, die den Status des Mönchs oder der Nonne transzendiert haben und nur am Selbst interessiert sind. In vielen Leben wart ihr ein Mönch oder eine Nonne in unterschiedlichsten Religionen. Deswegen tragen einige von euch immer noch gerne Roben. Aber euer wahres Selbst trägt keinerlei Robe. Euer wahres Selbst ist vollständig nackt. Ihr müsst diesen kostbaren Augenblick für die Selbstergründung nutzen, *ehe* die Wahrheit zu einem Gate-pass verkommt, einer Mitgliedskarte, einer Religion. *Ihr* seid es, die Freiheit verdienen, und Freiheit ist *hier und jetzt.*

(Lange Stille)

Besucher: Ist Psychologie für eine erleuchtete Person relevant?

Madhukar: Werde erleuchtet und finde es heraus! Was ist das Hindernis für deine Erleuchtung?

B: Ich weiß nicht. Ich habe nie über diese Dinge nachgedacht, bevor ich vor fünf Monaten nach Indien gekommen bin.

M: Das Hindernis deiner Erleuchtung sind Psychologie und Psychotherapie.

B: Das war nicht der Grund meiner Frage. Ich möchte wissen: Wenn du einmal erleuchtet bist, bist du dann vollständig frei in deiner Beziehung zu anderen Menschen?

M: Ja, alles ist gut, alles ist Gott. Sehr einfach! Weder Psychologie noch Psychotherapie sind nötig.

B: Okay, nicht nötig in den Augen des Erleuchteten. Das Verhalten mag dasselbe bleiben, aber er muss mehr mit sich selbst verbunden sein. Könnte er ein Serienmörder oder ein echter Psychopath sein?

M: Das Verhalten ist von keinerlei Bedeutung. Lass dich durch Verhalten nicht in die Irre führen. Halte nach Frieden Ausschau! Lass dies deine Richtschnur sein und nicht Verhalten oder irgend ein Konzept von Erleuchtung.

B: Ich möchte nicht provozieren, aber ich bin einfach neugierig. Könnte ein Serienmörder denn über inneren Frieden verfügen?

M: Dein Verstand benützt eine hypothetische Frage, um vor diesem kostbaren Augenblick davonzulaufen, der dazu genutzt werden könnte, dein wahres Selbst zu erkennen. Warum vergeudest du wertvolle Zeit?

B: Wie manifestiert sich dieses Erkennen des wahren Selbst auf der persönlichen Ebene im täglichen Leben?

M: Im Verstehen dessen, *wer* du bist, jenseits von aller Manifestation. Du identifizierst dich in deinem täglichen Leben mit Manifestation, mit Ereignissen, Erfahrungen, Gedanken und Gefühlen. Wenn du erkennst, *wer* du bist, weißt du, dass du *Das* bist, in dem alles stattfindet. Von jeglichen Ereignissen, jeder Erfahrung, von irgendwelchen Gedanken und Gefühlen bleibst du unberührt. Alles geschieht einfach und du reagierst entsprechend.

B: Gedanken werden immer noch da sein, aber die Wirkung ist anders?

M: Gedanken beeinträchtigen nur andere. Vorher waren zwei Menschen sauer, jetzt nur noch einer: der andere! Wenn du wirklich Interesse an Freiheit hättest, würdest du dich nicht mit solchen Gedanken beschäftigen. Auf diese wirst du nie die letzte Antwort finden. Du musst nach Hause zurückkehren, heim zur Quelle, in der Verstandesaktivitäten stattfinden. Du musst herausfinden, *wer ist*, und dich nicht mit Vorstellungen beschäftigen, wie Verwirklichung aussehen könnte.

B: Sind da irgendwelche guten Dinge aufzugeben, wenn du erleuchtet wirst?

M: Dinge, die dir schaden, könntest du aufgeben. Andernfalls besteht keine Notwendigkeit, irgend etwas aufzugeben oder irgend etwas zu verändern. Deine Berufskarriere oder dein Sexualleben haben nichts damit zu tun, *wer* du bist. Diese gehören zur Person. Einige Persönlichkeitszüge mögen verblassen, weil kein Stress mehr vorhanden ist, und viele Aktivitäten werden durch Stress und Angst verursacht. Grundsätzlich brauchst du nichts zu verändern. Menschen haben jahrtausendelang vergeblich versucht, sich zu ändern, zu unterdrücken und zu transformieren. Du solltest daraus lernen. Wiederhole nicht dieselben Fehler. Ein Augenblick genügt, um zu erkennen, *wer* du bist. Wen kümmert es, was danach geschieht? Wenn du dich in Transformationsprozessen engagierst, im Versuch, einen Zustand mit bestimmten Qualitäten zu erlangen, wirst du nur einen sehr mittelmäßigen Zustand erreichen. Und jeder Zustand ist eine Begrenzung, keine Art von Zustand entspricht der Wahrheit.

B: Gestern sagtest du, dass Meditation ein indirekter Weg zur Erleuchtung ist, und du hast zur Selbstergründung geraten. Inwiefern ist Selbstuntersuchen nicht indirekt?

M: Du ergründest die Person, und da die Person keine Realität ist, weil die Person lediglich eine Überlagerung des *Bewusstseins* ist, das du bist, wird die Person verschwinden, jegliche Trennung wird verschwinden. Deshalb ist es ein direkter Ansatz. Anfänglich mag es wie eine Übung aussehen. Dann erkennst du: »Ich bin!«. Danach wirst du nicht mehr in Versuchung kommen, irgend etwas zu praktizieren, irgendeiner Aktivität nachzugehen, um irgendeinen Zustand zu erlangen. Statt dessen verschmilzt du mit dem Ewigen. Es geschieht von allein; man braucht nichts zu tun.

B: Aber »ich bin« kann eine Emotion sein.

M: Bist du eine Emotion?

B: Nein, aber »ich bin« kann in dem Moment eine Emotion sein.

M: Dann fragst du in dem Moment: »In *wem* findet diese Emotion statt?« Es ist großartig, dass du diese Emotion siehst. Wenn du nun untersuchst: »*Wer* sieht diese Emotion?«, wirst du dir in einem einzigen Augenblick sieben Jahre des Beobachtens von Emotionen ersparen. Du hast großes Glück, dir bei dieser Gelegenheit, sieben Jahre völlig überflüssiger Emotionen zu ersparen. Emotionen, Verwirrung, Bemühung, Kampf und Leid. Es gibt schon genug Leiden auf dieser Welt, warum solltest du dem noch etwas hinzufügen? Nur um ein paar Therapeuten glücklich zu machen? Überlasse sie ihrem eigenen Leiden und befasse dich nicht damit. Ergründe direkt: *Wer* sieht?

Die äußere Form der Meditation, still sitzen und sich beruhigen, kann hilfreich sein, wenn es Verwirrung in deinem Kopf gibt. Es kann gut sein, sich manchmal zu entspannen, zu ruhen, alleine zu sein. Das ist an sich kein Hindernis, aber es kann zu einem Hindernis werden, wenn dir eingetrichtert wird, dass du meditieren musst und wenn dir davon ein bestimmtes Resultat versprochen wird. In den meisten Fällen wird nicht einmal das programmierte Resultat erzielt, und wenn es erzielt würde, wäre es ohnehin nicht die Wahrheit. Keinerlei Resultat kann Wahrheit sein. Aber mittlerweile wirst du ein so identifizierter und stolzer Meditierender sein, dass du nicht den Mut haben wirst, zuzugeben, dass du dich selbst betrogen hast. Du hast bereits eine gewisse Stellung unter deinen Mit-Meditierenden errungen, doch du bist nicht mutig und ehrlich genug, zuzugeben: »Ich weiß nicht, *wer* ich bin«.

Meditation wird mit dem Mind gemacht und kann nur dem Mind nützen. In bestimmten Fällen kann sich eine gewisse Harmonie und geistiges Gleichgewicht einstellen. In den meisten Fällen stärkt es lediglich das Ego. Finde zuerst heraus, *wer* du bist und *dann* kannst du, wenn es dir immer noch Spaß macht, still zu sitzen, meditieren. Meditation ist eine uralte Praxis, um die mentalen Aktivitäten zu beruhigen. Als Buddha mit seinen Schülern saß, sah er sehr klar, dass einige noch nicht reif genug waren, zu verstehen, wenn er sie einfach anschaute, und dabei in Stille verweilte. Sie konnten nicht erwachen. So riet er ihnen, zu meditieren, um sie zu beschäftigen, sonst wären sie ihm zu lästig geworden. (*Lachen)*

Du musst dir darüber klar sein, was du willst, was dein Ziel ist. Wenn du dich zu einem Guru hingezogen fühlst, der dir dienen und helfen kann, dann musst du ihn fragen, was er empfiehlt und was du (damit) erreichen wirst. Du hast dir gegenüber die Verpflichtung, dies zu fragen, andernfalls wirst du wahrscheinlich deine Lebenszeit vergeuden. Viele Suchende sind von ihren Lehrern ausgenutzt worden, weil deren Interessen auf Macht und Geld gerichtet waren. Du bist zu kostbar, um von irgend jemandem benutzt zu werden.

(*Stille)*

Woher kommst du?

B: Aus Griechenland.

M: Was möchtest du?

B: Einen Zustand des Friedens.

M: Wenn du einen Friedenszustand willst, ist Meditation eine gute Sache. Aber Zustände kommen und gehen. Das Ergebnis von Meditation ist manchmal Frieden und manchmal Unruhe. Und um Frieden zurückzugewinnen, musst du dann wieder aktiv werden. Hier sind wir an Freiheit interessiert, und diese kann niemals durch irgendwelche Aktivität erlangt werden. Wenn du etwas tun musst, um es zu erreichen, kann es nicht Freiheit sein. Du *bist* Freiheit. Du *bist* Frieden. Du *bist* ewige Stille.

(*Stille)*

Du kannst Frieden fühlen und du kannst fühlen, wie der Verstand hereinkommt. Jetzt ergründe: *wer* fühlt? Das ist ein Schritt näher zu dir selbst. Andernfalls wirst du verstrickt in dieses komplizierte, irreführende Gewebe von Gefühlen, in dieses dunkle Labyrinth voller Schatten, wo dich Angst erwartet, wo du die dunklen Ecken vermeidest, und wo dunkle Gefühle lauern. Es ist besser, nachzuforschen: *Wer ist*? Dann wirst du sehr schnell erkennen, dass Fühlen nur ein Zustand ist, der kommt und geht, der in dir stattfindet.

Der Friede, von dem du gesprochen hast, ist ein Zustand. Er kommt und geht. Er ist schiere Einbildung. Dein wahres Selbst ist kein Zustand. Es hat keinen Namen, keine Form. Es kann nicht beschrieben werden. Man kann nur darauf hindeuten, indem man Worte wie Friede, Liebe, Wahrheit, Freiheit, Stille benutzt. Wenn der Geist diese Worte hört, kreiert er sofort ein weiteres Konzept, eine Kräuselung innerhalb des riesigen Ozeans, der du bist, und sofort entsteht wieder Regung, eine Welle. Wende dich also hin zu deinem Selbst, in dem alle Bewegung zum Stillstand kommt.

Wenn wir uns irgendwann wiedersehen, kannst du mir vom Ergebnis berichten. Wir haben vom Ergebnis deiner Meditation gehört, dem Wunsch nach Frieden. Da dein Zustand nicht vollständig befriedigend ist, wende einfach an, was ich dir gesagt habe, wenn du möchtest.

Wir sind von weit her gekommen, um dir zu dienen. Die Menschen, die hier versammelt sind, kamen aus allen Teilen der Welt: Deutschland, Israel, Italien, Dänemark, Holland, Australien, Österreich, Thailand, Ungarn. Dies ist eine außergewöhnliche Manifestation des Friedens, ein Zeichen dafür, dass dieser Planet noch ein Planet der Liebe und des Friedens ist und nicht ein Planet von Terror und Krieg.

Da du aus Griechenland kommst, das eine lange philosophische Tradition hat, musst du zugeben, dass das Verständnis unseres westlichen Philosophen: »Ich denke, also bin ich«, niemanden glücklich gemacht hat. Du möchtest glücklich sein, nicht wahr? Dieses philosophische Postulat war zu seiner Zeit revolutionär, aber wir leben jetzt in einer anderen Zeit. Jetzt ist *jetzt*. Jetzt *ist* Wahrheit. Finde dein wahres Selbst, in dem Gedanken und Gefühle kommen und gehen. Lass dich nicht länger von Gedanken und Gefühlen betrügen. Dein wahres Selbst ist dein Herz der Liebe. Es gibt keinen Grund, sich zu fürchten. Es ist einfach vollkommen klar, einfach wunderschön.

(Stille)

Besucher: Es ist sehr schwierig für mich, mich von der Identifikation mit dem Schmerz zu lösen.

Madhukar: Hast du Schmerzen?

B: Ich fühle mich erschöpft.

M: Deshalb siehst du so schön aus! Gut!

B: Wenn ich frage »wer ist erschöpft?«, ist es ganz schwierig, tiefer als die Erschöpfung zu gehen. Ich bin zu sehr damit identifiziert.

M: Wenn du erschöpft bist, beunruhige dich nicht, ruhe dich aus. Gestern hast du etwas Frieden entdeckt, eine gewisse Erleichterung hinsichtlich deiner Vergangenheit, und sofort sahst du schön aus. So ist es nur natürlich, dass heute Erschöpfung auftritt.

B: Warum ist das natürlich?

M: Es ist natürlich, also nimm's einfach leicht.

(Stille)

Besucher: Warum ist es nötig, auf dem Weg einen Guru zu haben, und woran erkennt man einen wahren Guru?

Madhukar: Ein wahrer Guru wird dich immer auf dein wahres Selbst hinweisen, das Freiheit ist. Wenn du einem wahren Guru vertrauen kannst, *wirst* du frei sein. Sehr selten ist jemand ohne einen Guru erwacht. Ich weiß lediglich von Einem, Ramana Maharshi, dem Guru meines Meisters. Er selbst hat niemals gesagt, dass du keinen Guru brauchst. Er selbst hatte einen Guru – nicht in Form einer Person, sondern eines Berges. Er fühlte sich vom heiligen Berg Arunachala angezogen und blieb sein ganzes Leben dort. Er hat deutlich gesagt, dass es nicht möglich ist, die absolute Wahrheit ohne einen Guru zu erkennen. Warum? Weil du verstrickt, gefangen, eingeschlossen bist in diesem Labyrinth von intellektuellen und emotionalen Erfahrungen, und ein wahrer Guru wird dir den Weg zurück nach Hause, zu deinem wahren Herzen zeigen.

B: Aber es gibt so viele Gurus! Weisen sie uns alle auf unser wahres Selbst hin?

M: Es gibt *nicht* viele Gurus! Es gibt viele Lehrer, die sich gerne Gurus nennen. In diesem Land ist es etwas anders, denn hier in Indien bedeutet »Guru« auch Lehrer. Wenn du ein Musik-Student bist, hast du auch einen Guru, deinen Musiklehrer. In meiner Sprache sprechen wir nur dann von einem »Guru«, wenn dieser dir Freiheit geben kann. Jeden anderen, der dir eine Lehre, eine Methode, einen Weg gibt und dich anweist, bestimmte Dinge zu tun, nennen wir »Lehrer«. Er verspricht dir Frieden nach Jahren der Übung und Meditation. Und dann stirbt er gewöhnlich und lässt dich allein. Es kümmert ihn nicht, denn er ist gegangen. Es hat ihn erfreut, was du ihm gegeben hast, aber er hat seine Aufgabe nicht erfüllt. Deswegen musst du dir klar darüber werden, was *du* willst. Möchtest du ein Schaf sein? Möchtest du deine Kindheit wieder leben mit den Sehnsüchten eines Babys, weil du damals nicht genügend Aufmerksamkeit erhieltest, oder wagst du, Freiheit einzuladen? Wenn du absolute Freiheit möchtest, wird es unvermeidlich sein, dass dir ein wahrer Guru begegnet. Friede wird zu dir kommen.

Nicht viele sind in der Lage, das zu übermitteln. Die meisten der so genannten Gurus sind unwissend. Der Zugang zu Lehren, Philosophien, ein kluger Verstand und scharfer Intellekt sind noch keine Qualifikationen für einen Guru. Ein Guru muss in der Lage sein, dich zu befreien. Er muss dir zu dem verhelfen, wonach du trachtest. Ein wahrer Guru ist nicht an Trennung interessiert: »Ich bin der Guru und du bist der unwissende

Sucher«. Nein, er wird immer darauf hinweisen, dass es keinen Unterschied gibt zwischen dir und ihm. Wie heißt du?

B: Madhu.

M: Das ist ein sehr guter Name. Das ist ausreichende Qualifikation, um zu erwachen. Es gibt keinen Unterschied zwischen Madhu und Madhukar. Es gibt keinen Unterschied zwischen Gott, Guru und Selbst. Ein wahrer Guru wird schonungslos auf Das hinweisen. Andernfalls ist er ein Mörder, ein Metzger, ein Magier, der nur an Macht interessiert ist. In den heiligen Schriften dieses Landes wird vorhergesagt, dass es Lehrer mit Tausenden von Nachfolgern geben wird, die in Wirklichkeit Rakshas, verkleidete Dämonen sind.

Früher oder später wirst du herausfinden, was es bedeutet, frei zu sein. Wenn du wirklich frei sein willst, bist du hier am richtigen Ort. Ein falscher Guru wird deinem Verstand Frieden geben. Ein wahrer Guru mag deinen Verstand durcheinanderbringen und gibt deinem Herzen Frieden!

Om Tat Sat

Poona, Indien, 2. Januar 2002

19

Entspanne dich! Alles ist gut!

Madhukar: Ich bin sehr froh, dass ihr gekommen seid. So viele Menschen. Es ist ein ganz besonderer Tag, weil ihr daran interessiert seid, herauszufinden: »*Wer bin ich*?« Ihr fragt euch: »Wer bin ich, jenseits dieser Person, jenseits meiner Erziehung, meiner Arbeit, meinen Vorstellungen und Plänen? Wer bin ich *wirklich*?«. Ich bin nicht gekommen, euch eine andere Lehre, eine andere Religion oder eine andere Philosophie zu bringen, denn ihr habt von all dem schon genug gehabt. Ich bin nur gekommen, um euch zu sagen: Entspannt euch! Alles ist gut! (*Lachen)*

Ihr braucht noch nicht einmal zu relaxen. Die Person mag das Entspannen genießen, Körper und Geist mögen es genießen, aber euer wahres Selbst, die Essenz dessen, was ihr seid, braucht sich nicht zu entspannen, weil ihr selbst Friede seid. Diese Erkenntnis ist sehr kostbar. Traditionell mussten sich spirituelle Menschen nach Regeln und Moralvorschriften richten. Sie mussten eine Menge praktizieren und studieren, eine Menge leiden, sie mussten meditieren und Übungen machen, Yoga-Übungen, Tantra-Übungen, alles Mögliche – beten, chanten, glauben – viele Leben lang praktizieren, zumindest ein Leben lang, und wenn ihr an Reinkarnation glaubt, viele Zehntausende von Leben. Solange bis du jemandem begegnest, der dir sagt: »Du bist bereits frei! Schau!« Das ist sehr besonders. Früher musstest du irgendwohin gehen, in den Dschungel, in eine Höhle, und wenn du großes Glück hattest, hast du einen Meister getroffen, der diese Erkenntnis absoluter Freiheit hatte, denn die meisten Gurus haben sie nicht. Sie lehren euch, dass ihr dies oder jenes tun müsst. Aber das kann nicht Freiheit sein. Wann immer ihr etwas tun müsst, ist das nicht Freiheit.

Einige von euch benötigen keine Worte, denn ihr habt euer ganzes Leben lang schon gewusst, dass das, was euch eure Lehrer erzählen, eure Eltern, was die Kirche euch sagt, nicht absolute Wahrheit ist. Sie alle versuchen, euch das Beste zu geben, aber es ist nicht *Absolute Wahrheit*. Deine *Quelle*, *Du*, ist etwas sehr Kostbares, das nicht in Worten beschrieben werden kann. Wann immer wir Worte benutzen, entsteht ein Konzept. Vorstellungen und Konzepte bedeuten Religion. Religion ist gut, wenn du noch glauben kannst, wenn du dich mit Versprechungen zufrieden gibst. Denn die Religionsvertreter sagen euch, dass auf euch der Himmel wartet, wenn ihr euch hier gut benehmt und zwar so, wie sie es wollen. Mir war das nicht genug. Ich sagte: »Wenn es einen Himmel gibt, dann muss der Himmel jetzt sein, dann muss der Himmel hier sein.« Ich war nicht zufrieden, weder mit Religion noch mit Philosophie und Psychologie. Ich wollte herausfinden, was absolute Wahrheit ist. Und seit ich sie kenne, zeige ich jedem, der es herausfinden will: Du bist DAS!

(Stille)

(Vögel singen draußen, und drinnen macht eine Kaffeemaschine Geräusche)

Nachdem ich in diese Stille des Herzens gefallen bin, entstanden Worte: »Vögel singen und die Kaffeemaschine ebenso.« Aber diese Tiefe, diese Stille unseres Herzens, welche die Vögel und die Kaffeemaschine hört, die Gedanken sieht, Entspannung oder Spannung im Körper fühlt, diese Stille, dieser Zeuge kann nicht mit Worten erklärt werden. Von einem bestimmten Alter an konzentrieren wir unser ganzes Leben auf diese Erfahrungen unseres Körpers. Wir konzentrieren uns mittels unserer Gedanken darauf, und identifizieren uns vollständig damit. Eltern und Lehrer ermutigten uns, dass dies natürlich wäre und das Leben nun mal so ist. Wir haben vergessen, wer wir wirklich sind. Wenn euch diese Gedanken und eure physischen Erfahrungen absolutes Glück gebracht haben, bin ich zufrieden. Ich bin nicht hergekommen, euer Glück zu rauben. Wenn diese Zustände euch absolut glücklich machen, unendlich glücklich, großartig! Aber wenn sie euch nicht glücklich machen, nicht vollständig glücklich, dann müsst ihr untersuchen und herausfinden, *wer* ihr seid, wer ihr *wirklich* seid. Und wer kann schon sagen: »Ich bin vollkommen glücklich?«. So einen Menschen habe ich noch nicht getroffen, außer einem Mann, meinen Meister. Er war glücklich. Warum? Weil er wusste, *wer er ist.*

Solange wir uns mit unseren Stimmungen identifizieren, damit, wie wir uns fühlen, manchmal gut, manchmal sogar ausgezeichnet, manchmal nicht so gut, deprimiert oder frustriert, solange wird es immer das Spiel von positiv und negativ geben. Aber wenn ihr wirklich untersucht und euch fragt: »Was ist meine Essenz, in dem all diese veränderlichen Zustände stattfinden?«, dann werdet ihr eure wahre Natur wiederentdecken und nicht länger von gut oder schlecht berührt sein. Klingt das interessant? *(Lachen)*

Besucher: Und jetzt der Trick!

Madhukar: Der Trick?

B: Na ja, wie kommt man dahin?

M: Sei hier.

B: Ich bin hier.

M: Siehst du, ich wollte, genauso wie du, unbedingt herausfinden, wie dieser Trick funktioniert. Ich wollte diese Erkenntnis. So blieb ich bei diesem Mann, meinem Meister, den ich damals noch nicht einmal Meister nannte, weil ich von mir selbst eingenommen war und mein Ego mir nicht erlaubte, ihn so zu nennen. Ich war sehr unabhängig, sehr stolz darauf, stark zu sein und sehr zufrieden. Ich war sogar wegen meiner Frustrationen glücklich. Ich war also sehr stolz und nannte ihn erst nicht Meister, blieb aber in seiner Nähe, in dem Bemühen, den Trick herauszufinden. Und in diesen zwei Jahren geschah Vieles. Eines Tages schrieb ich dann alle meine Zweifel auf, und ich stellte ihm siebzehn Fragen, sehr wichtige Fragen, denn ich wollte alle meine Zweifel loswerden. Danach habe ich mir dieses Interview viele Male angehört. Ich meine, von all diesen siebzehn Fragen, war lediglich eine unsinnig, eine war dumm; alle anderen sechzehn waren sehr wichtige Fragen. Und obendrein, nach diesen siebzehn Fragen kam mir ein Gedicht, ich schrieb ein Gedicht. Er wollte diese Fragen im Satsang beantworten. Zu dieser Zeit schrieb man sie auf, denn er hörte nicht mehr so gut. Er war damals 84 Jahre alt, sehr kraftvoll, aber sein Gehör war nicht mehr so gut. So saß ich ihm gegenüber und es dauerte zwei Stunden. Am Ende, als alle Zweifel beseitigt waren, kam das Gedicht. Und nach dem Gedicht sagte er: »Nun werde ich dir mein Geheimnis offenbaren!«.

Diesen Trick möchtest du haben? Du hast keine zwei Jahre mit mir verbracht, du hast nicht siebzehn Fragen gestellt und du hast mir auch noch kein Gedicht gewidmet. Du gibst mir also nichts und ich soll dir den Trick zeigen? Er gab mir einfach *diesen* Trick?

(Stille)

B: Ich kenne den Trick jetzt.

M: Was weißt du?

B: Es gibt nichts zu wissen, nur zu sehen.

M: Nein, das ist nicht wahr. Du hast es *nicht* verstanden. Der erste Teil ist korrekt: »Es gibt nichts zu wissen«. Doch dann sagst du »nur zu sehen«. Nein, du musst verstehen: »*Wer* sieht? *Wer* ist der, der sieht?«. Dies musst du verstehen. Ich antwortete ihm nicht, sondern sagte nur »Danke«.

B: Gut, danke.

M: Du musst mich nicht nachahmen. Das klappt nicht. Es geschieht auf natürlicher Weise. Ich habe dir nur die Geschichte erzählt, und meine Geschichte ist nicht besser als deine. Dankbarkeit, überwältigende Dankbarkeit überkam mich. Und durch diese Gnade, unerklärlicherweise, geschah die Übertragung. In meinem Fall wirkte es sich so aus, dass sich danach wirklich dramatische Dinge in meinem Leben ereigneten. Sie mussten geschehen, weil sie alt waren, Millionen Jahre alt, sie mussten sich manifestieren. Es muss sich einiges ereignen, bevor du frei bist. Ich wünsche dir keine derartigen Ereignisse, ich wünsche dir nur wunderbares Glück. Irgendwie und auf unerklärliche Weise funktionierte diese Übertragung, denn es handelt sich um eine sehr machtvolle Meisterlinie. Durch Papaji und seinen Meister Ramana Maharshi offenbarte sich mir diese Übertragung, eine grenzenlose Stille, in der alles entsteht und vergeht; und ungeheure Dinge geschahen. Es ist einfach eine sehr kraftvolle Meisterlinie.

Zunächst musst du also alle Zweifel, die du hast, beseitigen. Du musst sie klären, andernfalls, wenn einige Zweifel zurückbleiben, werden sie dich weiter vergiften. Es heißt: »Ein toter Fisch vergiftet den ganzen Teich«. Wenn du einen toten Fisch im Fischteich entdeckst, musst du ihn herausnehmen, andernfalls werden andere Fische erkranken. Kläre also zuerst deine Zweifel, dann ist das Verständnis: »Ich brauche überhaupt nichts zu wissen«, bereits sehr gut. Was bleibt? Das Wissen ist weg, der Verstand ist weg. Was bleibt übrig?

B: Na ja, ich möchte Wortspiele vermeiden, aber ich würde es Bewusstsein nennen, wenn ich ihm einen Namen geben soll. Es ist kein Objekt, ich meine, es ist ein Gefühl.

M: Gefühl ist Gedanke!

B: Ja, da liegt das Problem.

M: Das ist das Problem, alle sprechen von Gefühlen. Seit den siebziger Jahren sprechen alle von Gefühlen. Vorher hat man darüber nicht viel gehört. Jetzt muss jeder fühlen; es wurde populär. Und den Ehefrauen hat es gefallen, weil sie zu ihren Männern sagen konnten: »Du musst mehr fühlen.« Gefühl ist nur eine uralte Erfahrung, die immer noch in deinem Hirn und in deinem Körper gespeichert ist. Also, *wer* fühlt? *Wer*? Darauf musst du deine Aufmerksamkeit richten, anstatt auf die Gefühle. Richte deine Aufmerksamkeit nur auf das Selbst: *Wer* fühlt? Diese Aufmerksamkeit nennst du dann richtigerweise »Bewusstsein«. Wenn das Bewusstsein direkt auf das Selbst gerichtet wird, wird dieses erblühen und augenblicklich geklärt werden. Auch in meinem Fall geschah diese Erkenntnis augenblicklich und manifestierte sich in Form von Vertrauen. Ich vertraute meinem Meister, obwohl mein Leben nicht sofort perfekt war, nachdem ich ihn traf. Ich war irgendwie immer noch der Sklave von Gefühlen und Gedanken. Aber die Einsicht, dass dieser Mann die Wahrheit spricht, geschah sofort. Es machte wirklich Sinn. Ich hatte großes Glück, dass ich dem Mann vertraute, der mir keine neue Religion oder Philosophie oder Lehre verkaufte. Er strahlte einfach Freiheit aus. Und Freiheit kann dich niemals verunreinigen, denn Freiheit ist Freiheit. Alles andere verunreinigt dich; alles andere bürdet Last auf deine Schultern: Wissen, Lehren, Praktiken, aber bei Freiheit kann das niemals der Fall sein.

Besucher: Es gibt da etwas Verwirrung in mir im Hinblick auf Meditation und das Wissen »Wer bin ich?«. Ich war in Poona und habe mit jemandem an einem intensiven Satsang teilgenommen, der ebenfalls zu der Meisterlinie Papaji und Ramana Maharshi gehörte. Wir haben uns einen Monat lang auf die »Wer bin ich?«-Frage fokussiert, und als ich aus dieser Erfahrung herauskam, war und bin ich noch immer außerordentlich dankbar für diese Botschaft …

Madhukar: Ich kann das sehen, es leuchtet von deinem Gesicht.

B: … für die ganze Sache, die Offenbarung, die ich sah, fühlte und doch nicht fühlte. So kann ich sagen, dass ich während dieser Wochen erkannte »wer ich bin«, aber da gibt es noch immer Verwirrung. Neulich bin ich einem anderen Guru begegnet. Er ist permanent um mich herum, ich sehe seine Bücher und Menschen, die Mitglieder seiner Sangha sind. Er empfiehlt, zu meditieren, um eins mit Gott zu sein, und er verschreibt Yoga und alle möglichen Praktiken. Andererseits verstehe ich, dass es genügt, einfach zu wissen, wer ich bin. Ich höre diesen anderen Guru und das was du empfiehlst und beides scheinen mir widersprüchliche Botschaften zu sein.

M: Definitiv!

B: Könntest du sagen, was du denkst, fühlst, was auch immer?

M: Ich denke nicht, ich fühle nicht, also musst du Fragen stellen und darauf wird es eine Antwort geben.

B: Also, das war die Frage.

M: Nein, das ist keine Frage. Ich bin nicht hier, um zu urteilen, verstehst du?

B: Nein, das ist es nicht, worum ich bitte, aber … die Frage ist … was tun? Irgendwo weiß ich, dass es nichts zu tun gibt, könnte ich mir selbst antworten. Aber ich habe wirklich nur eine Priorität im Leben und das ist, dass ich eins mit Gott sein möchte. Alles andere ist in diesem Moment wirklich nicht wichtig – und da ist solch eine ungeheure Sehnsucht. Was tun? Ich kann es nicht klarer ausdrücken.

M: Du brauchst nichts zu tun. Zu verstehen, *wer* du bist, ist der kostbarste Diamant, den es gibt. Wenn du also erkennst; »Ich bin dieser Diamant«, warum solltest du dann beginnen, Kieselsteine zu polieren? Ein Kieselstein ist auch sehr schön, aber wenn du anfängst, ihn zu polieren, wird sogar der Staub ungesund für dich sein. Wenn du wirklich verstehst, *wer* du bist, wirst du dich nicht von jemandem angezogen fühlen, der dir erzählt, dass du etwas tun musst. Aber das mag eine Tendenz in dir sein, eine alte Tendenz, weil du ein Yogi und in vielen Leben ein Meditierender warst. Da gibt's also einige Wünsche. Außerdem musst du verstehen, dass wir im Westen seit Tausenden von Jahren dieses Programm haben, dass wir etwas tun müssen, um etwas zu bekommen, zu erreichen, um jemand zu werden. Ich bin außerordentlich dankbar, dass ich von dieser absoluten Wahrheit angezogen wurde, diesem Kostbarsten aller Diamanten, dass ich erkannte: ich bin *Das*. Also besteht keine Notwendigkeit, etwas zu tun. Aber natürlich werde ich joggen, wenn es mir danach ist. Wenn ich Lust habe, am Strand Yoga zu praktizieren, werde ich es tun. Und wenn ich gerne beim Meditieren in einer bestimmten Asana sitze, dann werde ich so meditieren. Das kann nicht schaden, wenn du weißt, *wer* du bist. Aber ich habe viele Menschen gesehen, die diesen kostbaren Diamanten in den Händen hielten und danach zu einem bestimmten Lehrer gingen und den Schatz wieder verloren und wieder verwirrt wurden. Sie hielten diesen Diamanten bereits in ihren Händen und waren nicht in der Lage, ihn wertzuschätzen. Sie tauschten ihn gegen Kiesel ein und fielen zurück in Verwirrung, in Tun und Reinigen. Wie schade!

Nicht alles, was dir im Leben begegnet und was dich die ganze Zeit umgibt, ist dazu bestimmt, dass du es auslebst. Ich werde dir jetzt ein extremes Beispiel nennen, was nichts mit dem von dir erwähnten, mir unbekannten Lehrer zu tun hat, sodass ich nichts über ihn sagen kann. Ich kann nur sagen, dass kein *Meister* dir jemals sagen wird: »Du musst meditieren«, sondern nur Lehrer. Also, ein sehr extremes Beispiel: Ich lebe im Zentrum von Amsterdam und jedes Mal, wenn ich durch die Straßen gehe, bietet mir jemand Drogen an, Heroin, Kokain etc. … Ich nehme es nicht, selbst wenn es mir täglich begegnet. Ich könnte mir sagen: »Es kommt täglich auf mich zu, dann muss es wohl eine tiefere Bedeutung haben.« Ich treffe sie die ganze Zeit und kenne einige dieser Dealer besser als meine Tante, verstehst du? Ich habe meine Tante seit Jahren nicht gesehen, aber von diesen Kerlen weiß ich, was sie anbieten und was es mit ihnen gemacht hat und was es mit mir machen würde. Da gibt es keinerlei Anziehung.

B: Ich finde es äußerst schwierig, nichts zu tun, dieser Botschaft des »Nicht-Tuns« Glauben zu schenken.

M: Du solltest es nicht glauben. Glauben ist nicht genug. Du musst schauen, du musst tiefer schauen. Wenn du glaubst, mag das für einige Zeit eine Wirkung haben, aber es wird nicht von ewiger Dauer sein. Glauben wird dich nicht befreien.

B: Das ist klar.

M: Also musst du wieder untersuchen, »*Wer* möchte tun?«. Dass du tun willst, ist nicht schlimm, es ist ein Programm deiner Persönlichkeit, ein Programm deines Gehirns und deines Körpers, ja selbst deiner Gene. Es wäre also unnatürlich, zu sagen: »Ich möchte nicht tun«. Du bist viele Leben lang so programmiert worden, also gibt es da eine natürliche Anziehung. Sie gehört zu deiner Person. Nun musst du schauen: »*Wer* möchte? *Wer* ist dieses Ich, das möchte?«. Ich sage den Menschen nicht: »Mach dies nicht und mach jenes nicht«. Wenn die Menschen meditieren wollen, können sie es tun. Es ist nur so, dass Meditation dich binden wird, wenn du nicht weißt, wer du bist, wenn du nicht verstehst, dass du bereits frei bist. Sie wird dich so abhängig machen wie jemanden, der Heroin nimmt. Manche Menschen werden von Meditation abhängig, von Yoga und Tantra, was auch immer, und sie kommen nie an. Du kannst in etwas ankommen, so wie es mir geschah, was in der yogischen Tradition »Erleuchtung« genannt wird, ein volles Kundalini-Erwachen. Das ist der Traum eines Yogi, demnach muss ich das viele Leben lang praktiziert haben. Und als es sich manifestierte, war es natürlich außerordentlich schön, sehr kostbar. Ich habe über diese Art von Erfahrung auch anderswo gelesen, und niemand schien es so wie ich erfahren zu haben. Einige Menschen beginnen bereits ein Buch zu schreiben, sobald sie nur ein kleines Aufleuchten in ihrem Hirn wahrnehmen. Sie sehen ein paar Lichter und … »Ich bin ein Lehrer!« Du musst untersuchen: »Was will ich?«. Möchte ich ein Gemeinschaftsgefühl oder will ich Freiheit, absolute Freiheit?

B: Ich möchte Das.

M: Du möchtest *Das*? Du *bist Das*. Du *bist*.

Danach konnte ich sehen und akzeptieren, dass selbst diese so genannte Erleuchtung nur ein Phänomen war, ein Zustand, ein sehr schöner und heiliger Zustand, ein übernatürlicher Zustand. Viele Lehrer werden in ihren Erfahrungen gefangen, diesen übernatürlichen Erfahrungen, und eine neue Religion wird geboren. Natürlich könnte man sagen: »Das Selbst hat Zeit, es spielt keine Rolle, in wie vielen Leben ich mich verwirkliche. Ich drehe eine neue Runde, bereite mich vor, trainiere.« Aber du, deine Person hier, du wärst gerne *jetzt* frei. Dann akzeptiere nur den kostbarsten Diamanten. Lehne alles andere ab, selbst wenn es bedeutet, dass du alleine sein wirst. Danach musst du total streben, da es das Kostbarste ist. Wenn ich zu einer Party gehe, wo alle harte Drogen nehmen, sage ich einfach nein. Dann fühlen sich die Leute unbehaglich, weil ich ihr Spiel nicht mitspiele und damit endet die Freundschaft. Ich bin nicht mehr willkommen, und ich fühle mich nicht angezogen, zu bleiben, denn sie wechseln in einen neuen, für sie attraktiven Zustand. Ich habe kein Interesse daran, weil ich erfüllt bin, glücklich bin. Also werde ich kein Teil dieser Gesellschaft sein. Manchmal kann es etwas hart sein, alleine zu sein. Die anderen feiern eine Party, und du bist allein.

(*Stille*)

Sonst jemand? Wenn du nicht so gut Englisch sprichst, kannst du auch auf holländisch fragen.

Besucher: Du sprichst von Freiheit, kannst du erklären, was du unter dem Wort »Freiheit« verstehst?

Madhukar: Freiheit kann nicht erklärt, sondern es kann nur darauf hingewiesen werden. Ich spreche nicht von äußerer Freiheit. Ich sage nicht, dass du dein Leben ändern musst, dass du z.B. deine Partnerin verlassen und dir viele Freundinnen zulegen sollst. Manche Menschen glauben, dies sei Freiheit. Aber dein Lebensstil, deine Vorlieben und Abneigungen haben nichts damit zu tun. Ich spreche nicht vom äußeren Leben, das ist deine Sache, das geschieht einfach. Du brauchst nichts in deinem Leben zu verändern.

B: Ja, das verstehe ich.

M: Also haben wir diesen Teil geklärt. Es ist eine sehr gute Frage, denn du verursachst ein Dilemma für mich. Schon über Freiheit zu sprechen, ist ein wenig dumm, da es Gefangenschaft impliziert. Und ich sage dir: »Du *bist* bereits frei.« Du bist immer frei gewesen. Es gab niemals Gefangenschaft. Eigentlich sollte ich nichts sagen. Und manchmal sage ich im Meeting auch wirklich nichts. Aber ich bin zum ersten Mal nach Heerenveen gekommen. Da einige von euch vielleicht nicht verstehen, was es bedeutet, wenn ich nur so dasitze (*Madhukar sitzt zur Demonstration in Stille),* spreche ich aus einem gewissen Respekt euch gegenüber von Freiheit. Du wirst überrascht sein, doch außer dir und mir gibt es viele Menschen, die glauben, gebunden zu sein, gefangen zu sein, die leiden in ihren Körpern, ihren Beziehungen, ihrer Arbeit, ihrer Wohnsituation, was auch immer und sie wollen mich überzeugen, dass sie nicht frei sind. Deswegen spreche ich von Freiheit.

B: Ja, aber ich fühle mich auch nicht frei.

M: Wenn du sagst: »Ich fühle mich nicht frei«, muss es etwas geben, das dich bindet. Zeige mir deine Handschellen oder zeige mir deine Gehirnschellen, damit wir sehen können, ob sie real sind. Dann wirst du mich überzeugt haben. Oder du findest heraus, dass sie nicht real sind. Dann macht diese Freiheit Sinn und wird sofort gegenwärtig sein.

B: Vielleicht ein Gefühl von »nicht frei fühlen«?

M: Also dieses »vielleicht« müssen wir zuerst beseitigen, sonst können wir nie ankommen. Es gibt eine Entscheidung, die du jetzt treffen musst mit diesem Gefühl von »nicht frei«. Wenn das Gefühl »vielleicht« ist, dann sollten wir nicht darüber sprechen.

B: Okay.

M. Also, ein Gefühl von »nicht frei fühlen«. Und in der Nacht, wenn du schläfst?

B: Dann bin ich frei.

M: Dann bist du frei, okay. Nun kannst du also schon sehen, dass dieses Gefühl von »nicht frei sein« nicht permanent ist. Es ist nur manchmal da, und es ist ein grundlegendes Verständnis, dass nichts, was kommt und geht, die absolute Wahrheit sein kann; denn wenn wir von Freiheit sprechen, meinen wir nicht äußere Freiheit, worüber wir uns bereits geeinigt haben. Wir sprechen von etwas, das ewig ist. Zustände, die kommen und gehen, sind nicht ewig, weshalb ich sofort sagen kann, dass es sich dabei um Einbildung handelt. Das muss ich dir jetzt nur noch beweisen.

B: Ja, bitte.

M: Während du schläfst, ruhen dein Körper und dein Gehirn. Manchmal ist dein Gehirn aktiv, und du begibst dich in eine Traumphase, in der auch ein Gefühl von »nicht frei sein« auftreten kann. Selbst im Traum kreierst du dieselben Zustände. Du könntest die ganze Situation hier erschaffen: dass du hier mit dem Mikrophon in der Hand sitzt, umgeben von all diesen Menschen, und genau dasselbe erfahren würdest. Selbst wenn du die Szene noch nie vorher gesehen hast, kannst du sie dir vorstellen, so wie du dir jetzt die Realität vorstellst. Das ist interessant, aber nur ein Nebenschauplatz dessen, wohin ich dich jetzt führen will. Es gibt etwas, das deine Gedanken sieht oder das, was du »nicht frei sein« nennst. Hier ist eine tiefere Dimension, etwas Tieferes, welches das Gefühl von »nicht frei« sieht. Bis jetzt magst du dich mit diesem Gefühl identifiziert haben »Ich bin nicht frei«. Jetzt kannst du schauen, und du siehst »Ich« und du siehst ein Gefühl, das sagt »nicht frei«. Und natürlich, wenn du dich »unfrei« fühlst, wirst du entweder frustriert und resignierst oder du versuchst, frei zu sein, versuchst, etwas zu tun. Du versuchst, zu meditieren, deine Freundin zu wechseln, was auch immer es sei, du versuchst, etwas zu verändern. Hier fühlst du dich »unfrei« und das ist es nicht, was du wirklich willst. Du möchtest glücklich sein. Jeder hier möchte glücklich sein. Jetzt bist du also zu mir gekommen, das zu erfahren, und ich benutze diese Erfahrung, um dir zu sagen, dass es dir nicht helfen wird, wenn du fortfährst, dich auf dieses Gefühl von »unfrei« zu konzentrieren. Aber wenn du eine Kehrtwendung machst und dich auf dieses »Ich« konzentrierst, das sieht oder fühlt, dann kann etwas geschehen.

Was wird geschehen? Zuerst wirst du herausfinden, dass du bis jetzt dieses »Ich« als eine Person akzeptiert hast, die mit wechselnden Gefühlszuständen identifiziert war. Sagen wir mal, du fühlst dich »unfrei« und das Telefon klingelt. Jemand ruft dich an und du erfreust dich an dem Gespräch. In diesem Augenblick fühlst du dich nicht »unfrei«. Dann ist das Gespräch beendet und du sitzt wieder allein in deinem Appartement und fühlst dich extrem »unfrei«. Dies sind veränderliche Zustände. Und *du* siehst das. Also, *wer* ist dieses »*Du*«? *Wer* ist dieses »Ich«? Konzentriere dich darauf und du wirst herausfinden, dass dieses »Ich« nur aus Gefühlen und Gedanken besteht, was ein und dasselbe ist. Es ist nur Imagination. Und da ist Bewusstsein, eine Art Klarheit, die dieses »Ich« sieht. Jetzt gehst du tiefer und konzentrierst dich nicht mehr auf dieses »Ich«, du konzentrierst dich auf dieses Selbst.

Kannst du mir folgen?

B: Ja, aber … Identifikation mit der Traurigkeit und Depression taucht immer wieder auf, und ich kann mich nicht davon befreien.

M: Sie *ist* immer aufgetaucht. Du musst deine Grammatik ändern. Sie ist bis jetzt immer aufgetaucht. Programmiere es nicht in die Zukunft. Bis jetzt hat es nicht funktioniert, weil du dich bis jetzt auf das Gefühl von »unfrei« konzentriert hast. Jetzt rate ich dir, dich auf »Ich« zu konzentrieren und nicht auf die Gefühle. Mache es jetzt sofort! Du sitzt hier? Das ist offensichtlich. Sind wir uns da einig? Bist du hier?

B: Ja.

M: Du bist hier. Ich bin hier. Wir beide sind hier. Darin sind wir uns einig. Nun gut, was ist also hier?

B: Was ist hier? Ich bin hier, du bist hier, eine Menge Leute sind hier.

M: Okay, einverstanden. Und konzentrierst du dich noch immer auf das Gefühl »unfrei«? Im Moment konzentrierst du dich nicht auf das Gefühl »unfrei«, fühlst du dich »unfrei«?

B: Ich bin traurig.

M: Okay, lass Traurigkeit auch da sein. Traurigkeit ist dein Gast. Traurigkeit besucht dich. Ist sie immer da oder nur jetzt?

B: Nein, sie ist nicht immer da.

M: Ist es wegen mir?

B: Nein.

M: Weil ich kein farbiges Hemd trage? Du hast die ganze Zeit hier traurig dagesessen und hast nicht sofort um Hilfe gebeten? Du bist hierher gekommen und warst traurig? Und du hast nicht sofort gesagt: »Hallo, hilf mir, ich bin traurig«? Das ist seltsam. Wie lange möchtest du das noch mit dir herumtragen? Wie lange möchtest du so weitermachen?

B: Ich hoffe, nicht lange.

M: Hoffe nicht. Du musst schauen. Hoffnung hilft nicht. Wirf sie sofort weg! Du kannst sie mir geben, wenn du willst. Ich werde sie mit mir nach Amsterdam nehmen. Dort gibt es so viel Traurigkeit auf den Straßen, dass es auf einen Müllsack mehr oder weniger nicht ankommt. Gib ihn einfach mir. Also, wann immer Traurigkeit aufkommt, kannst du sehen: Da ist ein Zeuge. Konzentriere dich jetzt weder auf diese Traurigkeit, noch stellst du dir vor oder versuchst, Glück zu erlangen. Du konzentrierst dich einfach auf dein Selbst. Jetzt fängst du an, zu lächeln; das ist kein Zeichen von Traurigkeit.

B: Es ist eine Art traurigen Lächelns.

M: Ist es dein Beruf?

B: Nein.

M: Du verdienst kein Geld damit? Du bist kein Zirkusclown? Und du bist auch kein Politiker? Wenn du ein Clown oder ein Politiker wärest, könntest du mit einem traurigen Lächeln Geld verdienen, aber du verdienst kein Geld damit, also warum solltest du es behalten?

B: Ich weiß nicht, es ist einfach da.

M: Wo ist »da«? Vorher sagtest du, es ist hier, jetzt sagst du es ist »da«. Wo ist es?

B: Irgendwo in mir.

M: Was meinst du mit »irgendwo«? Wo ist es, in einem deiner

Beine, im Knie, deiner Niere? Es ist eine Einbildung. Deshalb versuche nicht, sie zu ändern. Wenn du magst, kannst du sie sogar größer machen und explodieren lassen, denn gewisse Anteile müssen explodieren. Die Traurigkeit wird an einem bestimmten Punkt erscheinen. Oder sieh einfach, dass diese Traurigkeit in dir stattfindet und sie kommt und geht. Sie verändert sich. Manchmal ist sie stärker, manchmal schwächer. Und sie ist irgendwo in deinem Körper, wie du sagst. Jetzt konzentriere dich einfach auf das Bewusstsein, das dies sieht. Kannst du mir folgen? Überprüfe es!

Was geschieht jetzt?

B: Ich bin immer noch traurig.

M: Na ja, sie muss sehr anziehend für dich sein, wenn du sie behalten möchtest. Sie muss dir viel wert sein. Sie muss dir etwas geben. Was gibt sie dir? Fühlst du dich als etwas Besonderes mit deiner Traurigkeit? Nein, du bist nichts Außergewöhnliches mit dieser Traurigkeit. Viele Menschen sind traurig, Millionen, Milliarden! Also bist du nichts Besonderes! Deine Erfahrung mit dieser Traurigkeit ist, dass sie schon immer hier war, so programmierst du sie in die Zukunft, damit sie immer da ist. Das ist deine Erfahrung, nicht wahr? Wie hat es angefangen?

B: Ich bin nicht immer traurig gewesen.

M: Also hat es an einem bestimmten Punkt begonnen. Etwas ist einmal geschehen. Einige Menschen machen deswegen Therapien, um herauszufinden, warum es begann. Nehmen wir an, in deiner Kindheit hat dir dein Bruder deinen großen Schokoladenkuchen geklaut, und seitdem ist diese Traurigkeit da, etwa in diesem Sinn: »Mein Bruder war immer gemein zu mir«, oder was auch immer. Therapeuten finden immer etwas, was in deiner Kindheit vorgefallen ist. Aber ich tue das nicht. Ich lade dich lediglich ein, jetzt sofort nachzusehen, ob dies dein wahres Selbst ist. Diejenigen, die bereit sind, zu schauen, erfahren sofort Erleichterung. Es geschieht im Satsang, Heilung geschieht spontan. Es ist nicht meine Aufgabe, Heiler zu sein, aber ich war neulich in der Schweiz, und da kam eine alte Frau zu mir, die ihr ganzes Leben lang unter Schmerzen gelitten hatte. Und sie war bereit, sie loszulassen. Das ist sehr außergewöhnlich. Die meisten Menschen geben dies nicht gern her, weil sie sonst nichts haben außer Schmerz, Krankheit, Traurigkeit. Was hast du sonst noch?

B: Da ist auch Glück.

M: Glück ist auch da? Beides ist da, Glück und Traurigkeit? Okay, sie gehören zusammen, siehst du? Wer sieht nun Glück oder Traurigkeit? Bitte sprich, diese Zeit ist kostbar, nutze sie gut. Sprich ganz spontan, denke nicht nach!

B: Bewusstsein …

M: Bewusstsein? Ich habe niemals die Erfahrung gemacht, dass Bewusstsein glücklich oder traurig ist. In diesem Bewusstsein finden Glück *und* Traurigkeit statt. Und ich sage, wenn du dich entweder auf Glück oder Traurigkeit konzentrierst, wird es Leiden geben. Wenn du weißt: »Ich bin Bewusstsein«, dann wird dich Glück glücklich machen und Traurigkeit traurig, aber du weißt einfach »Ich bin Bewusstsein«. Dann bist du frei, dann kommen und gehen Ereignisse, und du bleibst unberührt. Aber es genügt nicht, nur die Worte zu wiederholen. Das wird nur ein Konzept sein. Deshalb rate ich dir, wann immer du dich in einem Zustand wahrnimmst, forsche nach: »*Wer* bin ich? *Wer* sieht die Traurigkeit? *Wer* nimmt das Glück wahr?« Und ich verspreche dir, dass es verschwinden wird.

Besucher: Im Zusammenhang mit Selbstverwirklichung bin ich auf Geschichten über Kundalini-Erfahrungen gestoßen. Manchmal passieren sie und manchmal nicht, aber es muss etwas dran sein, weil sie so oft gemeinsam erscheinen.

Madhukar: Das ist nicht wahr. Du brauchst keinerlei Kundalini-Erfahrung, um zu erkennen, *wer* du bist. Ich habe meine Kundalini-Erweckung kürzlich nur erwähnt, um zu erklären, dass ich herausfinden musste, dass das *nicht* absolute Wahrheit ist. Es ist nur ein Phänomen. Das ist sehr wichtig. Ich sage das, um mich nicht von Menschen abzugrenzen, die nicht diese Erfahrungen haben. Ich sage dir ganz klar, dass sie nicht notwendig ist! Geh direkt in dein Herz, direkt zur Quelle und finde heraus, *wer* du bist. Verschwende keine Zeit mit irgendwelchen Erfahrungen, nicht einmal mit dieser Kundalini, sei direkt, augenblicklich, *jetzt*. Das ist das Beste. Dann kümmert es dich nicht, was geschieht, weil dieses *»wer du bist«*, so klar, so kostbar ist, so viel schöner als jede Erfahrung. Und weil es so einfach ist, wird es übersehen. Es ist sehr einfach. Deshalb kann ich sagen, dass du verwirklicht *bist*. Wenn du deine Zeit vergeudest mit Büchern über Kundalini und dem Versuch, solche Erfahrungen zu machen, dann wirst du zwangsläufig übersehen, *wer* du bist. Sei einfach direkt. Freiheit ist nicht in der Vergangenheit. Freiheit ist *hier und jetzt*. Selbst der Wunsch nach gewissen Erfahrungen, selbst nach yogischen Erfahrungen, nach etwas, das sehr attraktiv wirkt, ist ein Hindernis. Ich kann dir also nicht raten, eine Sekunde darauf zu verschwenden, denn jede Sekunde bedeutet Trennung, und *»wer du bist«* ist hier, im ewigen *Jetzt*. Danke, dass du diese Frage gestellt hast, um sie zu klären. Es war sehr wichtig.

B: Ich kannte die Antwort bereits.

M: Großartig, aber du hilfst jedem im Raum durch ihre Klärung, danke.

B: Könntest du auch klären, was mich hindert an der Verwirklichung meines wahren Selbst?

M: Nun, diesmal beantwortest du die Frage selbst, denn du scheinst sie bereits zu wissen.

B: Es scheint mir einfach eine Gewohnheit zu sein, die Gewohnheit, eine Person zu sein.

M: Ja, die Person basiert auf Gewohnheit, absolut. Die Person ist ein Roboter.

B: Also ist sie programmiert?

M: Ja.

B: Und es gibt nur eine Möglichkeit, damit umzugehen, nämlich sie einfach wegzuwerfen? Das scheint schwierig zu sein.

M: Dies empfehle ich nicht, denn sonst könnten sich die Besucher anschließend in einen See werfen, und am nächsten Tag stände in der Zeitung: »Satsang – Das Meeting endete im See.« Nein, bitte genieße das Leben, genieße deinen Körper, erfreue dich an allem, was du tust.

B: Das ist tatsächlich eine meiner Schwierigkeiten, etwas, das mir Rätsel aufgibt, denn wenn ich erkenne, wer ich bin, welchen Sinn hat es dann noch, als Mensch weiterzuleben?

M: Glückseligkeit, Spaß, Vergnügen, Schönheit.

B: Ja. Dann muss es doch irgendetwas sein, einfach nur zu genießen, zu erfahren, eine Art Spiel?

M: Du kannst es als solches sehen. Man sagt, es sei Maya, Illusion. Lebe einfach dein Leben. Es ist Spaß, es ist gut, es ist sehr einfach. Wenn du müde bist, schläfst du, wenn du hungrig bist, isst du. Es ist schön.

B: Okay, ich werde damit weitermachen.

M: Danke.

Besucher: Wenn man die Frage »Wer bin ich?« stellt, scheint am Ende davon einfach Raum zu sein. Die Frage löst sich im Raum auf, aber ist dies das Ende davon oder wird Raum von etwas noch Subtilerem gesehen? Das verwirrt mich.

Madhukar: Raum ist extrem subtil, Raum ist leer. Du hast eine sehr gute Frage gestellt, eine sehr exakte Frage, denn da gibt es immer noch etwas Subtileres, subtiler als das Subtilste. Das bist *Du* und darin findet das ganze Universum statt mitsamt dem Raum. Das ganze Universum beginnt und endet in *Dem.* Jeder Augenblick wird erschaffen und vergeht. Es ist nur die Person, die Kontinuität sieht. Du sagst, dass du mit »Wer bin ich?« untersuchst und dass da Raum ist. Das bedeutet, dass sich deine Person, dein Programm aufgelöst hat, deine Ängste sind verschwunden, deine Frustration, dein Ärger, dein Wünschen, dein Glücksgefühl. Alles hat sich in Raum aufgelöst – vollkommene Freiheit. Erfreue dich daran, verschmelze vollständig in *Dem*, und du wirst immer noch in der Lage sein, zu tun, was das Leben erfordert. Du musst in diese Erkenntnis hineinspringen.

Dann wirst du sehen, ob es darin eine Anziehung gibt, noch tiefer zu gehen, und dann folgst du ihr. Aber wenn du einmal dort bist, wenn du vollständig mit diesem Raum verschmolzen bist, brauchst du nichts mehr zu *tun*, denn es wird dich hineinziehen. Selbst wird das Selbst hineinziehen. Dann wird keiner mehr benötigt, der etwas tut. Selbst dieses »Wer bin ich?« ist kein wirkliches Tun mehr, sobald du es wirklich verstanden hast. Zunächst mag es nach Tun aussehen, nach Untersuchung, aber dann ist es nur noch *Das*, Erwachen vom Traum. Du verschmilzt jetzt einfach damit, du feierst es. Und wenn dich etwas in etwas noch Tieferes ziehen möchte als in diesen subtilen Raum, dann wird es von selbst geschehen, du brauchst nichts zu tun. Lass es einfach geschehen.

B: Aber das erste, was du morgens beim Erwachen bemerkst oder wenn du wissen möchtest, wer du bist, ist das Gewahrsein, aber vor dem Gewahrsein warst du auch Das.

M: Das ist nicht meine Erfahrung. Meine Erfahrung ist: Hier ist immer Präsenz, aber diese Präsenz ist so subtil, dass wir uns ihrer nicht bewusst sind. Dennoch, wenn du nachts schläft, und am nächsten Morgen fragt dich jemand: »Wie hast du geschlafen?«, wirst du sagen: »Ich habe sehr gut geschlafen«. Woher weißt du das? Du warst weg, wie kannst du also sagen, dass du gut geschlafen hast? Weil dieser Zeuge niemals schläft.

B: Ist das deine Erfahrung?

M: Das ist meine Erfahrung, ja. Ich bin immer hier gewesen, und ich werde ewig hier sein.

Besucher: Ich weiß nicht, wie ich das mit Worten ausdrücken soll. Du kannst sagen, es ist beendet, ich kann sagen, es ist beendet;

einfach so, du springst. Dann wird das eine Weile so bleiben, und plötzlich muss ich dann wieder etwas tun.

Madhukar: Wirklich? Bist du davon fest überzeugt, dass du das tun musst? Also, du möchtest für einige Zeit traurig sein, um dann wieder »hineinzuspringen« wie du sagst? Und dann möchtest du wieder in die Traurigkeit zurückfallen? Genau so wird es einige Zeit weitergehen, das ist dein Programm.

B: Ja, es fühlt sich so an, dass ich diese Traurigkeit jedes mal noch tiefer spüren kann, wenn ich in der Stille war und wieder herauskomme.

M: Lass es uns jetzt ausprobieren. Du kommst in die Stille und dann siehst du, ob Traurigkeit da ist. Du sagst, dass du sie immer tiefer wahrnimmst. Gehen wir jetzt gleich da hinein. Da du darin so viel Übung hast, spielt es keine Rolle, ob du ein weiteres Mal traurig bist.

B: Es ist ewig.

M: Nein, es ist *nicht* ewig. Das kann ich nicht akzeptieren, denn wenn es ewig wäre, würde es nicht kommen und gehen. Was ewig ist, ist die darunter liegende Wahrheit, du bist Das. Ich will dich nicht überzeugen. Du musst es erfahren, du musst es sehen. Sag mir bitte, ist jetzt hier Stille?
(Stille)

Also, sprich jetzt bitte aus dem heraus, was ist. Schau nicht zurück in Erfahrungen, die du früher hattest und auch nicht dorthin, wie es künftig sein sollte, sprich einfach vom *Jetzt. D*u lächelst, ich kann keine Traurigkeit mehr sehen. In diesem »Jetzt« gibt es keine Traurigkeit, also, wie ist das möglich?

B: Ich denke, da ist jetzt auch Traurigkeit.

M: Nein, du *denkst* im Moment. Vorher warst du *hier* und da gab es kurz keine Traurigkeit. Dann sagtest du: »Ich denke« und hast zurück in die Vergangenheit geschaut und Traurigkeit kam auf. Ich konnte das sehen.

B: In diesem Lächeln war ein Mitgefühl für meine Traurigkeit, aber die Traurigkeit war nicht weg.

M: Es sieht wie Mitgefühl aus, aber es ist eine Sucht.

B: Sucht?

M: Sucht, ja, es ist nicht Mitgefühl. Es ist Leidenschaft! Sie verursacht Leiden. Aber ich verstehe und respektiere, dass du es verteidigst, weil es dir ein starkes Gefühl von »Ich« gibt. Du hast dich erfahren und gefühlt. Wenigstens warst du nicht tot. Du hast dich in diesem Leiden gespürt und du verteidigst das und sagst: »Das ist auch hier, das ist auch Gott, das ist auch gut.« Und ich respektiere das, denn auch ich habe gewisse persönliche Charakterzüge verteidigt. Weißt du, ich war zornig. Also habe ich geprüft, warum da Zorn ist; ich habe meine Kindheit untersucht und die Kindheit meiner Eltern, meine Nationalität, das Mittelalter und die Steinzeit, Männlichkeit und Menschheit. Tiefer und tiefer und tiefer, und da war immer noch etwas Zorn. Und ich sah, dass er endlos ist. Wenn diese Traurigkeit deine Meisterlinie ist, wird das Leiden endlos sein. Du würdest das »ewig« nennen, aber es ist Illusion. In dem Moment, wo du aufhörst, zu fragen: »Warum?« und zu fragen wagst: »*Wer*? *Wer* sieht das?« geschieht etwas. Zunächst wirst du dich dem stellen müssen, in meinem Fall dem Zorn, in deinem Fall »Traurigkeit« oder »Mitgefühl für Traurigkeit«. Aber jetzt musst du tiefer gehen: »*Wer* sieht das?«. Und kümmere dich nicht darum, wenn noch mehr Traurigkeit aufkommt. Für mich ist das in Ordnung, ehrlich, es ist mir egal. Ich weiß, wer du bist, mir ist es gleich, ob da Traurigkeit oder Glücksgefühl ist. Ich sehe, wer du bist. Es kümmert mich nicht, ob da Traurigkeit oder Glück ist. Ich sehe, wer du bist. Okay, mein menschliches Mitgefühl möchte, dass du entspannter und glücklich bist, denn wer ist glücklich, wenn du traurig bist. Wenn du ein Dichter wärest, könnte es nützlich sein. Man sagt: »Ich muss traurig sein, sonst kann ich keine Gedichte schreiben«. Ich möchte gern, dass du glücklich bist, aber das ist nur mein menschliches Programm, mein christliches Programm. Vom Standpunkt des Selbst gesehen, bin ich ganz entspannt mit deinem Leiden. Aber das Selbst lädt dich auch ein, nachzusehen und zu prüfen, ob dies wirklich »ewig« oder Illusion ist. Du kannst also nichts verlieren, denn wenn das, was ich sage, nicht die Wahrheit ist, kannst du einfach weitermachen und deine Traurigkeit feiern. Also verlierst du nichts. Aber wenn es wahr ist, wird es immer bei dir bleiben, und wenn die Nacht vorüber ist, wirst du in einem Augenblick erkennen, wer du bist. Dann könnte Traurigkeit immer noch aufkommen, weil sie Teil deines Programms ist und in deinem Körper, deinen Zellen, deinem emotionalen Selbst usw. gespeichert ist. Das könnte so weiter gehen, da die Ursache dafür sehr alt ist. Diese Wellen können für einige Zeit wiederkehren, aber du wirst wissen, »Ich bin nicht das«, »Ich bin hier, ich bin diese Wahrheit, dieser Friede, diese Stille«. Dann wird das Zelebrieren der Traurigkeit nicht erhalten bleiben. Du wirst das Interesse daran verlieren, so wie ich das Interesse an Zorn verlor, am Zelebrieren seiner Schönheit, nur weil er mit solcher Kraft kommt. Natürlich ist auch das göttlich. Nichts ist nicht göttlich. Aber du bist tiefer als jede Göttlichkeit, du bist Das: *Absolute Wahrheit.*

Jetzt ist Shiva ein wenig böse auf mich, denn auch er liebt den Zorn. Alle diese heiligen Götter sind etwas böse mit mir, aber sie können mir nichts anhaben. Das wahre Selbst ist unverletzlich. Und sie beneiden mich. Sie möchten im Satsang sein, denn selbst Götter leiden. Sie sind länger als du in diesem Schlamassel: zehntausend Jahre Glück und Leiden. Wagst du es jetzt also, diese Frage zu stellen: »Wer sieht?« Es ist ein Risiko! Es ist ein Risiko, denn dieses Leiden, diese Traurigkeit werden dir nicht erhalten bleiben. Und es ist sehr selten – das ist die Erfahrung von Ramana, meinem Meister Papaji und mir – es ist sehr selten, dass jemand frei sein möchte. Vielleicht bist du der Eine, dieser Kostbare, der frei sein will.

Heerenveen, Holland, 27. Mai 2001